Damals und heute · Geschichte für Hauptschulen
Ausgabe D · 8. Schuljahr

Verfasser dieses Bandes: Prof. Hermann Burkhardt, Prof. Dr. Helmut Christmann, Prof. Alfred Jung, Prof. Dr. Fritz Klenk
Mitarbeiter: Rektor Gerhard Jaacks, Schulamtsdirektor Hans Wagner und die Verlagsredaktion unter der Leitung von Karl G. Schröder

Bebilderung: Prof. Hermann Burkhardt
Karten: Aus dem Klett-Archiv
Einband: H. Lämmle
Hinweise: Die Sternchen (*) hinter einem Wort verweisen auf Worterklärungen

1. Auflage $\qquad\qquad\qquad\qquad\qquad\qquad\qquad$ 1^6 5 4 3 2 | 1978 77 76 75 74

Alle Drucke dieser Auflage können im Unterricht nebeneinander benutzt werden.
Die letzte Zahl bezeichnet das Jahr dieses Druckes.
Bildnachweis: Umschlagbild: Badisches Generallandsarchiv, Karlsruhe — Andres, Hamburg (106) — Archiv für Kunst und Geschichte, Berlin (79) — Badisches Generallandsarchiv, Karlsruhe (83) — Bibliothek des Deutschen Museums, München (48u, 73o+u, 66, 123 o+u, 131) — Bibliothèque Nationale, Paris (3, 12, 14, 16) — Brieke u. Söhne, Frankfurt/M. (46) — Büchergilde Gutenberg, Frankfurt (111) — Bulloz, Paris (52) — Bundesarchiv, Frankfurt/M. (58) — Dokumentation Francaise, Paris (17) — Fleming & Co. Ltd., London (82) — Girandon, Paris (6, 8, 13, 27, 119, 129li) — Hamburger Kunsthalle, Hamburg (29, 55) — Hanfstaengel, München (116) — Historia Photo, Bad Sachsa (42, 77, 92, 99, 125) — Historisches Museum, Frankfurt/M. (46u) — Historisches Museum, Rastatt (32, 60) — Klett-Archiv (4, 39, 45, 46o, 50, 65, 80, 84u, 88, 94, 100, 127, 130, 139, 140o, 142, 145, 146, 152, 153) — Friedr. Knepp, Presseabteilung, Essen (68, 69, 75) — Kraft, Berlin (54, 57) — Landesbildstelle, Berlin (112) — Librairie Hachette, Paris (33, 38 141) — Museum für Geschichte, Leipzig (26) — Opelwerke, Bochum (121u) — Prado, Madrid (28) — Republik Österreich, Bundeskanzleramt, Wien (43) — Staatsbibliothek Berlin/ Handke (25, 84, 102, 121o, 122, 129re, 140u) — Stadtarchiv, Essen (132) — Stadtarchiv, Reutlingen (48o) — Stoedtner, Düsseldorf (19) — Stuttgarter Nachrichten, Stuttgart (113) — Tate Gallery, London (23) — Ullstein Bilderdienst, Berlin (15, 34, 78, 143, 151) — USIS, Bad Godesberg (95)
© Ernst Klett Verlag, Stuttgart 1972. Nach dem Urheberrechtsgesetz vom 9. Sept. 1965 i. d. F. vom 10. Nov. 1972 ist die Vervielfältigung oder Übertragung urheberrechtlich geschützter Werke, also auch der Texte, Illustrationen und Graphiken dieses Buches, nicht gestattet. Dieses Verbot erstreckt sich auch auf die Vervielfältigung für Zwecke der Unterrichtsgestaltung — mit Ausnahme der in den §§ 53, 54 URG ausdrücklich genannten Sonderfälle —, wenn nicht die Einwilligung des Verlages vorher eingeholt wurde. Im Einzelfall muß über die Zahlung einer Gebühr für die Nutzung fremden geistigen Eigentums entschieden werden. Als Vervielfältigung gelten alle Verfahren einschließlich der Fotokopie, der Übertragung auf Matrizen, der Speicherung auf Bändern, Platten, Transparenten oder anderen Medien.
Druck: Ernst Klett, 7 Stuttgart, Rotebühlstraße 77
ISBN 3-12-118100-9

Damals und heute 4

Geschichte für Hauptschulen
Ausgabe D

Von der Französischen Revolution bis zum Zeitalter des Imperialismus

Hermann Burkhardt
Helmut Christmann
Alfred Jung
Fritz Klenk

 Ernst Klett Stuttgart

Inhalt

Die große Revolution in Frankreich leitet eine neue Zeit ein .... 3—21
Mißstände in der Regierung erbittern das französische Volk (3) — Von den Generalständen zur Nationalversammlung (6) — Das französische Volk erhebt sich (8) — Die Nationalversammlung errichtet eine beschränkte Königsherrschaft (10) — Vom Königtum zur Republik (11) — Von der Republik zur Diktatur (13) — Von der Republik zum Kaiserreich (16) — Fragen, Vorschläge, Anregungen (20)

Kaiser Napoleon will seine Herrschaft über ganz Europa ausdehnen .... 22—37
Der Kaiser von Frankreich bestimmt über die Neuordnung Deutschlands (22) — Napoleon versetzt dem Deutschen Reich den Todesstoß (24) — Preußen will gegen Napoleon auftreten (24) — Wie kann man England niederringen? (26) — Der Kaiser von Frankreich will ein Vereinigtes Europa beherrschen (27) — Die Völker Europas wehren sich gegen die Gewaltherrschaft (28) — Fragen, Vorschläge, Anregungen (36)

Die Neuordnung Europas auf dem Wiener Kongreß 1814/15 und ihre Auswirkungen 38—50
Die Aufgabe des Friedenskongresses (38) — Die Wünsche der Fürsten (39) — Das Ergebnis der Verhandlungen der Fürsten (40) — Die Meinung des Volkes (41) — Die Forderungen der Studenten und Turner (42) — Die Verfolgung der „Demagogen" (43) — Auswirkungen des Polizeiregiments (44) — Die Anfänge der wirtschaftlichen Einigung Deutschlands (47) — Fragen, Vorschläge, Anregungen (49)

Revolutionen in Europa 1848/49 .... 51—62
Revolution in Frankreich, Deutschland und im Habsburgerreich (51) — Kampf um Freiheit in ganz Europa (55) — Das erste deutsche Parlament (56) — Der Sieg der Reaktion/Enttäuschte Hoffnungen (58) — Fragen, Vorschläge, Anregungen (61)

Die industrielle Revolution und die soziale Frage im 19. Jahrhundert .... 63—86
England: das Ursprungsland der Industrialisierung (63) — Die Entwicklung neuer Arbeits- und Antriebsmaschinen (65) — Veränderungen im Verkehrswesen (70) — Der Wirtschaftsliberalismus des Adam Smith (74) — Eine neue Klasse bildet sich: die Arbeiterschaft (75) — Not im Maschinenzeitalter (76) — Versuche, die Not der Arbeiterschaft zu lindern (79) — Anfänge der Arbeiterbewegung (82) — Fragen, Vorschläge, Anregungen (85)

Kämpfe der großen Staaten um nationale Einigung und Ausdehnung ihrer Macht 87—96
Rußland: die Großmacht in zwei Erdteilen (87) — Italien wird ein nationaler Einheitsstaat (89) — Auf dem Schlachtfeld von Solferino beginnt Henri Dunant sein großes Werk der Menschenliebe (90) — Die Vereinigten Staaten von Nordamerika auf dem Wege zur Weltmacht (92) — Fragen, Vorschläge, Anregungen (96)

Die Gründung des kleindeutschen Reiches .... 97—108
Schwierigkeiten für den Zusammenschluß der Deutschen in einem Nationalstaat (97) — Der Konflikt zwischen König und Landtag in Preußen (97) — Bismarck wird preußischer Ministerpräsident (98) — Bismarck mißachtet die preußische Verfassung und regiert ohne den Landtag (99) — Bismarck verdrängt Österreich aus dem Deutschen Bund (100) — Im Krieg gegen Frankreich gründet Bismarck das Deutsche Kaiserreich (104) — Fragen, Vorschläge, Anregungen (108)

Das Deutsche Reich unter der Kanzlerschaft Bismarcks .... 109—118
Die Reichseinheit wird im Innern gefestigt (109) — Die Arbeiterfrage im neuen Reich führt zu sozialen Spannungen (111) — Bismarck sichert das Deutsche Reich nach außen (116) — Fragen, Vorschläge, Anregungen (118)

Naturwissenschaft, Technik und Industrie verändern die Welt .... 119—135
Umwälzende Neuerungen im Verkehrswesen (119) — Die Entwicklung von Elektrotechnik und Nachrichtenwesen (124) — Umwälzende Erfindungen und Entdeckungen der Chemiker (126) — Auswirkung der wissenschaftlichen und technischen Entwicklung (132) — Fragen, Vorschläge, Anregungen (134)

Die Aufteilung der Welt unter die großen Industriestaaten: Imperialismus ...... 136—157
Die Industriestaaten sichern sich Rohstoffgebiete und Absatzmärkte (136) — Die weißen Völker fühlen sich zur Herrschaft über die Farbigen berufen (137) — England baut sein Weltreich aus (138) — Frankreich erwirbt das zweitgrößte Kolonialreich (141) — Rußland dehnt sich bis zum Stillen Ozean aus (142) — Japan wird die Großmacht in Ostasien (143) — Die Vereinigten Staaten von Nordamerika wenden sich der Weltpolitik zu (143) — Deutschland und die Weltpolitik (145) — Die Folgen der imperialistischen Politik der großen Mächte (150) — Fragen, Vorschläge, Anregungen (156)

Zeittafel 158
Worterklärungen 160
Personen- und Sachverzeichnis 161

Maskenball der Stadt Paris (1782) zu Ehren des französischen Königspaares (Stich von Moreau d. J.).

Die große Revolution in Frankreich leitet eine neue Zeit ein

Mißstände in der Regierung erbittern das französische Volk

Königshof und Adel leben sorglos und in Freuden

Das französische Volk hatte schon unter der Last der vielen Kriege Ludwigs XIV. schwer zu leiden gehabt. Sein Nachfolger *Ludwig XV.* verlor in der Zeit des Siebenjährigen Krieges Kanada, Teile von Louisiana und Besitzungen in Indien. Das schädigte sein Ansehen bei den nationalstolzen Franzosen. Seine Hofgesellschaft lebte verschwenderischer als je, so daß der Schriftsteller *Voltaire* die bissige Kritik wagte: „Die Könige scheinen nur da zu sein, um Feste zu geben und sich zu amüsieren."

Frankreich unterstützte die Amerikaner in ihrem Unabhängigkeitskampf, um die Macht Englands zu schwächen. Dadurch wuchsen seine Staatsschulden noch mehr. Der neue König *Ludwig XVI.* wollte sparsamer wirtschaften, doch betrug sein Hofpersonal immer noch etwa 15 000 Personen. Für sie wurden jährlich 40—50 Millionen Livres★ ausgegeben; das war der zehnte Teil des jährlichen Gesamteinkommens aller Franzosen. Im Volk gingen viele Gerüchte um über die Verschwendungssucht der Königin *Marie Antoinette*, einer Tochter der Kaiserin Maria Theresia von Österreich. Sie liebte die Pracht des Hoflebens.

Das Geld dafür mußte durch die Steuern der Bürger und Bauern aufgebracht werden. Die Adligen und Geistlichen waren durch ihre Vorrechte fast ganz steuerfrei. Um 1789 besaßen in Frankreich:

140 000 Adlige rund ein Drittel des französischen Bodens und bezahlten etwa 5 % der Steuern;

130 000 Geistliche ein Drittel des Bodens und bezahlten etwa 5 % der Steuern;

26 230 000 Bauern und Bürger ein Drittel des französischen Bodens und bezahlten 90 % der Steuern.

Diese Vorrechte schienen besonders ungerecht, weil der Adel und ein Teil der Geistlichen keine Pflichten gegenüber dem Volk mehr erfüllten, sondern am Hof ein Leben des Müßigganges führten; ihre Güter im Lande ließen sie oft brachliegen, erpreßten aber von ihren Bauern hohe Abgaben und Dienste. Sie sonnten sich in der Gnade des Königs und genossen seine Geschenke, Renten und Pensionen. Der Finanzminister *Necker* beklagte sich in seinem Rechenschaftsbericht darüber: „Ich zweifle, ob alle Herrscher Europas zusammen mehr als die Hälfte dieser Summe an Pensionen zahlen." Das ärgerte die Höflinge, sie setzten beim König die Entlassung Neckers durch. Doch auch seine Nachfolger konnten keine Reformen durchsetzen, weil der Adel keines seiner Vorrechte antasten ließ. Die Finanzlage verschlechterte sich so, daß der Staatsbankrott drohte. Der König rief Necker zurück, um einen Ausweg zu finden. Dieser riet ihm: „Majestät, die Staatskasse ist leer, es ist kein anderer Weg mehr übrig, wir müssen die *Generalstände* einberufen. Sie sollen neue Steuern bewilligen."
Generalstände nannte man die Abgeordneten der drei Stände in Frankreich. Den ersten Stand bildeten die Adligen, den zweiten bildete die Geistlichkeit. Zum dritten gehörten die Masse der Bürger, wie z. B. Kaufleute und Handwerker, Rechtsanwälte und Ärzte sowie Bauern und Arbeiter. Diese Stände waren seit 175 Jahren nicht mehr einberufen worden, weil die Könige absolut regiert und daher die Steuern selbst festgesetzt hatten. Die Anzahl der Abgesandten des dritten Standes wurde auf 600 Abgeordnete festgesetzt, der erste und zweite Stand besaßen je 300. Adel und Geistliche waren entschlossen, ihre Vorrechte zu wahren. Sie konnten den dritten Stand immer noch überstimmen, da man nach Ständen und nicht nach der Kopfzahl abstimmte. Der König erwartete, daß die Versammlung möglichst schnell neue Steuern beschließen würde.

Die Beschwerden des dritten Standes

Ganz andere Erwartungen von der Versammlung der Generalstände hegte der dritte Stand. Seine Abgeordneten brachten Beschwerdeschriften mit, in denen ihre Wähler die Klagen, Wünsche und Forderungen des Volkes aufgezeichnet hatten. In den Klageschriften der Bauern konnte man lesen:

Qu „Wenn Ew.* Majestät unsere armseligen Lehmhütten und unsere kärgliche Nahrung sehen würde, so müßte sie sich erbarmen. Und doch verlangt man in Ew. Majestät Namen immer mehr Abgaben und Steuern auf Grund und Boden, von unserem Einkommen, vom Salz, ja vom Brot. Es schmerzt uns sehr, daß die Reichsten am wenigsten bezahlen. Die Adligen und die Geistlichen, welche die schönsten Güter haben, bezahlen fast nichts. Ist das gerecht? ... Dazu müssen wir noch hohe Abgaben an die adligen und geistlichen Herrn entrichten und ihnen Frondienste leisten ... Die hohen Kirchenfürsten verwenden unsere Abgaben für ihr Wohlleben in prächtigen Palästen. Für die einfachen Pfarrer und für die Armen und Bedürftigen bleibt nichts übrig ... Die Herren jagen zu Pferde über unsere Fruchtäcker weg. Wir sind selbst nicht

Adel und Geistlichkeit reiten auf dem Rücken des Bauern (Zeitgenössischer Stich).

sicher, wenn wir Unkraut auf den Feldern jäten. Sie hegen das Wild, das den Ertrag unserer Felder frißt. Schafft die Jagdrechte der Gutsherren ab! ... Schafft die Steuerpächter ab, sie bevorzugen ihre Freunde, pressen aber die anderen bis aufs Blut aus! Gebt uns gerechte Richter, nicht solche, die ihre Stellen gekauft haben und nur denjenigen recht geben, der ihnen Geld zahlt!"

Auch die Bürger brachten Klagen vor:

„Wir zahlen hohe Steuern und Zölle. Die einflußreichen und gut bezahlten Staatsämter werden aber nur mit Adligen besetzt. Sie allein bekommen die hohen Offiziersstellen. Viele von ihnen führen am Hofe ein Schlemmerleben und stecken hohe Pensionen und Renten für das Nichtstun ein. Der Adel verachtet den Bürgerstand. Eine Ehe mit Bürgerlichen gilt bei ihm als standesunwürdig..." Qu

Dabei hatten es die Fabrikanten und Kaufleute, auch manche Handwerker zu Wohlstand gebracht, nur den Arbeitern ging es so schlecht wie den Bauern.
Die Unzufriedenheit mit diesen Zuständen war gewachsen, als die französischen Freiwilligen aus dem amerikanischen Unabhängigkeitskrieg zurückkamen. Sie konnten berichten:

„In Amerika gibt es keinen König und keine bevorrechtigten Stände wie Adel und Geistlichkeit mehr. Dort haben alle Menschen gleiche Rechte. Das Volk regiert sich selbst. Das Recht jedes einzelnen auf Leben, Freiheit und Glück ist gesichert." Qu

Sollte das nicht auch in Frankreich möglich sein?
Sie kannten auch die neuen Lehren der Aufklärungszeit*. Da hatte *Jean Jacques Rousseau* geschrieben:

„Der Mensch wird frei geboren, und überall ist er in Ketten ... Sobald ein Volk sein Joch abschütteln kann, tut es wohl, dasselbe von sich zu werfen ... auf seine Freiheit verzichten, heißt auf seine Menschheit, die Menschenrechte verzichten ... sein höchstes Wohl besteht in Freiheit und Gleichheit ... Qu

Der französische Rechtsgelehrte *Montesquieu* hatte gefordert, man solle die Regierungsgewalt in drei Gewalten (gesetzgebende Gewalt, ausführende Gewalt, richterliche Gewalt) aufteilen, und die Volksvertretung solle die Gesetze bestimmen wie in England.
In Reden und Flugschriften verbreiteten die Propagandisten* solche neuen Gedanken und verlangten Reformen. Abbé *Sieyès* faßte die Forderungen in einer Flugschrift zusammen:

„Was ist der dritte Stand? — Alles. — Was ist er bisher im Staate gewesen? Nichts! — Was begehrt er? — Etwas zu sein! ... Er will haben, daß wahre Stellvertreter bei den Reichsständen, d. h. Abgeordnete aus seinem Stand genommen werden, welche die Ausleger seines Willens und die Verteidiger seines Interesses sein können." Qu

Durch die Verbreitung solcher Ideen war ganz Frankreich in Erregung geraten. Der österreichische Kaiser *Joseph II.* hatte sie bei seinem Besuch in Paris gespürt und in einem vertraulichen Brief an seine Schwester, die Königin Maria Antoinette, geschrieben:

„Das Unglück, das über Eurem Leben schwebt, erfüllt mich mit zitternder Unruhe, denn so kann es auf die Dauer nicht weitergehen, und die Revolution wird furchtbar sein, wenn ihr sie nicht selbst in die Hand nehmt." Qu

Doch der unentschlossene König Ludwig XVI. war dazu nicht fähig. Er ließ sich immer wieder von seinen adligen Beratern beeinflussen und umstimmen. Außerdem widmete er sich lieber seiner Lieblingsbeschäftigung, der Jagd, als sich um Staatsgeschäfte zu kümmern.

Ludwig XVI. (links oben) eröffnet die Ständeversammlung (Gemälde von A. Coulder). Zu ebener Erde rechts der Adel, links die Geistlichkeit, in der Mitte der dritte Stand. Rechts unten, stehend und rückwärtsblickend, Graf Mirabeau.

Von den Generalständen zur Nationalversammlung

Die beiden ersten Stände wollen ihre Vorrechte erhalten

1789

Mit großer Spannung erwartete man die Versammlung der französischen Generalstände am 5. Mai 1789. Aus ganz Frankreich und aus vielen Städten Europas waren freiheitsliebende Menschen nach Versailles gekommen, um den feierlichen Umzug der Vertreter des französischen Volkes mitzuerleben. Den Anfang bildeten die Abgeordneten des dritten Standes in einfachen schwarzen Mänteln und Hüten; denn das Tragen farbiger Kleidung war ihnen verboten worden. Sie wurden begrüßt mit jubelnder Begeisterung und Rufen wie: „Es lebe Sieyès! Es lebe Graf Mirabeau!" Diese beiden hatten sich, obwohl der eine ein Geistlicher und der andere ein Adliger war, als Vertreter des dritten Standes wählen lassen. Dann erstarrte die Menge der Zuschauer in eisigem Schweigen: es folgte der Zug der adligen und geistlichen Vertreter, in farbenprächtigen, goldstrotzenden Gewändern und federgeschmückten Hüten. Nur *Lafayette*, der als Offizier unter Washington am Unabhängigkeitskampf der Vereinigten Staaten von Amerika teilgenommen hatte, und die einfach und ärmlich gekleideten Priester wurden begrüßt. Den König mit seinem prächtigen Hofstaat am Schluß des Zuges begrüßten die Zuschauer mit dem Ruf: „Es lebe der König!" Als aber die Königin Maria Antoinette vorüberfuhr, hörte man feindseliges Murren und Zurufe wie: „Nieder mit der Österreicherin!"

Im Versammlungssaal saß der König auf einem Thron auf der Bühne, rechts und links von ihm an den Seiten die Abgeordneten der ersten Stände. Durch eine Hintertür durften später die Vertreter des dritten Standes eintreten und auf den Bankreihen in der Mitte Platz nehmen. Dann verlasen König und Finanzminister lange Reden über die schlechter Lage der Staatsfinanzen. Von den Generalständen wurde erwartet, daß sie schnell neue Steuern genehmigten. Kein Wort war zu hören von Reformen, wie sie in den Beschwerdeschriften verlangt worden waren. Am Schluß befahl der König den Abgeordneten, auseinanderzugehen und nach Ständen getrennt über die Steuern zu beraten und abzustimmen. Hoch befriedigt darüber verließen Adel und Geistlichkeit den Saal. Der dritte Stand blieb zurück, erregte Rufe wurden laut: „Wir sind betrogen! Die zwei Herrenstände werden uns auf diese Weise leicht überstimmen und die neuen Steuern wieder auf das Volk abwälzen."

Die Vertreter des dritten Standes erklären sich zur Nationalversammlung

Nach langen Beratungen stellte der Abbé Sieyès — ein Geistlicher, der sich zum dritten Stand bekannte — in einer Sitzung des dritten Standes am 17. Juni den Antrag:

„Wir, der dritte Stand, vertreten 96% des französischen Volkes. Wir sind daher die wahren Vertreter der Nation, wir sind die *Nationalversammlung*!"   Qu

Die große Mehrheit stimmte zu und beschloß, daß die Erhebung von Steuern ungesetzlich sei, wenn sie die Abgeordneten des Volkes nicht genehmigt hätten. Zugleich wurden die Vertreter der ersten Stände aufgefordert, an den Tagungen der Nationalversammlung teilzunehmen. Einzelne Adlige und Geistliche kamen.
Als die Mitglieder der Nationalversammlung aber drei Tage später ihren Tagungsraum wieder betreten wollten, waren die Türen verschlossen und bewacht. Empört begaben sie sich in einen Saal, der sonst für Ballspiele benutzt wurde, und leisteten den Eid:
„Wir werden so lange nicht auseinandergehen, bis wir dem Land eine Verfassung gegeben haben".
Das war ein neuer, ein revolutionärer Beschluß. Der König, bedrängt von seiner Umgebung, rief alle drei Stände zusammen und ließ die Erklärung abgeben:

„Der König will, daß die alte Unterscheidung der drei Stände des Staates vollständig erhalten bleibt, wobei sie in drei Kammern nach Ständen beraten. Der König erklärt, daß die von den Abgeordneten des dritten Standes am 17. Juni gefaßten Beschlüsse null und nichtig sind, weil sie ungesetzlich und verfassungswidrig sind ... Alle Eigentumsrechte, auch Zehnten und die gutsherrlichen Rechte und Vorrechte sollen geschützt und aufrechterhalten werden ... Ich befehle Ihnen, meine Herren, sich auf der Stelle zu trennen und sich morgen jeder in dem seinem Stande zugewiesenen Saal einzufinden."   Qu

Der König erhob sich und verließ den Saal, die Mehrzahl der Adligen und Geistlichen folgte ihm. Alle übrigen aber blieben auf ihren Bänken sitzen. Da trat der Hofmarschall des Königs ein und fragte den Vorsitzenden: „Mein Herr, Sie haben doch den Befehl des Königs gehört?" Der Präsident antwortete: „Ich glaube nicht, daß die versammelte Nation Befehle annehmen darf." Der Graf *Mirabeau* trat vor den Hofmarschall und rief:

„Wir haben die Absichten vernommen, die man dem König eingeflüstert hat ... Sagen Sie denjenigen, die Sie geschickt haben, daß wir hier sind kraft des Willens der Nation und daß uns nur die Gewalt der Bajonette von hier vertreiben kann."   Qu

Diese kühne Widersetzlichkeit wurde Ludwig XVI. gemeldet. Unschlüssig sagte er: „Wie? Sie wollen bleiben? Zum Kuckuck! Dann mögen sie eben bleiben!" Er befahl den Vertretern der ersten Stände, gemeinsam mit dem dritten Stand zu tagen. Doch beeinflußt von seiner Umgebung, zog er seine Anordnung zurück, entließ seinen Minister Necker und zog Truppen um Paris und Versailles zusammen.

Der Sturm auf die Bastille am 14. Juli 1789 (Gemälde eines unbekannten Künstlers im Schloß von Versailles).

Das französische Volk erhebt sich

Der Sturm auf die Bastille

Die Ereignisse in Versailles hatten auch die Bevölkerung der Hauptstadt Paris in Aufregung versetzt. Wegen der Mißernte im Sommer 1788 und dem darauffolgenden kalten Winter herrschte Mangel an Nahrungsmitteln. Unzufriedene rotteten sich auf den Straßen zusammen und hörten auf Hetzreden wie: „Man will uns aushungern! In Versailles aber prassen der Hof und die Truppen!" Es gab auch Agitatoren, die von den Feinden des Königs bezahlt wurden und dafür das Volk gegen die Regierung aufhetzten. Sie hatten ein Interesse daran, daß sich die Mißstände in der Getreideversorgung noch verschlimmerten. Einer der eifrigsten von ihnen, der Rechtsanwalt *Desmoulins*, trat vor die Volkshaufen und wiegelte sie auf mit den Worten:

Qu „Ich komme soeben von Versailles, Necker wurde weggejagt. Das ist das Signal zu einer Bartholomäusnacht unter den Patrioten. Heute abend noch werden alle deutschen und schweizerischen Regimenter von dem Marsfeld ausrücken, um uns niederzumetzeln. Eine einzige Hilfe bleibt uns: Zu den Waffen! ... Jetzt ist das Tier noch in der Falle! Schlagt es tot! Noch nie hat Siegern eine reichere Beute gewinkt. Vierzigtausend Paläste, vornehme Stadthäuser und Schlösser, zwei Fünftel des französischen Grundbesitzes werden der Preis eurer Tapferkeit sein. Zu den Waffen!"

Solchen Rufen folgend, überrannte ein Volkshaufen die Wachen des Invalidenhauses, wo 32 000 Gewehre und einige Kanonen aufbewahrt wurden. An einer anderen Stelle ertönte der Ruf: „Zur Bastille!", und eine erregte Menge folgte ihm. Die alte Festung, die als Gefängnis benützt wurde, galt als Sinnbild absolutistischer Gewaltherrschaft. Man wollte die dort schmachtenden Gefangenen befreien. Bewaffnete und Unbewaffnete, auch Soldaten mit Kanonen schlossen das Gebäude ein, konnten aber den 14 Fuß dicken Mauern wenig anhaben. Die Besatzung aus 82 Invaliden und 32 schweizerischen Söldnern schoß zurück. Blut floß, die Menge raste vor Wut. Der Kommandant wollte kein Blutvergießen, er empfing eine Abordnung der Stadt Paris, die ihm und seiner Besatzung freien Abzug versprach. Darauf ließ er die Zugbrücken niedergehen und die Tore öffnen. Die Belagerer stürmten herein mit den Rufen: „Wo sind die Gefangenen? Wo die geheimen Kerker und die Folterwerkzeuge? Rache für die gemordeten Brüder! Rache für alles, was hier seit Jahrhunderten geschehen ist!"
Es waren aber nur sieben Gefangene im Gefängnis: ein Schwerverbrecher, vier Wechselfälscher und zwei Geisteskranke. Das tobende Volk führte sie im Triumph durch die Stadt, metzelte die meisten Besatzungssoldaten nieder und trug den Kopf des Kommandanten, aufgespießt auf eine Pike, voraus. Die Mauern der Bastille wurden niedergerissen. Es sollte kein Stein auf dem anderen bleiben, zum Zeichen, daß die Gewaltherrschaft vorüber sei. Das Volk von Paris hatte gesiegt und zog durch die Straßen mit dem Rufe: *„Freiheit! Gleichheit! Brüderlichkeit!"*

Die Bauern auf dem Lande befreien sich selbst

Als die Bauern in den Provinzen Frankreichs von den Geschehnissen in der Hauptstadt hörten, rotteten sie sich zusammen und stürmten und plünderten viele Schlösser und Herrenhäuser. Auch Klöster und Pfarrhäuser gingen in Flammen auf. Die adligen und geistlichen Herren wurden gezwungen, die Urkunden auszuliefern, auf welchen die Abgaben und Frondienste verzeichnet waren. Manche der verhaßten Feudalherren wurden erschlagen, viele flohen als Emigranten* ins Ausland. Die Bauern zahlten keine Steuern und Abgaben mehr. Überall stellte die Bevölkerung Bürgerwachen auf, weil sie Angst vor Räuberbanden oder zurückkehrenden Adligen hatte.
Am Abend des Sturmes auf die Bastille am 14. Juli 1789 kehrte König Ludwig XVI. wie gewöhnlich von der Jagd in sein Schloß in Versailles zurück. Da er nichts geschossen hatte, schrieb er in sein Tagebuch: „Nichts." In der Nacht ließ ihn ein Hofbeamter wecken und teilte ihm mit, was in Paris geschehen war. Unruhig fragte ihn der König: „Ja, ist denn das eine Revolte?" „Nein, Majestät", war die Antwort, „das ist eine Revolution." Jetzt genehmigte der König alle Forderungen des dritten Standes, zog seine Truppen zurück und zeigte sich geschmückt mit den blau-weiß-roten Farben der Revolution.
Der Tag des Sturmes auf die Bastille, der 14. Juli 1789, wurde von den Franzosen als der Beginn der Revolution angesehen, daher ist dieser Tag bis heute der Nationalfeiertag Frankreichs. Die Farben blau-weiß-rot in der Trikolore* sind die Nationalfarben Frankreichs geworden. Bald schmückten sich damit auch in anderen Ländern jene Männer, die nach Befreiung von den Schranken des Ständestaates strebten.

Die Nationalversammlung errichtet eine beschränkte Königsherrschaft

Die Standesvorrechte werden abgeschafft

Die Kunde von den blutigen Unruhen in Paris und auf dem Lande trieb die Nationalversammlung in Versailles zu raschem Handeln. Sollte sie die Ordnung mit Gewalt wiederherstellen, um Schlimmeres zu verhüten? In dieser Zwangslage sahen die meisten Abgeordneten von Adel und Geistlichkeit ein, daß es kein Zurück mehr gab. In einer langen Nachtsitzung vom 4./5. August 1789 erklärte ein Vertreter des Adels:

Qu „Man bringe sie her, die Urkunden, die das Menschengeschlecht erniedrigen, indem sie fordern, daß menschliche Wesen an einen Karren gespannt werden wie Ackertiere! Man bringe diese Urkunden her, die die Menschen zwingen, nachts auf die Teiche zu schlagen, damit die Frösche durch ihr Quaken nicht den Schlummer der Herren stören! Man werfe diese Urkunden auf einen Haufen und zünde sie zum Besten des Gemeinwohles an!"

Teils freiwillig, teils aus Furcht machten andere Adlige und Geistliche ähnliche Vorschläge. Der Adel verzichtete auf seine Vorrechte wie Gerichtsbarkeit, Steuerfreiheit und Jagdrechte. Die hohe Geistlichkeit gab die Ansprüche auf den Zehnten auf. Der Bauer brauchte künftig keine Frondienste mehr zu leisten, keine Abgaben und keine Zehnten mehr zu zahlen. Die Bürger in den Städten konnten jetzt frei und ungezwungen ein Gewerbe wählen, hohe Staatsämter und Offiziersstellen sollten ihnen nicht mehr verschlossen sein. Alle Franzosen sollten gleich und Brüder sein. Daher wurden Wappen und Adelstitel abgeschafft. Der Ehrenname „Bürger" war die Anrede für alle, auch für den König. In den frühen Morgenstunden schlug ein Vertreter sogar vor: „Wir wollen der Versöhnung aller Stände, aller Provinzen und aller Staatsbürger die Krone aufsetzen, indem wir den König Ludwig XVI. zum Wiederhersteller der französischen Freiheit erklären!"

An die Stelle der Sonderrechte treten die allgemeinen Menschenrechte

Die Nationalversammlung begann eine *Verfassung* auszuarbeiten. Lafayette beantragte, wie in Amerika mit einer Aufzählung der allgemeinen Menschenrechte zu beginnen:

Qu „Alle Menschen werden frei und gleich an Rechten geboren und bleiben es. Diese Rechte sind: Freiheit, Eigentum, Sicherheit und Widerstand gegen Unterdrückung. Jeder darf seine Gedanken und Meinungen frei äußern. — Niemand darf angeklagt, gefangengehalten oder bestraft werden, außer nach den in einem Gesetz festgelegten Bestimmungen."

1791 Die Verfassung teilte die Gewalt, die bisher in der Hand des Monarchen war:
Die gewählten Vertreter des Volkes sollten künftig über Gesetze und Steuern bestimmen. Sie erhielten die alleinige gesetzgebende Gewalt oder die *Legislative*.
Der König und seine Beamten sollten für die Durchführung dieser Gesetze sorgen. Sie hatten die ausführende Gewalt oder die *Exekutive*.
Bisher hatten der König oder adlige Herren Untertanen einsperren oder verurteilen können. Jetzt sollte die richterliche Gewalt oder die *Jurisdiktion* in die Hände von unabhängigen Richtern gelegt werden, die zum Teil vom Volk selbst bestimmt wurden.
In Europa bewunderte man die Verfassung Frankreichs von 1791 als das Muster einer modernen Verfassung der *konstitutionellen Monarchie*★. Man glaubte, so könnten Freiheit, Gleichheit und Brüderlichkeit verwirklicht werden.

Vom Königtum zur Republik

Der König muß nach Paris

König Ludwig XVI. war nicht mit allen Beschlüssen der Nationalversammlung einverstanden. In einem geheimgehaltenen Brief schrieb er:
„Ich werde nie darein willigen, daß meine Geistlichen und meine Adligen um ihr Vermögen gebracht werden. Ich werde alles, was in meinen Kräften steht, aufbieten, um meinen Klerus, meinen Adel zu erhalten..." Qu

Zu seiner Sicherheit ließ er die Truppen um Versailles verstärken. Auf einem Fest rissen sich seine Gardesoldaten die blau-weiß-roten Abzeichen ab und steckten wieder die alten weißen königlichen Kokarden* an. Berichte darüber brachten die Pariser Bevölkerung in Aufregung. Dort herrschte noch immer Hunger und Teuerung. So fiel es den revolutionären Agenten leicht, das unzufriedene Volk aufzuwiegeln. Einzelne Angehörige des dritten Standes schlossen sich zu politischen Vereinigungen, den sog. „Clubs", zusammen, so die Jakobiner. Ein jakobinischer Abgeordneter namens *Robespierre* schloß seine Reden mit dem Ruf: „Wir brauchen keinen König mehr! Nieder mit dem König!" Der gleichfalls jakobinische Rechtsanwalt *Danton* erhielt tobenden Beifall, wenn er verkündete: „Was geschieht denn in Versailles für uns? Die Privilegien sind wohl abgeschafft, aber Brot gibt es so wenig wie vorher! ... Der Hof in Versailles praßt, das Volk in Paris hungert! Auf nach Versailles! Der König muß nach Paris!" Mit diesem Ruf zog am 5. Oktober 1789 eine große Volksmenge, voran die Pariser Marktfrauen, nach Versailles. Viel Gesindel, das sich unterwegs anschloß, ließ den Zug auf Tausende anwachsen. Ein Beobachter berichtete aus Versailles:

„... Von den Fenstern sahen wir die Menge aus Paris ankommen, die Fischweiber, die Lastträger der Markthalle; und alle verlangten Brot ... Müde vom Umherstreifen kam ich gegen 8 Uhr abends in die Nationalversammlung. Sie bot ein merkwürdiges Schauspiel. Das Pariser Volk war dort eingedrungen, sogar die Umgänge waren besetzt mit Weibern und Männern, die mit Hellebarden, Piken und Stöcken bewaffnet waren ... Ein Fischweib rief die Deputierten an: ‚Wer redet denn da hinten? Laßt den Schwätzer den Mund halten! Es handelt sich darum, Brot zu bekommen.'" Qu

Inzwischen war ein Haufen ins Schloß eingedrungen und machte die Leibgardisten nieder, die sich in den Weg stellten. Die Eindringlinge suchten die Königin und schrien: „Wir werden ihr das Herz aus dem Leib reißen!" Im letzten Augenblick traf Lafayette mit seinen in Paris aufgestellten Bürgersoldaten der Nationalgarde ein und verhinderte weiteres Blutvergießen. König und Königin mußten versprechen, mit dem Volk nach Paris zu gehen.
Ein merkwürdiger Zug bewegte sich nach Paris zurück: umgeben von schreienden Volkshaufen die königliche Familie, eng zusammengedrängt in einem Wagen, dazwischen bewaffnete Soldaten, auf Kanonenrohren Marktfrauen sitzend, die auf Piken Brotlaibe und die Köpfe von zwei niedergemachten Gardesoldaten trugen. Bei der Ankunft in Paris rief die johlende Menge: „Nun wird es uns nicht mehr an Brot fehlen; wir bringen euch den Bäcker, die Bäckerin und den Bäckerjungen heim!" (Gemeint war die königliche Familie.)
Bald folgte auch die Nationalversammlung nach Paris. Dadurch konnten die radikalen Revolutionäre, besonders die Jakobiner, mehr und mehr Einfluß auf sie gewinnen.
Aus Furcht vor Ausschreitungen flohen weitere Adlige, darunter auch die Brüder des Königs. Sie versuchten, bei ausländischen Monarchen, besonders in Österreich und Preußen, Hilfe für das bedrohte Königtum und den Adel in Frankreich zu erhalten.

Nach der gescheiterten Flucht wird die Kutsche mit der königlichen Familie — streng bewacht von der Nationalgarde — nach Paris zurückgeleitet (Zeitgenössischer kolorierter Stich).

Der König will fliehen

In Paris mußten der König und seine Familie im Tuilerienschloß wohnen. Er fühlte sich als bedrohter Gefangener des von den Jakobinern beherrschten Volkes. Unter deren Einfluß beschloß die Nationalversammlung, zur Rettung der Finanzen den gesamten Grundbesitz der Kirche für den Staat einzuziehen. Als der Papst diese Maßnahmen scharf verurteilte, lehnte sie auch König Ludwig XVI. ab. Er beschloß, zu königstreuen Truppen nach Ostfrankreich zu fliehen. An einer Station schöpfte der Postmeister Verdacht, als der Wagen schon abgefahren war. Er sprengte hinterher, erreichte ihn in Varennes, ließ dort die Sturmglocken läuten und die Bürgergarde alarmieren. Die Flüchtlinge wurden erkannt und gezwungen umzukehren. Eine mit Flinten und Heugabeln bewaffnete Menge geleitete die Königsfamilie nach Paris zurück.

Der König wird hingerichtet

Nun wurde der König wie ein Gefangener überwacht. Die Nationalversammlung zwang ihn, den Eid auf die Verfassung zu leisten. Als bekannt wurde, daß die Monarchen von Österreich und Preußen bereit seien, das Königtum in Frankreich zu retten, mußte der König nach dem Willen der Volksvertretung den Krieg an Österreich erklären.
Truppen der verbündeten Preußen und Österreicher überschritten die Grenzen Frankreichs. Ihr Befehlshaber drohte von Koblenz* aus in einem Aufruf mit blutiger Vergeltung:

Qu „Die Stadt Paris wird vollständig vernichtet, wenn der königlichen Familie Gewalt oder Beleidigung zugefügt wird. Die Aufrührer werden der verdienten Hinrichtung überliefert ..."

Dies versetzte alle national gesinnten Franzosen in flammende Empörung. Als in der Nationalversammlung ein Abgeordneter rief: „Der Feind steht schon in Koblenz" entgegnete der Jakobiner Robespierre:

Qu „Der Feind sitzt in den Tuilerien! Die Freiheit Frankreichs will man morden. Der König ist mit den Feinden des Vaterlandes in geheimem Einverständnis. Krieg allen Tyrannen! Frankreich muß die Völker vom Joch der Gewaltherrscher befreien!"

Am 10. August 1792 stürmte eine wütende Volksmenge das Tuilerienschloß. Sie machte die Wache nieder und setzte dem König die rote Jakobinermütze auf den Kopf. Er mußte mit seiner Familie in der Nationalversammlung Schutz suchen. Dort aber schrien die Jakobiner: „Nieder mit dem König!"

Überall konnte das Volk von Paris die Aufrufe der Jakobiner lesen, worin stand: „Das Volk muß sich selbst Gerechtigkeit verschaffen! Bevor wir an die Grenzen gehen, wollen wir die schlechten Bürger richten!" Pöbelhaufen rotteten sich zusammen und stürmten die Gefängnisse, die mit verdächtigen Adligen und Geistlichen gefüllt waren. Etwa 1 600 wehrlose Opfer wurden wahllos getötet.

Revolutionäre Abgeordnete forderten die Abschaffung des Königtums und eine neue Volksvertretung. Diese trat unter dem Namen *Nationalkonvent* zusammen und machte sofort dem König den Prozeß wegen Landesverrats. Als im Laufe der wochenlang andauernden Verhandlungen die Zusammenarbeit des Hofes mit dem feindlichen Ausland bewiesen wurde, erklärte die Mehrheit des Konvents den König für schuldig. Am 17. 1. 1793 wurde er mit 361 gegen 360 Stimmen zum Tode verurteilt. Vier Tage später fiel das Haupt Ludwig XVI. unter dem Fallbeil. Frankreich wurde eine Republik.

1793

Von der Republik zur Diktatur

Das Volk in Waffen kämpfte für die Freiheit des Vaterlandes

Die Hinrichtung des französischen Königs war für die europäischen Monarchen ein drohendes Zeichen. Die Herrscher von Österreich, Preußen, England, Holland und Spanien schlossen sich gegen eine revolutionäre Bedrohung von Frankreich her zusammen. Ihre Truppen drangen wieder über die Grenzen vor.

Gegen diese Gefahr riefen die Jakobiner das ganze französische Volk auf, es sollte kämpfen für die Revolution, die Freiheit und das Vaterland gegen die Söldnerheere der Tyrannen. Ein neues Wehrgesetz bestimmte:

Ludwig XVI. besteigt das Blutgerüst auf dem „Platz der Revolution" (heute Place de la Concorde) in Paris (Gemälde von Benazech im Schloß von Versailles).

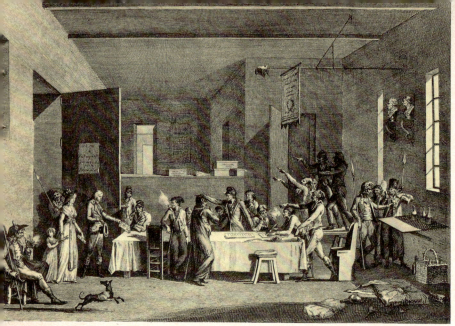

Eine Familie wird vor das Revolutionsgericht geladen. Die Ausschußmitglieder tragen die rote Jakobinermütze (Stich von Berthault nach A. E. Fragonard).

Qu „Vom heutigen Tage an bis zu dem Tag, an dem die Feinde vom Boden der französischen Republik vertrieben sein werden, sind alle Franzosen dauernd zum Wehrdienst verpflichtet. Die jungen Männer ziehen in den Kampf; die Verheirateten schmieden Waffen und tragen Lebensmittel herbei; die Frauen fertigen Zelte und Kleider und dienen in den Lazaretten; die Kinder zupfen altes Linnen zu Verbandstoffen; die Greise lassen sich auf die öffentlichen Plätze tragen, um den Mut der Krieger anzuspornen, sie mit Haß gegen die Könige und mit Liebe zur Einheit der Republik zu erfüllen ..."

So wurde ein Volksheer von 300 000 Mann ausgehoben. Ein solches Massenheer hatte es bisher nicht gegeben. Die Fürsten hatten bis dahin zum größten Teil nur mit geworbenen Söldnern ihre Kriege geführt. Die freiwilligen französischen Soldaten aber, die begeistert für ihr Vaterland kämpften, waren den bezahlten Söldnern überlegen. Sie trugen die neuen Ideen von Freiheit und Gleichheit über die Grenzen Frankreichs hinaus. Mit der Losung: „Friede den Hütten! Krieg den Palästen!" wurden aber auch fremde Provinzen besetzt und ausgebeutet.

Ein begeisterter junger Offizier des französischen Volksheeres dichtete in Straßburg 1792 ein aufrüttelndes Lied, das von den Freiwilligen aus Marseille zuerst gesungen wurde. Daher wurde es die Marseillaise genannt. Es ist noch heute die Nationalhymne der Franzosen.

Der „Schrecken" soll die Republik vor der Gegenrevolution schützen

Nicht nur von außen drohte dem revolutionären Regime Gefahr. In einzelnen Provinzen erhoben sich die Bauern, königstreue Adlige und Geistliche gegen die blutige Herrschaft der Republikaner in der Hauptstadt. Durch Nahrungsmittelmangel, Preissteigerungen und Arbeitslosigkeit wurde die Not immer größer. Robespierre ließ für viele Lebensmittel Höchstpreise festsetzen, man versuchte sie durch Schwarzhandel zu umgehen. Die bedrohliche Lage glaubten die Jakobiner nur durch brutale Gewalt meistern zu können. Einer ihrer Führer, der Arzt *Marat*, verkündete:

Qu „Wir marschieren gegen den äußeren Feind, aber wir werden hinter unserem Rücken nicht die Räuber zurücklassen, damit sie unsere Weiber und Kinder schlachten."

Danton gab die Parole zum Kampf gegen alle, die noch am Königtum festhielten:

„Man muß den königlich Gesinnten Schrecken einjagen ... ich sage: man muß ihnen Schrecken einjagen! ... es ist notwendig, daß täglich ein Aristokrat, ein Ruchloser seine Missetaten mit dem Kopf büße! ... Man muß den Wohlfahrtsausschuß als provisorische Regierung einsetzen. Wir haben in Frankreich noch eine Menge Verräter zu entdecken und unschädlich zu machen. Los denn!" Qu

Auch für Robespierre gab es nur ein Mittel, die Republik zu retten, den Terror*. Er meinte:

„Der Schrecken ist nichts anderes als die rasche, strenge und unbeugsame Gerechtigkeit." Qu

Unter Robespierre begann eine wilde Hetzjagd nach Verdächtigen. Spitzel spürten sie auf und brachten sie vor das Sondergericht (Revolutionstribunal), das nur das Todesurteil kannte. Zuerst wurden die eingekerkerten Adligen und Geistlichen hingerichtet; auch die Königin mußte unter dem Fallbeil (Guillotine) sterben. Dann wurden wahllos Minister und Priester, Bürger, Bauern und Handwerker, Frauen, Nonnen und Mägde aufs Blutgerüst geschleppt. Oft standen hinter der Anklage Neid oder persönliche Rachsucht. In Nantes ging es den Blutrichtern mit dem Fallbeil nicht schnell genug. Man trieb daher die Opfer auf Schiffen zusammen und versenkte sie.

Die Vertreter der neuen Lehre wollten jede Erinnerung an die Vergangenheit auslöschen. Alles sollte von nun an nach den Gesetzen der Vernunft geregelt werden. Hierzu gehörte auch ein neues Maß- und Gewichtssystem (Meter, Liter und Kilogramm). Es setzte sich später auch in anderen Ländern durch. Die christliche Zeitrechnung wurde durch einen Revolutionskalender ersetzt. An die Stelle der katholischen Kirche sollte eine „Religion der Vernunft und Tugend", eine Verehrung (Kult) des „Höchsten Wesens" treten. Robespierre ließ sich als Oberpriester feiern. Man huldigte ihm als dem „Unbestechlichen", dem „Heilsbringer", dem „Beschützer der Patrioten", der alles sieht, alles im voraus weiß.

Die Zahl der hingerichteten Opfer überschritt bald die Zehntausend. Da sprach sich sogar Danton für ein Ende des Blutvergießens aus. Robespierre klagte ihn daraufhin an und brachte ihn zusammen mit vielen seiner Freunde unter die Guillotine.

Unter der Diktatur Robespierres und seiner Anhänger stieg die Zahl der Todesurteile weiter. Zwischen dem 10. Juni und 27. Juli 1794 wurden in Paris 1 376 Menschen enthauptet. Die Revolutionäre wüteten gegeneinander, keiner fühlte sich vor dem andern sicher. Robespierre drohte, nun werde er auch den „Wohlfahrtsausschuß* reinigen". Da ließen ihn die um ihr Leben bangenden Revolutionäre im Nationalkonvent nicht länger reden und schrien: „Nieder mit dem Tyrannen!" Er wurde verhaftet, verurteilt und unter den Flüchen einer johlenden Menge zusammen mit 72 seiner Anhänger enthauptet. Ein Direktorium von 5 Männern übernahm die Regierung.

Massenertränkung von Geistlichen in der Loire im Dezember 1793 (Zeitgenössischer Stich). Der Kommissar des Konvents hatte dazu befohlen: „Die Kerle müssen alle wie die Katzen ins Wasser geschmissen werden!"

Straßenkampf vor der Kirche Saint-Roch in Paris am 5. Oktober 1795 (Stich von Helman nach C. Monnet). Die Königsanhänger flüchten sich vor dem Kanonenfeuer in die Kirche.

Von der Republik zum Kaiserreich

Die republikanische Regierung braucht den Schutz der Generale

Nach so langen Unruhen wollten die besitzenden Bürger endlich wieder in Frieden ihren Geschäften und Vergnügungen nachgehen. Alle waren der Politik müde geworden. Die Armen litten immer noch unter dem Lebensmittelmangel und klagten: „Unter der Herrschaft Robespierres waren wir glücklicher, da litten wir keine Not." Anhänger des Königtums, die sich verborgen gehalten hatten, wagten sich wieder hervor, und man konnte hören: „Ein König oder Brot!" Sie nutzten die Stimmung und bewaffneten sich. Am Morgen des 5. Oktober 1795 rückten 8 000 Aufständische gegen das Konventsgebäude vor. Es war höchste Gefahr für die republikanische Regierung. Sie mußte Militär zur Hilfe rufen. Ein kaltblütiger Artillerieoffizier ließ 40 Kanonen auffahren und mähte die aus den Straßen anrückenden Angreifer nieder. Sein Name war *Napoleon Bonaparte*, der Sohn eines armen Advokaten auf Korsika. Er hatte sich früher schon der revolutionären Regierung zur Verfügung gestellt und war daher mit 24 Jahren General geworden.

Jetzt gab das gerettete Direktorium diesem Offizier den Oberbefehl über die französische Armee in Italien. Diese war in sehr schlechtem Zustand und entmutigt. Ihr neuer Befehlshaber verstand es, seine Soldaten wieder zu begeistern und rief ihnen zu:

Qu „Soldaten! Ihr seid nackt, schlecht verpflegt; die Regierung schuldet euch viel, sie kann euch aber nichts geben. Eure Geduld, der Mut, den ihr inmitten dieser Felsen zeigt, ist bewundernswert! Aber das bringt euch keinen Ruhm. Ich will euch in die fruchtbarsten Ebenen der Welt führen. Reiche Provinzen, große Städte werden in eurer Gewalt sein, Ruhm, Ehre und Reichtum werdet ihr finden! Soldaten! Möchtet ihr es dann noch an Mut und Standhaftigkeit fehlen lassen?"

Mit dieser Armee trieb Napoleon die Österreicher aus Oberitalien hinaus. Der geldbedürftigen Regierung in Paris schickte er reichen Anteil an seiner Beute. In einem Brief an die Direktoren schrieb er:

„Gestern sind 80 Wagen mit Hanf und Seide von hier abgegangen ... In Tortona lasse ich alles Silberzeug und die Juwelen sammeln und nach Paris senden ... Die Kunstkommissare, die ihr mir geschickt habt, sind fleißig im Geschäft. Sie haben genommen: fünfzehn Gemälde in Parma, zwanzig in Modena, fünfundzwanzig in Mailand ..." Qu

Österreich mußte Frieden schließen und das linke Rheinufer an Frankreich abtreten (1797). Preußen hatte schon zwei Jahre vorher seine Zustimmung dazu gegeben.
Nach seiner Rückkehr wurde Napoleon als der siegreiche Held von den begeisterten Parisern gefeiert. Das spornte seinen Ehrgeiz mächtig an. Einem Vertrauten verriet er schon damals seine kühnen Pläne:

„Glauben Sie vielleicht, daß ich eine Republik begründen will? ... Was die Franzosen brauchen, das ist Ruhm, die Befriedigung ihrer Eitelkeit, von der Freiheit verstehen sie nichts ... Die Nation braucht einen Führer, einen durch Ruhm hervorragenden Führer, aber keine Theorien über Regierung, keine großen Worte, keine Reden von Ideologen, von denen sie nichts verstehen ... Was mich angeht, so erkläre ich Ihnen: Ich kann nicht mehr gehorchen, ich habe das Befehlen gekostet, und darauf kann ich nicht mehr verzichten. Wenn ich nicht Herr sein kann, werde ich Frankreich verlassen." Qu

Die großen Pläne des erfolgreichen Generals

Der gefeierte, aber jetzt beschäftigungslose General in Paris wurde den Direktoren bald unbequem. Sie übertrugen ihm daher die Aufgabe, den Kampf gegen England zu führen. Napoleon besichtigte die militärischen Vorbereitungen an der Kanalküste. Eine Landung in England erschien ihm nicht möglich. Aber er hatte sich vorgenommen: „Zerstören wir England! Ist dies geschehen, so wird Europa zu unseren Füßen liegen!" Daher faßte er den kühnen Plan, Ägypten zu erobern, um Englands Seeherrschaft im Mittelmeer zu brechen und die Verbindung zur reichsten englischen Kolonie, Indien, zu unterbinden. Zugleich träumte der ehrgeizige General von noch größeren Zukunftsaufgaben:

„Europa ist ein Maulwurfshaufen, man kann darin nichts Großes unternehmen. Einzig im Orient, wo 600 Millionen Menschen leben, gehen die großen staatlichen und religiösen Umwälzungen vor sich."

Dort hatten seine Vorbilder Alexander der Große sowie Cäsar, Mohammed, Dschingis-Chan und Timur-Lenk ihre Taten vollbracht.

Napoleon an der Brücke von Arcole in Oberitalien (1796). Das Porträt von J. A. Gros zeigt den barhäuptigen, jungen Revolutionsgeneral, der seine Soldaten mit der Fahne in der Hand ins Gefecht führt. (Demgegenüber ist auf S. 27 das Bild des Kaisers mit dem charakteristischen Napoleonhut zu sehen.)

Napoleon bereitete sein Landungsheer vor. Nicht nur 35 000 Soldaten wollte er nach Ägypten übersetzen, sondern auch viele Gelehrte, Geographen, Geologen und Kunstkenner. Ingenieure sollten die Landenge von Suez durchstechen. Im Mai 1798 verließen seine Schiffe den Hafen Toulon. Ein Glück, daß gerade durch einen starken Nebel die englische Flotte unter Admiral Nelson den Zusammenhang verloren hatte. Bis diese wieder beisammen war, waren die französischen Segler ihr entkommen und konnten in Ägypten landen.

In anstrengenden Wüstenmärschen zogen die Franzosen durch Ägypten. Bei den Grabdenkmälern der Pharaonen trafen sie auf das feindliche Heer. Napoleon spornte seine Soldaten an mit dem Ruf: „Soldaten! Vierzig Jahrhunderte blicken von der Höhe dieser Pyramiden auf euch herab!" Die Mamelukenreiter* wurden aufgerieben und vernichtet.

Der Feldherr begann die Verwaltung des Landes zu ordnen, seine Gelehrten erforschten es. In Rosette fanden sie eine Steinplatte mit einer Inschrift in ägyptischen und griechischen Buchstaben. Durch diesen Fund konnte man die bisher unlesbaren Hieroglyphen* entziffern. Da traf eine schlimme Nachricht für das französische Heer ein: Nelson hatte die Schiffe Napoleons bei *Abukir* vernichtet! Doch der General berichtete an das Direktorium:

Qu „Alles steht vortrefflich ... Das Land ist unterworfen und beginnt sich an uns zu gewöhnen ... Es gibt Getreide, Reis, Flachs, Zucker, Indigo, Baumwolle und Kaffee im Überfluß, das Klima ist gesund ... Noch nie hat eine Kolonie so viele Vorteile geboten."

Zu weiteren Eroberungen wandte der Feldherr sich nach Osten. Jaffa wurde erstürmt und geplündert. 4 000 Gefangene, die Napoleon nicht verpflegen, aber auch nicht freilassen wollte, ließ er erschießen. Diese Handlung verteidigte er später mit dem Hinweis, daß die Pflicht gegen die eigenen Soldaten ihn gezwungen habe, das Leben dieser Gefangenen nicht zu schonen und sie nach dem eisernen Gesetz des Krieges zu behandeln.

Die starke Festung *Akkon* wurde zwei Monate lang belagert. Doch sie fiel nicht, denn das Heer Napoleons war durch Hunger und Krankheiten zu sehr geschwächt. Über Akkon sagte Napoleon später: „Wenn Akkon gefallen wäre, so hätte dies die Gestalt der Welt verändert; das Schicksal des Orients stak in diesem Nest."

Schlechte Nachrichten kamen von Frankreich: Die Engländer hatten ein neues Bündnis mit Rußland und Österreich gegen Frankreich zusammengebracht, die Eroberungen auf dem linken Rheinufer und Italien waren verloren. „Die Unwürdigen!" rief Napoleon aus, „alle Früchte unseres Sieges sind dahin .... Ich muß zurück!"

Heimlich verließ er Ägypten und hatte wiederum das Glück, mit zwei kleinen Seglern durch die Kette der englischen Wachschiffe zu schlüpfen und in Frankreich zu landen. Als „Retter der Nation" begrüßte ihn die Bevölkerung von Paris, die mit der Regierung der Direktoren schon lange nicht mehr zufrieden war: So wagte Napoleon einen Staatsstreich. An der Spitze seiner Soldaten verjagte er die Vertreter des Volkes aus ihrem Sitzungssaal. Er richtete eine neue Regierung aus drei *Konsuln* ein, und machte sich selbst zum ersten Konsul, der die gesamte Staatsmacht in seiner Hand vereinigte (1799). In dem jetzt folgenden Feldzug schlug er die Österreicher und sicherte sich wieder die Abtretung der linksrheinischen deutschen Gebiete. Auch mit England erreichte er einen Frieden. Zum Dank für seine Erfolge wählten ihn die Franzosen zum Konsul auf Lebenszeit (1802). Der Abbé Sieyès erklärte: „Wir haben einen Herrn. Napoleon kann alles, weiß alles und will alles!"

4/18

Kaiserkrönung in der Kathedrale Notre Dame in Paris (Gemälde von J. L. David). Napoleon krönt seine Gemahlin Josephine. Hinter ihm sitzt Papst Pius VII., links und rechts stehen die Marschälle, die hohen Würdenträger und die Damen des Hofstaates.

Aus der Militärdiktatur entsteht das Kaiserreich der Franzosen

Der ehrgeizige General wollte aber zur höchsten Macht auch noch die höchste Würde eines Herrschers im Abendland besitzen. Die Mitglieder des von Napoleon ernannten und von ihm abhängigen Senats zeigten sich gefügig und trugen ihm die Kaiserkrone an. Am 2. Dezember 1804 erlebte Frankreich das prächtige Schauspiel einer Kaiserkrönung. Dazu hatte der Papst nach Paris kommen müssen. Er salbte den neuen Imperator*, wie einst die Päpste im Mittelalter Karl den Großen und die Kaiser des Heiligen Römischen Reiches gesalbt hatten. Doch den Lorbeer als Zeichen der Kaiserwürde setzte sich Napoleon selbst auf und krönte auch seine Gemahlin.

1804

Damit war die Revolution beendet. Napoleon ließ ein neues Gesetzbuch schaffen, den Code Napoleon. Darin blieben viele Errungenschaften der Revolution erhalten, z. B. die Menschenrechte und die Gleichheit aller Bürger vor dem Gesetz. Das Gesetzbuch galt auch in den von Napoleon besetzten Gebieten in Deutschland und Italien. Die politischen Entscheidungen fällte der Kaiser allein. Kritik war nicht erlaubt; Polizei und Spitzel überwachten die öffentliche Meinung.

Die Mehrheit des französischen Volkes begrüßte nach den langen Revolutionswirren Friede, Ordnung, Sicherheit und wirtschaftlichen Aufstieg. Man war stolz auf den Kriegsruhm, den der siegreiche Feldherr für die Nation errungen hatte. Eine Volksabstimmung bejahte mit 3 570 000 Ja-Stimmen gegen 2 500 Nein-Stimmen die Übertragung der erblichen Kaiserwürde auf Napoleon und seine Nachkommen.

Fragen — Vorschläge — Anregungen

1. Lies S. 3 und ergänze danach die folgende Tabelle:

    Gliederung des französischen Volkes um 1789 (rd. 26,5 Millionen)

	Wer gehörte dazu?	% der Bevölkerung?	% des Grund u. Bodens?	% der Steuern?
1. Stand				
2. Stand				
3. Stand				

2. Welche Vorrechte der beiden ersten Stände wurden als besonders drückend empfunden a) von den Bürgern? b) von den Bauern?
3. Auf dem Bild S. 4 fressen Kaninchen den Kohl, Vögel die Saat des französischen Bauern. Auf welches Vorrecht des 1. Standes wird hier hingewiesen?
4. Gibt es heute im französischen oder deutschen Volk auch Stände? Haben sie noch besondere Rechte? Was versteht man heute unter Stand?
5. Wozu hatte der Adel im Mittelalter den Ertrag seines großen Grundbesitzes verwendet?
6. Weshalb betrachtete man den großen Besitz des Adels und dessen Steuervorrechte als nicht mehr gerechtfertigt?
7. Wer hatte die Pflichten des Adels (Schutz gegen feindliche Einfälle und Erhaltung des Friedens im Innern) übernommen?
8. Welche Unterschiede zeigt dir ein Vergleich der Generalstände mit einer heutigen Volksvertretung, z. B. der in der BRD?
9. Was erwartete der König, was erwarteten die verschiedenen Stände von der Versammlung der Generalstände?
10. Was kann man als Ursachen, was als Anlaß für den Ausbruch der Revolution bezeichnen?
11. Warum richtete sich die Volkswut gegen die Bastille?
12. Warum wurde der 14. Juli der Nationalfeiertag der Franzosen?
13. Trafen die Gewalttaten der Revolution die wirklich Schuldigen?
14. Stelle die wichtigsten Unterschiede zwischen einer absoluten und einer durch eine Verfassung beschränkten (konstitutionellen) Monarchie fest?
15. Zeige an Beispielen, daß die Menschenrechte vor der Revolution in Frankreich nicht beachtet wurden!
16. Trotz der Erklärung der Menschenrechte ereigneten sich in Frankreich neue Gewalttaten; wie lassen sie sich erklären?
17. Gegen wen hatte sich die Erklärung der Menschenrechte in den USA gerichtet? Gegen wen richtete sie sich in Frankreich?
18. Kennst du Beispiele, wo auch in der heutigen Welt gegen Menschenrechte verstoßen wird?
19. Wo sind heute die Forderungen der Menschenrechte aufgezeichnet?
20. Was bewog Ludwig XVI. zur Flucht? Woran scheiterte sein Fluchtversuch? Wie wirkte sich der gescheiterte Fluchtversuch aus?
21. Welchen Eindruck von König Ludwig XVI. gewinnst du aus seinem Verhalten bis zu seiner Verurteilung?
22. Gib den wesentlichen Unterschied zwischen Republik und Monarchie an!
23. Warum wollten andere Monarchen in Europa gegen die Revolution in Frankreich einschreiten? Wie wollten sich die Franzosen dagegen wehren?
24. Was unterschied das Volksheer der Franzosen von den Söldnerheeren der ausländischen Fürsten?
25. Worin waren die Soldaten des Volksheeres den Söldnern überlegen? Gibt es heute noch Söldner?
26. Welche Gefahren einer Revolution wurden an der Schreckensherrschaft sichtbar?

27. Nimm zu den Vorgängen auf dem Bild S. 15 Stellung! Kannst du weitere Beispiele aus Vergangenheit und Gegenwart nennen, in denen Andersdenkende von ihren politischen Gegnern umgebracht wurden?
28. Woran wird deutlich, daß Robespierres Regierung zur Diktatur geworden war? Wie war es da mit „Freiheit! Gleichheit! Brüderlichkeit!" bestellt?
29. Auf dem zeitgenössischen Stich S. 16 siehst du den Straßenkampf als typisches Bild revolutionärer Unruhen (vgl. auch die Bilder S. 52 und 54). Kennst du ähnliche Bilder aus heutigen Film- und Fernsehberichten? Was hat sich an solchen Bildern seit der Zeit der Französischen Revolution geändert? Was ist gleich geblieben?
30. Wodurch zeigte sich Napoleon als militärischer Führer und was erleichterte ihm den Weg zur politischen Herrschaft?
31. Nenne Beispiele, welche seine ehrgeizigen Pläne deutlich machen!
32. Wie ist es zu erklären, daß das französische Volk seine republikanische Regierung nicht verteidigte und Napoleon so schnell zujubelte?
33. Was kennzeichnete Napoleons Herrschaft als Militärdiktatur?
34. Stelle fest, welche Neuerungen der Revolution erhalten blieben, was also die Merkmale der „neuen Zeit" sind, die durch die Französische Revolution eingeleitet wurde.
35. Durch Beantwortung folgender Fragen kannst du die wichtigsten Merkmale der verschiedenen Regierungsformen feststellen:

	Wer beschließt Gesetze und Steuern?	Wer führt Gesetze aus?	Wer spricht Recht?	Wer beruft den 1. Minister?
in der absoluten Monarchie vor der Revolution				
in der beschränkten Monarchie				
im Kaiserreich Napoleons				
in einer demokratischen Republik (BRD)				

36. Welches ist die Bedeutung folgender Begriffe:
Legislative, Exekutive; absolute Monarchie, konstitutionelle Monarchie, Republik, Diktatur; Demokratie; Revolution, Revolte; Stände, Nationalversammlung, Verfassunggebende Versammlung; Bankrott; Guillotine; Marseillaise; Schreckensherrschaft (Terror); Allgemeine Wehrpflicht, Söldnerheer?

Damals und heute
In der Französischen Revolution erhob sich der Bürgerstand (3. Stand) gegen die unbeschränkte Königsherrschaft und gegen die Privilegien der beiden ersten Stände (Adel und der Geistlichkeit). Der Bürgerstand errang Gleichberechtigung und beschränkte die monarchische Gewalt. Die Nationalversammlung erklärte die Menschenrechte (1789). Während des Krieges Österreichs und Preußens gegen Frankreich schafften französische radikale Revolutionäre das Königtum ab und erklärten Frankreich zur Republik (1792). Im Kampf gegen die äußeren Feinde entstand der Nationalismus; ein Volksheer wurde aufgestellt. Im Innern führte die Schreckensherrschaft fanatischer Revolutionäre zur Diktatur des Robespierre. Nach seinem Sturz machte sich der erfolgreiche General Napoleon Bonaparte mit Hilfe seines Heeres zum Alleinherrscher und 1804 zum Kaiser der Franzosen.
Die Beseitigung des Ständestaates und die Erklärung der Menschenrechte übten großen Einfluß auf die Entwicklung der Staatsverfassungen in anderen Ländern aus. Die Ideen von Freiheit und Gleichheit, die sich in vielen Bereichen des praktischen Lebens widersprechen, spielen noch in den gesellschaftspolitischen Auseinandersetzungen unserer Tage eine große Rolle.

Kaiser Napoleon will seine Herrschaft über ganz Europa ausdehnen

Der Kaiser von Frankreich bestimmt über die Neuordnung Deutschlands

Heute wird in der Bundesrepublik über eine Neuordnung der Bundesländer diskutiert. Solche Pläne für eine bessere Gliederung Deutschlands in Einzelstaaten gab es in der deutschen Geschichte öfter. Die wesentlichen Trennungslinien zwischen den deutschen Einzelstaaten wurden einst von Kaiser Napoleon auf die deutsche Landkarte eingezeichnet.
Am Ende seiner siegreichen Feldzüge nach der Französischen Revolution hatten die großen deutschen Staaten Österreich und Preußen es hinnehmen müssen, daß Frankreich seine Grenze bis zum Rhein vorschob. Der deutsche Kaiser hatte die kleinen deutschen Staaten nicht mehr schützen können. Die Franzosen waren durch die Gebiete Westdeutschlands gezogen, hatten geplündert und hohe Geldsummen von den Fürsten verlangt. An Württemberg wurde 1796 die Forderung gestellt: „Der Herr Herzog wird außerdem noch die in einer besonderen Übereinkunft bedungenen Lebensmittel und anderen Gegenstände liefern (100 000 Zentner Brotgetreide, 50 000 Säcke Haber, 100 000 Zentner Heu, 50 000 Paar Schuhe und 4 200 Pferde)." Nun verloren diese Fürsten ihre wertvollen Gebiete links des Rheines. Sie sollten für ihre Verluste durch Gebiete rechts des Rheines entschädigt werden. Es gab hier aber kein herrenloses Land. Das Reich bestand aus etwa 350 selbständigen Kleinstaaten, darunter 51 Freien Reichsstädten. Dazu kamen ungefähr 1 500 reichsunmittelbare, d. h. dem Kaiser direkt unterstellte Herrschaften von Rittern und Freiherren.
Bei den vielen Einzelherrschaften bereitete die Entschädigung und Neuverteilung große Schwierigkeiten. Eine Kommission des Reichstages, die Reichsdeputation, sollte sie vornehmen. Kein Landesherr wollte etwas von seinem ererbten Besitz oder seinen Rechten abgeben. Sie schickten Gesandte nach Paris und ließen französische Staatsmänner bestechen. Da griff Napoleon in den Länderschacher ein. Im *Reichsdeputationshauptschluß* 1803 mußte die Kommission die Grenzen der deutschen Staaten nach den Befehlen Napoleons festlegen. Siebenundsechzig geistliche Fürstentümer und alle freien Reichsstädte bis auf sechs wurden aufgehoben und weltlichen Landesherren unterstellt. Der Herzog von Württemberg erhielt z. B. für seinen linksrheinischen Verlust von 7 Quadratmeilen* mit 14 000 Einwohnern ein Gebiet von 29 Quadratmeilen mit 120 000 Bewohnern. Darunter waren geistliche Herrschaften wie die Probstei Ellwangen, die Klöster und Abteien Zwiefalten, Schöntal, Comburg, Oberstenfeld, sowie die Reichsstädte Aalen, Esslingen, Gmünd, Hall, Heilbronn, Reutlingen, Rottweil, Weilderstadt. Der Herzog bekam den Kurfürstentitel. Baden wurde ebenfalls

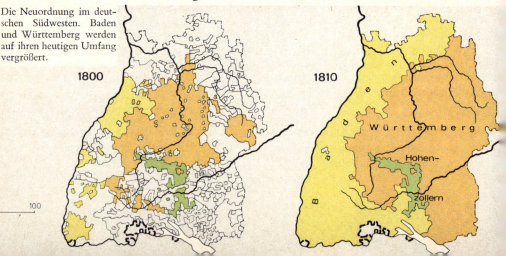

Die Neuordnung im deutschen Südwesten. Baden und Württemberg werden auf ihren heutigen Umfang vergrößert.

Der englische Admiral Nelson vernichtet die französische Flotte 1805 in der Seeschlacht von Trafalgar (Gemälde von W. Turner). Links vorn sein Flaggschiff „Victory". Vor dem Hauptmast wird Nelson, tödlich verwundet, unter Deck getragen. Links und rechts an der Reeling kämpfen rotuniformierte englische Seesoldaten.

Kurfürstentum und erhielt für die verlorenen 8 Quadratmeilen mit 25 000 Einwohnern jetzt 59 Quadratmeilen mit 237 000 Einwohnern. Zu seinen Neuerwerbungen gehörten z. B. Konstanz, Heidelberg, Mannheim, die Reichsstädte Offenburg, Überlingen, Wimpfen. Auch Bayern, Hessen und Preußen wurden auf solche Weise vergrößert.
Napoleon sah darin seinen Vorteil. Er wollte die vielen deutschen Kleinstaaten, besonders die geistlichen, beseitigen; sie hatten immer zum Kaiser in Wien gehalten. An ihre Stelle wollte er einige größere Mittelstaaten setzen, groß genug, um Frankreich helfen zu können, aber nicht so groß, daß sie ihm gefährlich werden konnten. Wie sich Napoleon dies dachte, mußte 1805 der von ihm in den Kurfürstenrang erhobene Herzog von Württemberg erfahren. Napoleon besetzte die Hauptstadt Stuttgart und besuchte das Residenzschloß Ludwigsburg. In einer Unterredung hinter verschlossenen Türen drohte er schließlich dem zögernden Fürsten: „Wer nicht für mich ist, ist wider mich." Nachdem der deutsche Kaiser aus Wien mitgeteilt hatte, daß er nicht helfen könne, blieb dem württembergischen Herrscher nichts anderes übrig, als sich dem Druck Napoleons zu beugen und 10 000 Mann württembergische Hilfstruppen für Napoleons Krieg gegen Österreich auszurüsten.
Österreich hatte sich mit Rußland und England gegen Frankreich verbündet. Napoleon plante zuerst, mit 100 000 Mann in England zu landen. Die Transportschiffe lagen bereit. „24 Stunden Herrschaft über den Kanal und ich bin Herr der Welt", schrieb er damals in einem Brief. England zitterte vor einer französischen Invasion*, aber seine Kriegsflotte beherrschte den Kanal. Rasch änderte Napoleon seinen Plan und marschierte gegen Österreich. Er besetzte Wien und schlug die verbündeten Österreicher und Russen in der Schlacht bei *Austerlitz* (1805). Inzwischen war allerdings seine Flotte von dem englischen Admiral Nelson bei *Trafalgar* vernichtet worden, England beherrschte nach wie vor die Weltmeere.
Die Fürsten der deutschen Mittelstaaten wurden für ihr Bündnis mit Napoleon belohnt. Dieser verfügte:

„Ihre Majestäten, die Könige von Bayern und Württemberg und Se. Durchlaucht der Kurfürst von Baden sind selbständige Herren ihrer alten Gebiete und über die ihnen abgetretenen Länder. Das garantiert ihnen Seine Majestät, der Kaiser der Franzosen und König von Italien. Sie haben also dieselben Rechte, wie sie der deutsche Kaiser oder der König von Preußen in ihren eigenen Staaten ausüben."

Ihre Länder wurden abermals vergrößert. Württemberg erreichte eine Gebietsfläche von 19 500 km², die es bis 1945 behielt. Die Karte von Deutschland mußte neu gezeichnet werden. In Süddeutschland blieb sie in vielen Teilen bis heute unverändert.

Qu

Napoleon versetzt dem Deutschen Reich den Todesstoß

Mit den französischen Heeren drangen auch manche Reformen und Errungenschaften der französischen Revolution in die besetzten westdeutschen Gebiete ein: die Erbuntertänigkeit der Bauern und der Zunftzwang der Handwerker wurden aufgehoben, die Standesvorrechte abgeschafft, wie es das Gesetzbuch Napoleons bestimmte. Die Einführung gleicher Münzen, Maße und Gewichte sowie die Beseitigung der Zollgrenzen kamen der wirtschaftlichen Entwicklung zugute.

Die Fürsten der deutschen Mittelstaaten wurden aber bitter enttäuscht, wenn sie gehofft hatten, nun ganz unabhängig zu sein. Napoleon verlangte, sie sollten einen Bund untereinander schließen, er wollte die Schutzherrschaft (das Protektorat) darüber ausüben. Die Könige von Württemberg, von Bayern und andere Fürsten wehrten sich verzweifelt gegen eine solche Abhängigkeit von Frankreich. Als ein Fürst wünschte, die mehr als tausend Jahre alte ehrwürdige deutsche Reichsverfassung sollte doch erhalten bleiben, erklärte Napoleon barsch: „Affenkomödie!" Sein Minister *Talleyrand* rief einem deutschen Vertreter zu: „Unterzeichnen Sie die Zerreißung Deutschlands, die der Kaiser entschieden hat!"

So zwang der französische Kaiser 16 deutsche Fürsten, darunter die von Bayern, Baden und Württemberg, sich von ihrer bisherigen Verbindung mit dem Deutschen Reiche loszusagen und sich als *Rheinischer Bund* in den Schutz des französischen Kaiserstaates zu begeben. Später schlossen sich noch weitere 20 deutsche Fürsten diesem Rheinbunde an. Die Mitglieder waren verpflichtet, im Kriegsfalle Truppen für Napoleon zu stellen. Württemberg z. B. mußte 12 000 Mann ausrüsten.

Vom deutschen Kaiser Franz II. verlangte der Franzosenkaiser, er solle seine Krone niederlegen. „Sollte der deutsche Kaiser die geringsten Schwierigkeiten machen, so rückt die Armee zwischen Inn und Linz ein." Franz II. hatte schon vorher den Titel „Franz I., Kaiser von Österreich" angenommen und erklärte, daß durch den Rheinbund das Deutsche Reich

1806 als aufgelöst zu betrachten sei. 1806 legte er die Kaiserkrone nieder.

Jetzt war Deutschland in drei Teile gespalten: in das von Napoleon besiegte Österreich, den von Napoleon beherrschten Rheinbund und in das Königreich Preußen.

Wie Napoleon seine Herrschaft ausüben wollte, ersieht man aus einem Befehl an seinen Gouverneur in Kurhessen:

Qu „Entwaffnen Sie das Land durchaus, daß nicht eine Kanone, nicht eine Flinte drin bleibe. Im übrigen kann man das Land mit Milde behandeln, allein, wenn sich die geringste Bewegung irgendwelcher Art zeigt, geben Sie ein fürchterliches Beispiel. Das erste Dorf, welches sich muckst, soll geplündert und verbrannt werden."

Preußen will gegen Napoleon auftreten

Das Königreich Preußen war 1805 im Krieg Napoleons gegen England, Rußland und Österreich neutral geblieben. Seine Armee galt seit der Zeit Friedrichs des Großen als die beste in Europa. Eine Kriegspartei am preußischen Hofe wirkte für ein Bündnis mit Österreich. Preußische adlige Offiziere gebärdeten sich bereits übermütig und siegesgewiß, einzelne wetzten die Säbel an den Steinstufen der französischen Botschaft in Berlin. Sie waren empört darüber, daß das französische Heer durch preußisches Gebiet marschiert war. Napoleon aber gelang es, den unentschlossenen preußischen König *Friedrich Wilhelm III.*

hinzuhalten. Er versprach ihm das bisher zu England gehörende Hannover. Nach seinem Sieg über Österreich bei Austerlitz bot er es aber auch den Engländern als Rückgabe an. Jetzt erst, im ungünstigsten Augenblick, forderte der preußische König den Abzug der Franzosen aus Süddeutschland. Dadurch kam es zum Krieg.
Noch ehe das veraltete preußische Heer seine Vorbereitung abgeschlossen hatte, stand die moderne französische Armee schon mitten im Lande. In der Doppelschlacht bei *Jena* und *Auerstedt* wurden die Preußen völlig geschlagen und flohen ostwärts. Die meisten preußischen Festungen ergaben sich. Schon 12 Tage danach konnte der Franzosenkaiser kampflos durchs Brandenburger Tor in Berlin einziehen. Die Stadtbehörden empfingen ihn feierlich und gelobten Gehorsam, viele Berliner jubelten ihm zu.
Der preußische Stadtkommandant erließ einen Aufruf an die Bürger:

„Der König hat eine Bataille verloren. Jetzt ist Ruhe die erste Bürgerpflicht. Ich fordere die Einwohner Berlins dazu auf. Der König und seine Brüder leben." **Qu**

Napoleon verfolgte das preußische Heer weiter nach Osten. Die Königsfamilie floh bis nach Memel. Die *Königin Luise* sagte nach diesen Niederlagen:

„Wir sind eingeschlafen auf den Lorbeeren Friedrichs des Großen, welcher als der Herr seines Jahrhunderts eine neue Zeit schuf. Wir sind aber mit derselben nicht fortgeschritten und deshalb überflügelt sie uns ..." **Qu**

Die Preußen hofften auf russische Hilfe, aber das Heer des Zaren *Alexander I.* wurde ebenfalls geschlagen. Im Frieden von *Tilsit* wurde bestimmt, daß Preußen mehr als die Hälfte seines Landes verlor, hohe Kriegsentschädigung zahlen und sein Heer auf 42 000 **Mann** herabsetzen mußte. Eine starke französische Besatzung und ein Heer von Spionen überwachte das Volk.
Napoleon wollte den Zaren für seine Maßnahmen gegen das noch immer unbesiegte England gewinnen und schlug ihm vor: „Teilen wir die Herrschaft der Welt! Unser Ruhm wird ein gemeinsamer sein. Bedenken Sie, was es heißt, das Schicksal der Menschen in Händen zu haben!" Nach kurzem Schweigen warf Alexander ein: „Und England?" Zornbebend fuhr Napoleon auf:

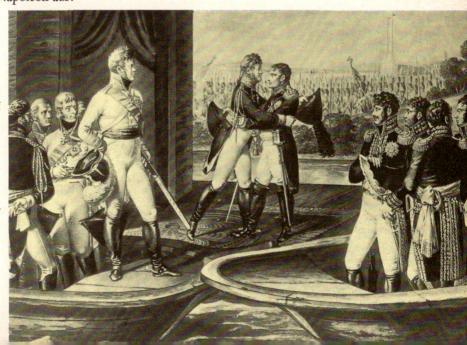

Zar Alexander und Kaiser Napoleon treffen sich am 25. Juni 1807 bei Tilsit auf einem schwimmenden Pavillon in der Mitte des Njemen (Zeitgenössischer Stich). Links die russischen Generäle, rechts die Marschälle von Frankreich, am Flußufer Teile der Kaisergarde Napoleons.

Qu „... Hat nicht England aus jedem Krieg zwischen europäischen Staaten Nutzen gezogen? ... Wenn Sie mit Rußland auf die Seite Frankreichs treten, findet England keine Handlanger mehr in Europa ... Eine aus Russen, Franzosen und Österreichern bestehende Armee von 50 000 Bajonetten müßte über Konstantinopel nach Asien marschieren. Da würde England erzittern ..."

Schließlich wurde der russische Kaiser der Verbündete Napoleons im Kampf gegen England.

Nach seiner Rückkehr begrüßte die Hauptstadt Paris Napoleon als „Kaiser des Abendlandes". Es gab jetzt nur noch zwei Mächtige auf dem Kontinent: den Zaren als Herrscher im Osten und Napoleon, den Kaiser des Westens.

Wie kann man England niederringen?

Das Inselreich war der zäheste Gegner des Kaisers und hatte noch immer keinen Frieden geschlossen. An eine Landung eines Heeres in England konnte Napoleon nicht mehr denken, nachdem seine Flotte vernichtet war. Die englische Flotte beherrschte die Meere, so daß Napoleon bekennen mußte: „Nicht einen einzigen Fischerkahn kann ich ins Meer senden, ohne daß die Engländer ihn wegnehmen!" Doch es gab eine verwundbare Stelle am englischen Weltreich: es lebte von der Industrie und vom Seehandel. Wenn man die Ausfuhr der Engländer lahmlegte, konnte man sie auf die Knie zwingen. So ordnete Napoleon 1806 für alle Festlandstaaten an:

Qu „Den Feind muß man mit denselben Waffen bekämpfen, deren er sich bedient ... Die britischen Inseln sind gesperrt. Aller Handel und Verkehr mit ihnen ist verboten. Jede Ware, die aus englischen Fabriken oder britischen Kolonien stammt, soll weggenommen werden."

Auch die großen Staaten wie Preußen und Rußland mußten sich dieser sogenannten *Kontinentalsperre* anschließen. Von Petersburg bis nach Sizilien sollten die Häfen für englische Schiffe gesperrt werden. Die Eisen- und Tuchwaren Englands blieben unverkauft liegen, sein Handel und seine Industrie litten schwer. Not und Unruhen brachen aus. Aber die Schwierigkeiten bestärkten Volk und Regierung in England erst recht in ihrem Widerstand gegen Napoleon. Die Engländer wußten die Überlegenheit ihrer

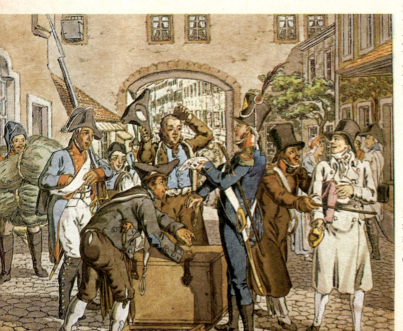

Französische Soldaten und Zöllner durchsuchen in Leipzig Reisegepäck nach englischen Waren (Kolorierter Stich von Chr. G. H. Geißler).

Kaiser Napoleon (Unvollendetes Gemälde von J. L. David).

Flotte zu nutzen und kaperten alle Schiffe, deren Länder an der Kontinentalsperre beteiligt waren. Auf diese Weise fielen etwa 4 000 Schiffe in ihre Hände. Der Handel über die Meere war fast lahmgelegt. Mitten im Frieden beschossen die Engländer die Stadt Kopenhagen; die dänische Flotte mußte ausgeliefert werden. Eine Flugschrift jener Zeit klagt:

u „Wie schrecklich leidet nun der Kontinent. Nach England gingen einst aus Deutschland Getreide, Hanf, Flachs, Wolle, Garne, Leinen — aus Norwegen getrocknete Fische, Bauholz, Eisen und Kupfer — aus Rußland Getreide, Holz, Hanf, Talg. Nun liegt das alles nutzlos im Speicher. Auch fehlen uns die Waren, die England lieferte. Ohne Baumwolle und Färbmittel können neu eingerichtete Fabriken nicht arbeiten; unseren Kranken mangelt es an nötigen Arzneien; Kaffee und Zucker sind unerschwinglich."

Verantwortungsbewußte und erfinderische Menschen suchten Auswege. In Frankreich und Belgien, im Rheinland, in Sachsen und in Schlesien begann man, eigene Fabriken zu errichten. Zichorie wurde angebaut, um Kaffee-Ersatz zu gewinnen. Die Chemiker erfanden ein Verfahren, aus gezüchteten Rüben Zucker herzustellen.

Der Kaiser von Frankreich will ein Vereinigtes Europa beherrschen

Qu „Europa wird nicht zur Ruhe kommen, bevor es nicht unter einem einzigen Oberhaupt steht, unter einem Kaiser, der Könige als seine Beamte hat und der seinen Generalen Königreiche gibt. Wir brauchen ein europäisches Gesetz, eine einheitliche Münze, die gleichen Gewichte und Maße; wir brauchen dieselben Gesetze für ganz Europa. Aus allen Völkern will ich ein Volk machen."

Das war das Ziel Napoleons.
Ein prunkvoller *Fürstentag in Erfurt* sollte der ganzen Welt die Größe seiner Macht und den Glanz seines Thrones zeigen (1808). Könige und Fürsten kamen zusammen und bemühten sich um seine Gunst. Sein Einfluß reichte von Spanien bis zur Weichsel, von Sizilien bis Skandinavien. Sein Reich war größer als einst das Karls des Großen. Er gebot über weite und wichtige Teile der Erde.

1808

Um die Kontinentalsperre gegen England überall streng durchzuführen, sah sich Napoleon zu weiteren Schritten der Gewaltpolitik gezwungen. Er besetzte Lissabon, die Hauptstadt Portugals. Er zwang den spanischen König abzudanken und setzte seinen Bruder *Joseph Bonaparte* an dessen Stelle. Den Papst führte er als Gefangenen nach Frankreich, weil dieser die Häfen des Kirchenstaates nicht für englische Schiffe sperren wollte. In fast allen Dörfern und Städten Europas lagen napoleonische Truppen. Besatzungslasten und Steuern drückten die Einwohner. Diese Franzosen waren keine Sendboten der Freiheit mehr. Sie führten die brutale Gewaltherrschaft eines Tyrannen durch. Der Druck der Zwangsherrschaft weckte in den Völkern Europas die Liebe zur Freiheit und den Willen zum Widerstand.

4/27

Die Völker Europas wehren sich gegen die Gewaltherrschaft

Krieg in Spanien und mit Österreich

Der erste offene Widerstand brach in Spanien aus. Die nationalstolzen, königstreuen katholischen Spanier sahen in den verhaßten fremden Herren revolutionäre Ketzer*, welche ausgerottet werden sollten. Spanische Adlige, Offiziere und Geistliche stellten sich an die Spitze der Bauern und führten einen zermürbenden Guerillakrieg*. Zwar konnte Napoleon in Madrid einziehen, aber in den unzugänglichen Gebirgsgegenden drohten die Partisanen* die französischen Heeresabteilungen aufzureiben. Ein englisches Heer landete in Portugal und unterstützte die Aufständischen. Auf beiden Seiten wurden viele Grausamkeiten verübt. Trotz vieler Hinrichtungen konnten die Aufständischen nicht besiegt werden.

Das spanische Beispiel wirkte auf andere Völker Europas. Die Österreicher konnten Napoleon 1809 zum erstenmal besiegen, wurden aber dann doch wieder geschlagen. Vergeblich hatte der österreichische Kaiser auf Unterstützung durch eine allgemeine Erhebung in Deutschland gehofft. Einzelne Versuche dazu, wie der Aufstand des Majors *Schill* in Norddeutschland, wurden von Napoleon niedergeschlagen. Napoleon zwang den Kaiser von Österreich, ihm seine Tochter zur Frau zu geben. Durch diese Verbindung mit dem alten Habsburger Kaisergeschlecht wollte er sein Ansehen in Europa erhöhen.

In Tirol erhoben sich die Bauern gegen die Fremdherrschaft. Als der österreichische Kaiser sich Napoleon unterwarf, setzte *Andreas Hofer*, der Feldhauptmann der Tiroler, den Krieg fort. Er wurde verraten, von einem französischen Kriegsgericht in Mantua zum Tode verurteilt und erschossen.

Preußen rüstet sich zur Erhebung gegen die Fremdherrschaft

Freiherr vom Stein hatte als preußischer Minister den Zusammenbruch des Staates Friedrichs des Großen miterlebt. Wie andere führende Männer in Preußen, machte auch er sich Gedanken über die Ursachen einer solchen Katastrophe. Eine sah er im geltenden preußischen Landrecht. Dieses bestimmte z. B. für die preußischen Bauern:

Aufständische spanische Bauern und Handwerker werden im Morgengrauen des 3. Mai 1808 vor den Toren von Madrid von französischen Truppen erschossen (Gemälde von F. Goya).

4/28

Reichsfreiherr vom Stein (Tuschzeichnung von Schnorr v. Carolsfeld).

§ 2. Wer zum Bauernstande gehört, darf, ohne Erlaubnis des Staates, weder selbst ein bürgerliches Gewerbe treiben, noch seine Kinder dazu widmen.
§ 161. Untertanen sind bei ihrer vorhabenden Heirat die herrschaftliche Genehmigung nachzusuchen verbunden.
§ 185. Die Kinder aller Untertanen, welche in fremde Dienste gehen wollen, müssen sich zuvor der Herrschaft zum Dienen anbieten.
§ 495. Wer die Entlassung aus der Untertänigkeit verlangt, muß sie bei seiner Herrschaft suchen.

Wie konnte man von solchen „gutsuntertänigen" Bauern Liebe zu König und Vaterland und Bereitschaft zu deren Verteidigung verlangen! Ihnen gehörte das Land nicht, sie waren in allem dem Gutsherren untertan, bei Streitfällen war er ihr Richter. In Einzelfällen gab es noch Leibeigene, die wie verkäufliche Ware behandelt werden konnten. In Frankreich hatte die Revolution alle diese Herrschaftsrechte beseitigt. Daher hatten die freien französischen Bauern im Volksheer begeistert ihr Vaterland verteidigt. So schlug jetzt der Freiherr vom Stein seinem König vor:

„Wollen wir das Vaterland stark machen, dann müssen wir die Millionen Bauern in Preußen, die jetzt in Unfreiheit schmachten und daher keine Lust zur Arbeit und zum Leben haben, frei machen. Sie müssen Haus, Hof, Acker, Wiese und Wald frei besitzen, müssen diese verkaufen dürfen, wenn sie wollen, oder ein Handwerk lernen dürfen, welches sie wollen, heiraten dürfen, wann und wen sie wollen, und ihre Kinder erziehen, wie sie wollen. Sie müssen frei werden von dem Gericht ihrer Gutsherren, damit sie stark werden im Glauben an ein unerschütterliches Recht. Vor dem Recht sollen alle gleich sein, Adlige, Bürger und Bauern."

Dasselbe **wollte** der Freiherr vom Stein auch für die Bürger der Städte erreichen. Die französische Revolution hatte aus fast rechtlosen Untertanen gleichberechtigte Staatsbürger gemacht. In England hatte er gesehen, wie die städtischen Gemeinden ihre Angelegenheiten selbst verwalteten. Er schrieb an seinen König:

„Auch die Bürger in den Städten müssen Freiheit und Lust zur Arbeit gewinnen. Jetzt werden sie gleich den Bauern wie Knechte behandelt. Der Staat schickt ihnen einen ausgedienten Offizier oder Feldwebel in die Stadt, der regiert als Stadthaupt, wie er will, zieht Abgaben ein, soviel er Lust hat. Die Bürger wissen nicht, wozu ihr Geld verwendet wird, sie haben nur zu zahlen und zu gehorchen. Was kümmert sie da ihre Stadt? Sie müssen eine Obrigkeit haben, die sie sich selbst wählen, und diese Obrigkeit muß der Bürgerschaft Rechenschaft geben über alles, was sie tut. Wenn da z. B. eine Schule oder ein Krankenhaus gebaut oder eine Straße gepflastert werden soll, so muß die Bürgerschaft darüber bestimmen und die gewählte Stadtobrigkeit muß deren Beschlüsse ausführen ... Wer die Gabe hat, ein Kaufmann zu werden, er sei Adliger oder Bauer, der soll es werden. Jeder soll das tun dürfen, wozu er den Willen und die Kräfte hat, damit ein freier Wetteifer entstehe. Darum muß der Zunftzwang abgeschafft und die Gewerbefreiheit eingeführt werden."

Nachdem Stein so die Mängel in der preußischen Staatsverwaltung aufgezeigt hatte, wurde am 9. Oktober 1807 in dem „Edikt ... die persönlichen Verhältnisse der Landbewohner betreffend" u. a. verkündet:

4/29

Qu „§ 11. Mit der Publikation der gegenwärtigen Verordnung hört das bisherige Untertänigkeitsverhältnis derjenigen Untertanen und ihrer Weiber und Kinder, welche ihre Bauergüter erblich oder erbpachtlich besitzen, wechselseitig gänzlich auf.
§ 12. Mit dem Martinitag 1810 hört alle Gutsuntertänigkeit in unseren sämtlichen Staaten auf. Nach dem Martinitag 1810 gibt es nur noch freie Leute, so wie solches auf den Domänen in allen unseren Provinzen schon der Fall ist."

um 1810 Im Jahre 1808 wurde eine *Städteordnung* erlassen, nach welcher der Staat nur noch ein oberstes Aufsichtsrecht über die Stadt behielt. Die Bürger wählten selbst Stadtverordnete. Diese berieten über die Angelegenheiten der Stadt und bestimmten den Bürgermeister. So wollte Stein die Gemeindeglieder mit Bürgersinn und Gemeingeist erfüllen. Sie sollten dann auch fähig sein, an der Staatsregierung mitzuarbeiten. Dazu mußten sie eine bessere Bildung erhalten, besonders auf dem Lande. Da hatte oft der Gutsherr bisher einfach einen alten Bedienten oder einen Handwerker als Schulmeister eingesetzt.
Es dauerte noch lange Zeit, bis diese Reformen durchdrangen. Die adligen Großgrundbesitzer, die Junker, wehrten sich hartnäckig dagegen. Stein selbst wurde schon nach einem Jahr von Napoleon geächtet und floh über Österreich nach Rußland. Den Franzosen war ein Brief in die Hände gefallen, in welchem Stein für Aufstandspläne gegen den Franzosenkaiser eingetreten war. Unter seinem Nachfolger, dem Minister *Hardenberg*, wurde die Gewerbefreiheit durchgeführt und der Zunftzwang aufgehoben. Die Juden erhielten 1812 die vollen Staatsbürgerrechte. Eine allgemeine Volksvertretung in Preußen wurde aber nicht eingerichtet.
Von den gleichberechtigten Staatsbürgern erhoffte man eine größere Bereitschaft zur Verteidigung. Aus diesem Grunde traten die preußischen Generale *Scharnhorst* und *Gneisenau* für eine Heeresreform und eine Abschaffung des Söldnerheeres ein. Jeder Staatsbürger ohne Unterschied der Geburt sollte zum Heeresdienst verpflichtet sein. Die entehrenden Prügelstrafen und das Spießrutenlaufen sollten verschwinden. Jeder, der sich durch Kenntnisse und Tapferkeit auszeichnete, sollte Offizier werden können. Zum Gesetz wurde die allgemeine Wehrpflicht allerdings erst 1814, als die französische Besatzung das Land verlassen hatte.
In derselben Zeit riefen auch Dichter zum Kampf für die Freiheit auf, so *Ernst Moritz Arndt*, *Theodor Körner* und *Heinrich von Kleist* in ihren Gedichten und Dramen. Der *Turnvater Jahn* wollte durch Turnen eine „frische, fröhliche, freie und fromme" deutsche Jugend heranbilden und körperlich ertüchtigen. Die „Reden an die deutsche Nation", die der Universitätslehrer *Johann Gottlieb Fichte* im Winter 1808/1809 in Berlin hielt, sollten das deutsche Volk aufrütteln.

In Rußland geht die „Große Armee" unter

Den Sieg über England konnte Napoleon nur erringen, wenn sich alle europäischen Staaten, besonders die an den Meeresküsten, an die Bestimmungen der Kontinentalsperre hielten. Diese aber fügte ihnen großen Schaden zu. Besonders Rußland litt unter ihr, weil es seine Erzeugnisse wie Holz, Getreide und Leder, Hanf und Flachs nicht mehr ausführen und die dringend benötigten englischen Kolonialwaren nicht mehr einführen konnte. Daher sagte sich schließlich Zar Alexander 1811 von der Sperre los. Er hätte auch gerne ganz Polen an sein Reich angeschlossen, doch das ließ Napoleon nicht zu.
Napoleon fühlte sich vom Zaren im Stich gelassen. Zu seinem Polizeiminister sagte er:

Qu „Seien Sie ohne Sorge und betrachten Sie den Krieg mit Rußland als einen vernünftigen, aus wahrem Interesse für die Ruhe und Sicherheit aller notwendigen Krieg. Was kann ich übrigens ändern, wenn

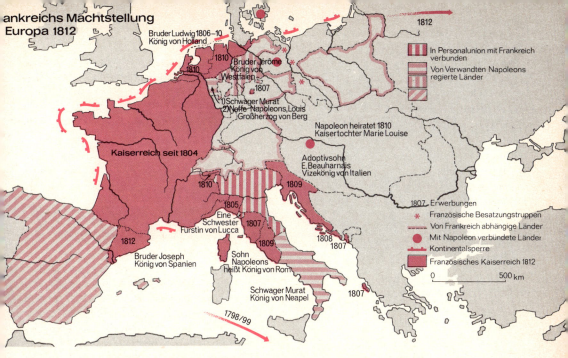

eine zu große Macht mich zur Diktatur der Welt treibt? ... Ich habe meine Bestimmung noch nicht erfüllt; ich will beenden, was kaum begonnen. Aus allen Völkern Europas muß ich ein Volk und aus Paris die Hauptstadt der Welt machen! Dies ist die einzige Lösung, die mir zusagt."

Im März 1812 meinte Napoleon gegenüber einem Vertrauten:

„An der Spitze von 400 000 Mann fürchte ich nichts von diesem langen, steppenumsäumten Weg, an dessen Ende die Eroberung und der Friede winken ... Der lange Weg durch Rußland ist der Weg nach Ostindien. Alexander der Große ist ebensoweit gezogen, um an den Ganges zu gelangen. Ich muß vom äußersten Ende Europas her Asien im Rücken fassen, um dort England zu treffen ... dadurch würde Frankreich zugleich die Unabhängigkeit des Abendlandes und die Freiheit der Meere erobern."

Einer seiner Begleiter warnte: „Der Kaiser ist toll, vollständig verrückt. Dies alles wird mit einer furchtbaren Katastrophe enden."

Napoleon begann in einem gewaltigen Ausmaß zu rüsten. Alle von ihm bezwungenen europäischen Staaten mußten Hilfstruppen stellen. Aus Österreich, Preußen, den Rheinbundstaaten, Portugal, Spanien, der Schweiz, Holland, Dänemark, Italien und Kroatien strömten die Soldaten zu seiner „Großen Armee" zusammen, annähernd 450 000 Mann, darunter 200 000 Franzosen.

Es war das größte Heer, das Europa je gesehen hatte. Als es nach Osten vordrang, waren alle Straßen verstopft. Wie ein Heuschreckenschwarm verzehrten die Truppen, was sie an ihrem Wege fanden. Im Juni 1812 überschritt die Große Armee die russische Grenze, und der Marsch begann durch Morast und Sümpfe, durch Wälder und Steppen, hinein in das weite, unbekannte Rußland. Nirgends war der Feind zu fassen. Die Russen wichen immer weiter nach Osten aus und ließen verwüstete Felder, Dörfer und Unterkünfte zurück. Sogar die Wasserbrunnen verpesteten sie mit Aas. Der Hunger, das ungesunde Klima, Fieber und die Ruhr rafften bald fast die Hälfte der Armee dahin. Auch Fahnenflucht schwächte die Truppen. Ein westfälischer Offizier berichtete seiner Frau über den Vormarsch:

Der Brand von Moskau (Kolorierter Stich). Im Vordergrund der Kreml sowie ein Handgemenge zwischen französischen Truppen und russischen Nachzüglern, im Hintergrund die Moskwa und das brennende Moskau.

Qu „Wohin das Auge blickt, sieht man brennende Dörfer. Von den zu beiden Seiten der Straße liegenden Schlössern und adligen Höfen sieht man nur noch die Trümmer. Das Herz blutet einem, wenn man die Greuel sieht ... Der heutige Tag hat mich vollkommen überzeugt, daß Napoleon, unbekümmert darum, was von eigenen Soldaten unterwegs liegen bleibt, und ob die menschlichen Kräfte ausreichen, der russischen Armee nachrennt, um sie zu ergreifen und zu vernichten."

Napoleon selbst mußte zugeben:

Qu „Ich weiß, daß die Lage der Armee furchtbar ist; bei Wilna ist bereits die Hälfte der Armee zurückgeblieben, jetzt sind es zwei Drittel! Es ist keine Zeit zu verlieren. Wir müssen den Frieden herbeiführen; wir finden ihn in Moskau!"

Im September erblickte das ermattete Heer Napoleons die tausend bunten Kuppeln und Türme der Hauptstadt *Moskau*. Dort hoffte die erschöpfte „Große Armee" endlich Ruhe zu finden. Doch keine Abordnung erschien, um die Eroberer zu begrüßen. Weit offen standen die Tore, leer waren die Gassen. Nur hier und da ließen sich Bettler oder höhnisch grinsendes Gesindel blicken. Die Einwohner waren schon meilenweit hinter Moskau auf der Flucht. Und sie hatten alle Speicher geleert; kein Korn, kein Brot, kein Fleisch für die Soldaten, kein Futter für die Pferde war mehr da. Was sollte jetzt werden?
Plötzlich stiegen an verschiedenen Stellen Rauch- und Feuersäulen auf. Mit rasender Geschwindigkeit jagte der Wind die Flammen über die Holzhäuser. Ganz Moskau wurde zu einem entsetzlichen Flammenmeer. Erst nach zehn Tagen erlosch die Glut. Napoleon entsetzte sich über die Russen; sie hatten ihre Hauptstadt geopfert, um ihm die Winterquartiere zu nehmen. Er sah sich gezwungen, Verhandlungen mit dem Zaren zu suchen. Dieser lehnte ab. Der preußische Minister vom Stein drängte Kaiser Alexander, auf kein Verhandlungsangebot Napoleons einzugehen.
Zu spät gab Napoleon den Befehl zum Rückzug. Schon bald setzte der russische Winter mit Schnee und großer Kälte ein. Der Rückmarsch führte teilweise durch die Gebiete, die schon beim Vordringen zerstört worden waren. Kosaken und erbitterte Bauern umschwärmten die hungernden und frierenden Soldaten. Von diesen heißt es in einem Bericht:

Qu „Pferdefleisch war für sie ein köstlicher Bissen. Manche Soldaten saßen, vor Schmerz und Hunger fast wahnsinnig, im Schnee und kauten an ihren eigenen Händen und Füßen. Lumpen waren ihre Kleidung, die nächtliche Lagerstatt war das unabsehbare Schneefeld. Tausende und wieder Tausende kamen um. Die Kanonen, das Gepäck, die Beute, der Raub: alles ging verloren."

An dem Flusse *Beresina* drohte den Trümmern der Hauptarmee der völlige Untergang. Eine russische Armee auf dem Westufer suchte den weiteren Rückzug zu verhindern. Sie wurde abgewehrt. Schließlich gelang es den Pionieren Napoleons, bis an die Brust im eisigen Wasser stehend, zwei Brücken zu schlagen. Über sie wollten sich nun alle vor den anstürmenden Russen retten. Ein württembergischer Offizier beschreibt die Katastrophe:

„Kein Kommando wurde mehr gehört, keines mehr geachtet. Mit Säbel und Bajonett suchte sich jeder Bahn zu brechen. Der Freund kennt den Freund, der Mensch den Menschen nicht mehr. Ein schrecklicher Kampf entspinnt sich, nicht um die Ehre, sondern ums Leben. Hier stößt der Soldat seinen Hauptmann zu Boden, dort ein Kamerad den andern unter dem Geländer ins Wasser, in den Tod. Die noch auf den Beinen sind, springen, trampeln und laufen über Niedergestürzte weg, bis diese das Leben aushauchen. Wer fällt ist ohne Rettung verloren, wird zertreten." Qu

Nun war jede Ordnung aufgelöst. Die Soldaten warfen die Waffen weg,

„viele blind und taub vor Kälte, mit wölfischem Hunger an jedem Aas nagend, wankten die Unglücklichen dahin in den abenteuerlichsten Verkleidungen, in Weiberröcken, Priestergewändern, Rabbinertalaren, mit Strohmatten, frisch abgezogenen Häuten und Fetzen umhüllt". Qu

Als der nächste Frühling die Schneedecke wegschmolz, da kamen auf russischem Boden nicht weniger als 243 000 Leichen zum Vorschein. Nur noch 85 000 Elendsgestalten der Großen Armee sollen die Westgrenze Rußlands erreicht haben. Über die „Große Armee" ging der Vers um:

„Ritter ohne Schwert, Reiter ohne Pferd, Flüchtling ohne Schuh, nirgends Rast und Ruh. Mit Mann und Roß und Wagen, so hat sie Gott geschlagen." Qu

Napoleon hatte die Trümmer seines Heeres schon vorher verlassen und war im Schlitten nach Paris gejagt. Von dort ließ er bekanntgeben: „Die Große Armee ist vernichtet; die Gesundheit Seiner Majestät ist niemals besser gewesen." Er begann sofort neu zu rüsten.

Rückzug der französischen Armee auf zwei Behelfsbrücken über die Beresina (Lithographie von Adam).

Deutsche Karikatur auf Napoleon 1814! Die Stufen: „Corsischer Knabe — Militair Schüler — Glücksritter zu Paris — General — Herrscher — Großherrscher — Abschied aus Spanien — Schlittenfahrt aus Moskau — Lebewohl aus Deutschland — Ende." — In der Mitte: „Fortdauer nach dem Tode."

Der Sturz des Gewaltherrschers

Die Nachricht vom Untergang der Großen Armee weckte in Preußen neue Hoffnung auf Befreiung von der drückenden Last der fremden Besatzung. General *Yorck*, der Befehlshaber der preußischen Hilfstruppen für Napoleon, schloß auf eigene Faust einen Waffenstillstand mit den Russen, welche die Franzosen verfolgten. Freiherr vom Stein, der 1812 vom Zaren als Berater nach Petersburg gerufen worden war, kam nach Königsberg und rief die Ostpreußen zur Erhebung auf. Der russische Zar drängte den noch immer zögernden Preußenkönig, sich von Napoleon loszusagen. Männer wie Scharnhorst, Gneisenau und Blücher brachten endlich ihren unentschlossenen Herrscher dazu, daß er zum Befreiungskampf aufrief.

Das ganze preußische Volk, geeint durch das Erlebnis der napoleonischen Gewaltherrschaft, brachte begeistert große Opfer: Geld und Waffen, Pferde, Kleider und Ausrüstungsgegenstände, Gold, Silber, Schmuck, Frauenhaar, Lebensmittel, Verzicht auf Gehalt und Pensionen. Der Dichter *Ernst Moritz Arndt* sagte über die Erhebung im Frühjahr 1813:

Qu „... Ja, das waren herrliche Tage, die junge Lebens- und Ehrenhoffnung sang und klang durch alle Herzen, sie klang und sang auf allen Gassen und tönte begeistert von Kanzel und Katheder ... auch die Kältesten wurden warm, auch die Steifsten wurden gelenkig, sie glühten und zitterten in der allgemeinen Erregung mit fort."

Dem Aufruf des Königs folgten mehr als 27 000 Kriegsfreiwillige aus allen Schichten: Handwerker, Bauern und Knechte, Studenten und Schüler, Kaufleute und Beamte. Der Dichter und Kriegsfreiwillige *Theodor Körner* berichtet davon:

Qu „... Alles drängt sich, zuerst für die heilige Sache bluten zu können. Es ist nur ein Wille, nur ein Wunsch in der Nation. König und Volk, Staat und Vaterland sind hier in innigster Gemeinschaft verbunden."

Schon im Frühjahr 1813 erschien Napoleon mit einem neuen Heer in Deutschland und errang einige Siege über Russen und Preußen. Er hoffte, daß sein Schwiegervater, der Kaiser von

Österreich, neutral bleiben würde. Dieser schickte seinen Staatskanzler, den Fürsten *Metternich* zu einer Unterredung nach Dresden. Als Metternich dem Franzosenkaiser den Rat gab, seine Machtpolitik aufzugeben und sich auf die alten Grenzen Frankreichs zu beschränken, fuhr Napoleon auf:

„Ich trete keine Handbreit Boden ab. Eure Herrscher, geboren auf dem Thron, können sich zwanzigmal schlagen lassen und doch immer wieder in ihre Hauptstadt zurückkehren. Das kann ich, der Sohn des Glücks, nicht. Meine Herrschaft überdauert den Tag nicht, an dem ich aufgehört habe, stark und gefürchtet zu sein. Ich werde zu sterben wissen." *Qu*

Als Metternich ihn an die Blutopfer mahnte, die seiner jungen Armee bevorstünden, rief Napoleon zornig aus:

„Sie sind nicht Soldat und wissen nicht, was in der Seele eines Soldaten vor sich geht. Ich bin im Felde aufgewachsen, und ein Mann wie ich schert sich wenig um das Leben einer Million Menschen." *Qu*

Er war nicht bereit, die alten Ländergrenzen wieder anzuerkennen. So schloß sich auch der österreichische Kaiser dem Kriegsbund gegen Napoleon an.

In der großen *Völkerschlacht bei Leipzig* vom 16.—18. Oktober 1813 schlugen Preußen, Russen, Österreicher und Schweden Napoleons Heer. Die Rheinbundfürsten verließen ihn und schlossen sich den verbündeten Heeren an. 1814 zogen die Gegner Napoleons in Paris ein. Der Kaiser mußte auf seinen Thron verzichten, durfte aber seinen Titel behalten und erhielt die Insel *Elba* als selbständiges Herzogtum. Was war aus seinen Zielen geworden? Darüber äußerte er sich auf Elba: **1813**

„Welchen Ruhm hat man mir geraubt! ... Einer meiner Lieblingsgedanken war die Verschmelzung der Völker. Diese muß früher oder später durch die Gewalt der Dinge gelingen." *Qu*

Napoleon hatte die Verschmelzung mit der Gewalt seiner Waffen erzwingen wollen und war gescheitert.

Auf Elba erfuhr er, daß die europäischen Staatsmänner in Wien über die Neuordnung Europas berieten und in Streit geraten waren. Außerdem erhielt er von Paris die Nachricht, daß der neue französische König Ludwig XVIII. beim Volke nicht beliebt sei. So versuchte er sein Glück noch einmal und konnte unbemerkt in Frankreich landen. Die Pariser Zeitungen berichteten am 11. März 1815 über ihn: „Das Ungeheuer liegt in Grenoble." Am 21. März lauteten die Meldungen: „Seine kaiserliche und königliche Majestät hat gestern ihren Einzug in den Tuilerien gehalten, inmitten ihrer getreuen Untertanen." Die Pariser empfingen ihn mit Jubel. Ludwig XVIII. flüchtete aus Paris. Die Gegner Napoleons in Wien aber vergaßen ihren Streit und ächteten den Friedensbrecher.

Seine neue Herrschaft währte rd. hundert Tage, dann wurde er von verbündeten englischen und preußischen Heeren bei *Waterloo* vernichtend geschlagen. Er versuchte vergeblich, nach Amerika zu entkommen. Ein englisches Kriegsschiff brachte ihn auf die einsame Felseninsel *St. Helena* im Atlantischen Ozean. Dort starb er im Jahre 1821. Neunzehn Jahre später überführten die Franzosen seine Leiche nach Paris und setzten sie unter militärischen Ehren im Invalidendom bei.

Napoleon beteuerte immer wieder, er habe ein großes Ziel, ein einiges Europa angestrebt und grollte dem Schicksal, das ihn so tief gestürzt hatte. „Niemand ist schuld an meinem Fall als ich selber", sagte er einmal, „ich habe zu viel gewollt. Ich habe den Bogen zu straff gespannt und mich allzusehr auf mein Glück verlassen."

Fragen — Vorschläge — Anregungen

1. Vergleiche die Gliederung Südwestdeutschlands in Einzelstaaten auf der Karte S. 22 um 1800, um 1810 und auf einer Karte von heute! Was kannst du feststellen?
2. Kennst du in deiner Heimat oder Umgebung Gebiete, die erst seit der Zeit Napoleons zu Baden-Württemberg gehören?
3. Welche deutschen Staaten erfuhren besonders großen Gebietszuwachs?
4. Welche Folgen (Vor- und Nachteile) brachte der Reichsdeputationshauptschluß für die Entwicklung des Deutschen Reiches?
5. Welchen Nutzen erhoffte sich Napoleon von der Neuordnung Deutschlands?
6. Welche Gesichtspunkte spielen bei einer neuen Einteilung im heutigen Westdeutschland eine Rolle?
7. Was bedeutete der Befehl Napoleons (Seite 23) für den deutschen Kaiser und für die deutschen Einzelfürsten?
8. Hatten sich schon früher deutsche Landesfürsten an Frankreich angeschlossen?
9. Warum konnte Napoleon das Deutsche Reich so leicht zerschlagen?
10. Was sagen die nachstehenden Geschichtszahlen über die Entwicklung des Deutschen Reiches?: 925, 962, 1162, 1648 und 1806!
11. Welche Vorteile brachte die Besetzung durch Napoleon für die Bürger in westdeutschen Gebieten?
12. Was sagt die Behauptung, daß „die Freiheit auf Bajonetten nach Deutschland" kam?
13. Woran siehst du, daß Napoleon durch Gewalt herrschen wollte?
14. Was kann man aus dem Aufruf des Berliner Stadtkommandanten (S. 25) ersehen?
15. Erkläre die Worte der Königin Luise auf S. 25!
16. Was beabsichtigte Napoleon, als er den Preußen den harten Frieden von Tilsit aufzwang?
17. Durch welche Schritte hat Napoleon bis 1807 die Herrschaft über Westeuropa erlangt?
18. Welche europäischen Staaten konnten 1807 dem Franzosenkaiser noch Widerstand entgegensetzen?
19. Vergleiche die Zweiteilung Europas zur Zeit Napoleons mit der heutigen Teilung der Macht über diesen Erdteil!
20. Zeichne auf einer Karte die Sperre gegen England ein!
21. Welche Hauptschwierigkeiten ergaben sich bei der Durchführung dieser Blockade?
22. Was unternahmen die Engländer gegen die Kontinentalsperre? Wie versuchten die Festlandsstaaten die nachteiligen Wirkungen der Sperre zu umgehen?
23. Welches waren die Auswirkungen der Blockade (Vor- und Nachteile) auf die Industrie in Europa?
24. Vergleiche die Waren des damaligen Seehandels mit den heutigen Handelsgütern! Auf welche würde sich heute eine Sperre besonders gefährlich auswirken?
25. Zeige, wie die verschiedenen Staaten schon damals aufeinander angewiesen waren!
26. Kennst du Beispiele für die Anwendung einer Blockade in unserer Zeit?
27. Welche Versuche zur Unterwerfung Englands hat Napoleon schon vor der Kontinentalsperre unternommen?
28. Weshalb wollte Napoleon seine Herrschaft über den Kirchenstaat, Spanien und Portugal und über Norddeutschland ausdehnen?
29. a) Was wollte Napoleon nach seinen Worten (Seite 27) durch einen Zusammenschluß Europas erreichen?
    b) Wie hätte ein Vereinigtes Europa unter Napoleon ausgesehen?
    c) Wie stellt man sich heute die Bildung eines Vereinigten Europas vor?
30. Wodurch spürten die Bewohner des Festlandes den Druck der napoleonischen Herrschaft auch im Frieden?
31. Kannst du dir denken, warum man Hitler auch schon mit Napoleon verglichen hat?
32. Die französischen Revolutionsheere waren nach Deutschland gekommen mit der Parole: „Friede den Hütten! Krieg den Palästen!" Wie war es damit unter der Herrschaft Napoleons bestellt?

33. Aus welchen Gründen erhoben sich die Spanier?
    Warum wurden Napoleons Soldaten mit den spanischen Partisanen nicht fertig? Kennst du Beispiele für Partisanenkrieg in unserer Zeit?
34. Welche Merkmale der Untertänigkeit der Bauern kannst du aus den angeführten Paragraphen des Preußischen Landrechts herausfinden (Seite 29)? Welche Bestimmungen waren dabei besonders hart für die Bauern?
35. Ein Student berichtet über eine Heimfahrt von einem Gutshof in der Mark Brandenburg: „M. nötigte uns, sein Fuhrwerk anzunehmen. Worin aber bestand dieses? Den Wagen freilich gab er selbst, den Vorspann aber mußten die Bauern liefern. Vier Pferde wurden ebenso vielen Landleuten in der Zeit der dringendsten Feldarbeit zur Fronfuhre für die Herrschaft abgefordert, und als einige Beschwerde darüber und sogar eine halbdreiste Erkundigung, wieso diese offenbar nicht landwirtschaftliche Leistung jetzt von ihnen gefordert werde, unter den Bauern laut wurde, bedeutete man ihnen gebieterisch, sie sollten „zur Tanzfuhre" anspannen, denn allerdings waren sie durch ein altes Herkommen verbunden, wenn die Herrschaft zum Tanze fahre, sie mit vier Pferden hin und zurück zu schaffen."
    Wie beurteilst du eine solche „Fronfuhre"?
36. a) Worin bestand nach Steins Brief Seite 29 die Bevormundung der Stadtbürger und wie wollte er sie freier machen?
    b) Welches weitere Ziel wollte Stein mit seinen Reformen erreichen?
    c) Woran kann man die Selbstverwaltung durch die Bürger in deiner Heimatgemeinde erkennen?
37. Besteht heute uneingeschränkte Gewerbefreiheit?
38. Wie hatten die französischen Bürger und Bauern die Gleichberechtigung mit den ersten Ständen und die Abschaffung der Untertänigkeit erlangt?
39. Erkläre den Unterschied zwischen Reform und Revolution!
40. Zeige an Beispielen, wie Napoleon durch sein eigenes Herrschaftsstreben in immer neue Konflikte getrieben wurde!
41. Warum lehnten sich die Völker gegen Napoleons Herrschaft auf?
42. Welches sind die wichtigsten Ursachen des Unterganges der Großen Armee in Rußland?
43. Was meinte ein russischer Gesandter, der zu Napoleon sagte: „Nach Moskau nimmt man den Weg, den man sich wünscht. Karl XII. hat den über Poltawa gewählt." (Vgl. Band 3 Seite 94.) Weshalb könnte man heute hinzufügen: „Ein Weg nach Moskau führt über Stalingrad"?
44. Was erfährst du aus dem Gespräch zwischen Metternich und Napoleon über das Denken und den Charakter dieses Herrschers?
45. Verfolge den Lebenslauf Napoleons auf der Karikatur S. 34. Welche Stufen hättest du eingezeichnet? Welche Unterschriften hättest du für die einzelnen Stationen gefunden?

Damals und heute
Kaiser Napoleon strebte nach der Herrschaft über ganz Europa. In siegreichen Kriegen gegen Österreich und Rußland erzwang er die Abdankung des deutschen Kaisers und die Auflösung des „Heiligen Römischen Reiches Deutscher Nation" (1806). Die Fürsten der meisten übriggebliebenen deutschen Einzelstaaten mußten sich im Rheinbund unter Napoleon stellen. 1806 schlug dieser auch Preußen und wollte durch die Kontinentalsperre die Seemacht England bezwingen. Der schwere Druck dieser Wirtschaftsblockade führte zu Erhebungen der Völker gegen den fremden Gewaltherrscher. Die Erneuerung Preußens versuchte der Freiherr vom Stein durch die Bauernbefreiung und die Städteordnung. Nach der Niederlage Napoleons im russischen Feldzug 1812 erreichte der Kampf Englands und der verbündeten Festlandmächte (1813/1815) den Sturz des französischen Kaisertums.
Die Spuren der Eingriffe Napoleons in deutsche Verhältnisse sind noch heute in der staatlichen Gliederung Westdeutschlands sichtbar. Er hat die vielen geistlichen und weltlichen Kleinstaaten in diesem Raum beseitigt. Unter seinem Einfluß wurden die Grenzen zwischen den Mittelstaaten gezogen, um deren zeitgemäßere Gestaltung man sich heute in der Bundesrepublik bemüht.

Die Neuordnung Europas auf dem Wiener Kongreß 1814/15 und ihre Auswirkungen

Die Aufgabe des Friedenskongresses

Napoleon hatte die alte Ordnung der europäischen Staaten zerstört, Fürsten vertrieben und neue eingesetzt, Ländergrenzen beseitigt und andere gezogen. Der Friede und eine neue Ordnung sollten auf einem Kongreß in der Kaiserstadt Wien beschlossen werden. Dazu lud der österreichische Staatskanzler Fürst Metternich die Fürsten und Diplomaten der europäischen Staaten ein.

Der Gastgeber Kaiser Franz soll täglich 50 000 Gulden für die fürstliche Tafel, 16 Millionen für den Gesamtaufwand der prunkvollen Veranstaltungen ausgegeben haben. Darüber berichtet ein Wiener Bürger in seinen Erinnerungen:

Qu „Ein Kaiser und eine Kaiserin (von Rußland), vier Könige und eine Königin, zwei Großherzöge, ein Kurfürst, vier regierende Herzöge, ein Großfürst, eine Legion von Prinzen und Prinzessinnen sowie eine Unzahl von Würdenträgern in glänzenden Uniformen mit einem Troß von Bedienten. Was tun sie? Sie beraten das Schicksal Frau Europas, renken deren Glieder ein, die der Glücksritter (Napoleon) im kühn-eisernen Würfelspiel zerschmissen und verrenkt hat. Alle Gasthöfe, Schenken und Kaffeehäuser sind überfüllt. Auf der Straße weiß man nie, ob man es nicht mit einem gekrönten Haupt zu tun hat. Sie mischen sich incognito unter das Volk. Aber sie tun mir zu viel der Unterhaltungen: militärische Paraden, Bälle, Feuerwerke, Volksfeste, sie jagen einander! Doch wo soll man bei so viel Unterhaltung noch Zeit aufbringen für ernste Arbeit? Ich weiß nicht, aber man hört nicht viel Gutes von dem Konferenztisch. Der Kutscher Europas, der Metternich, hat wohl auch böse Stunden bei all dem Glück. Neulich hat mir einer im geheimen gesteckt: „Die jetzt so dick in der Freundschaft tun, liegen sich mitunter auch in den Haaren!"

Oben: Festliche Schlittenfahrt der verbündeten Monarchen und Staatsmänner am 22. 1. 1815 vor Schloß Schönbrunn bei Wien (Farbige Radierung von F. Ph. Reinhold).

Links unten: Staatsmänner und Diplomaten auf einer Sitzung des Wiener Kongresses 1815 (Stich von Godefroy nach J. B. Isabey). Links sitzt Hardenberg, in heller Hose steht Metternich, rechts am Tisch sitzt Talleyrand. Das Bild an der Wand zeigt Kaiser Franz von Österreich.

Die Wünsche der Fürsten

Das war kein Wunder, denn die von Napoleon abgesetzten Herrschaften in Europa und vor allem in Deutschland verlangten jetzt ihren Besitz zurück. Die Monarchen der neu entstandenen und vergrößerten Staaten wollten aber von ihrem Gewinn nichts mehr herausgeben. Alle Machthaber waren auf die Erhaltung ihrer Herrscherwürde und ererbten Rechte bedacht. Die Herren der Mittelstaaten in Deutschland wollten auch von einem starken deutschen Kaiser nichts wissen, weil er ihre Macht beschränkt hätte. Der Freiherr vom Stein schrieb damals in sein Tagebuch:

„Nach den Äußerungen des Kronprinzen von Württemberg ist der feste Entschluß des Königs von Württemberg, gemeinschaftlich mit Bayern sich jeder Verbindung in Deutschland zu widersetzen und sich nur in ein Bündnis für den Fall des Krieges einzulassen."

Der bayerische Staatsminister sagte: „In der Schwäche Österreichs und Preußens lag unsere Stärke." In dieser Ansicht wurden die Vertreter der Mittelstaaten lebhaft unterstützt von Talleyrand, dem Vertreter Frankreichs. Geschickt verstand er es, sich in die Verhandlungen bestimmend einzuschalten, die Sieger in Streitereien zu verwickeln und dadurch Vorteile für Frankreich herauszuholen. Fast wäre es wieder zu einem Krieg gekommen, als die Russen den Anspruch auf Polen und die Preußen den Anspruch auf Sachsen erhoben. Ein österreichischer Erzherzog schrieb über die Streitigkeiten in sein Tagebuch:

„Es ist ein jämmerlicher Handel, der mit Ländern und Menschen! Napoleon haben wir und seinem System geflucht und mit Recht; er hat die Menschheit herabgewürdigt, und eben jene Fürsten, die dagegen kämpften, treten in seine Fußstapfen ... Sie haben alle den Drang nach Eroberungen ... Niemand denkt daran, die Völker glücklich zu machen, und die Moral Europas ist tiefer als je gesunken."

Der Deutsche Bund mit den wichtigsten deutschen Staaten 1830.

Das Ergebnis der Verhandlungen der Fürsten

Schließlich einigten sich die streitenden Parteien doch über die neuen Ländergrenzen. Der größte Teil Polens kam an Rußland. Preußen erhielt Danzig, Posen, die Rheinlande und Westfalen, aber nur den nördlichen Teil Sachsens. Mit der Angliederung Venetiens und der Rückgabe der Lombardei an Österreich wurde Österreich die beherrschende Macht in Italien. Die Seemacht England behielt die in den napoleonischen Kriegen besetzten Gebiete Malta, Ceylon, das Kapland und die Insel Helgoland. Für Frankreich galten wieder die Grenzen von 1789.

Die deutschen Mittelstaaten Bayern, Württemberg, Baden und das verkleinerte Sachsen blieben im wesentlichen in dem Umfang erhalten, den ihnen Napoleon gegeben hatte. Das Deutsche Kaiserreich wurde nicht wiederhergestellt. Nur ein loser Bund, der *Deutsche Bund*, sollte 35 Staaten und vier freie Reichsstädte zusammenhalten. Die Vertreter dieser Fürsten bildeten den *Bundestag* in Frankfurt/M., der unter dem Vorsitz Österreichs tagen sollte. Seine Aufgabe war, die Unabhängigkeit und Unverletzlichkeit der einzelnen Staaten zu schützen. Es gab keine gemeinsame Bundesregierung, kein Bundesgericht, keine Bundesfinanzen und kein Bundesheer. Ein Bündnis zwischen Preußen, Österreich und Rußland, genannt „*Heilige Allianz*", sollte diese neue Ordnung Europas sichern:

Qu „entsprechend den Worten der Heiligen Schrift, die allen Menschen gebietet, sich als Brüder zu lieben ... werden die drei Monarchen gegen ihre Untertanen und Heere sich als Familienväter betrachten und regieren, um den Frieden, die Religion und die Gerechtigkeit zu schirmen ..."

Alle Länder wurden zum Beitritt aufgefordert, nur wenige folgten. An neuen Streitigkeiten zerbrach die Allianz, bevor 10 Jahre verstrichen waren. Es war der erste Versuch, durch einen Bund der Staaten den Frieden zu erhalten.

Die neue Ordnung war von den Fürsten oft hinter verschlossenen Türen ausgehandelt worden. Die Völker wurden nicht gefragt. Ihre Opfer in den Kriegen wurden von den Monarchen als selbstverständlich hingenommen. Diese meinten, freiheitliche Verfassungen könne man den Völkern nicht gewähren, das führe zu Revolutionen. Die französische Revolution habe ein deutlich abschreckendes Beispiel gegeben. Die Untertanen sollten den Befehlen der Herrscher gehorchen und ihnen und ihren Diplomaten die Staatsgeschäfte überlassen.

Die Meinung des Volkes

Über die Notwendigkeit einer Neuordnung dachten die aus den Kriegen gegen Napoleon zurückkehrenden Soldaten anders, in Deutschland besonders die Studenten. Ihre Meinung erfahren wir aus vielen Stimmen jener Zeit. Der Schriftsteller *Friedrich Schlegel* war der Auffassung, daß das „alte Reichsgerümpel" völlig unbrauchbar für die Zukunft sei. Ernst Moritz Arndt hatte schon 1813 geschrieben: „Die Fürsten können und wollen dem Vaterlande nicht mehr helfen."

Während des Wiener Kongresses schrieb der Schweizer Gesandte in sein Tagebuch:

„Die Völker leiden und erwarten vom Kongreß als Ergebnis eine Verfassung. Jedes Land hat ohne Murren unerhörte Anstrengungen gemacht und zum Sturze des Tyrannen beigetragen, und jetzt hoffen sie, daß ihre Leiden verringert werden. Statt dessen bleiben überall dieselben Lasten ..."   Qu

Freiherr vom Stein faßt die Forderungen an eine Neuordnung zusammen:

„Die Fortdauer der Zerstückelung Deutschlands in 36 Despotien ist verderblich für die bürgerliche Freiheit und die Sittlichkeit der Nation und verewigt den überwiegenden Einfluß Frankreichs ... Ich habe nur ein Vaterland, das heißt Deutschland ... Mir sind die Dynastien in diesem Augenblick großer Entwicklung vollkommen gleichgültig, es sind bloße Werkzeuge; mein Wunsch ist, daß Deutschland groß und stark werde, um seine Selbständigkeit, Unabhängigkeit und Nationalität wieder zu erlangen und beides in seiner Lage zwischen Frankreich und Rußland zu behaupten, das ist das Interesse der Nation und ganz Europens; es kann auf dem Wege alter, zerfallener und verfaulter Formen nicht erhalten werden."   Qu

Stein wünschte einen starken Kaiser an der Spitze eines einigen Reiches. Vom Ergebnis der Wiener Verhandlungen enttäuscht, schrieb er grollend an den Zaren:

„Unsere neuen Gesetzgeber haben an die Stelle des alten Deutschen Reiches den Deutschen Bund gesetzt, ohne Haupt, ohne Gerichtshöfe, schwach verbunden für die Verteidigung. Die Rechte des Einzelnen sind durch nichts gesichert als die unbestimmte Erklärung, daß es Landstände geben soll. Von einer so fehlerhaften Verfassung läßt sich nur ein sehr schwacher Einfluß auf das öffentliche Glück Deutschlands erwarten ... und man muß hoffen, daß die despotischen Grundsätze, von denen mehrere Kabinette sich noch nicht losmachen können, nach und nach durch die öffentliche Meinung und die Freiheit der Presse zerstört werden ..."   Qu

Ähnlich enttäuscht wurden auch die Vorkämpfer für einheitliche Staaten und freiheitliche Verfassungen in Italien und Spanien.

Die Forderungen der Studenten und Turner

Nur wenige deutsche Fürsten, wie der Herzog Karl August von Weimar, die Könige von Bayern und Württemberg und der Großherzog von Baden, hielten sich an das Versprechen, ihren Völkern eine Verfassung zu gewähren. Wegen der Uneinigkeit der Vertreter der Einzelstaaten brachte der Bundestag in Frankfurt keinen Beschluß zur Vereinheitlichung des Verkehrswesens und der Bundesverteidigung zustande. Darüber wuchs die Unzufriedenheit freiheitsliebender Bürger, vor allem der Studenten. Diese hatten häufig in den Freikorps mitgekämpft. Nach ihrer Rückkehr hatten sie die verschiedenen studentischen Landsmannschaften in der deutschen Burschenschaft zusammengeschlossen. Die Burschenschaftler trugen ein schwarzrotgoldenes Band über der Brust, auf ihrer Fahne die Losung: „Ehre, Freiheit, Vaterland!" Diese Farben wurden später zum Sinnbild der deutschen Einheit und Freiheit. Mit der Burschenschaft in Verbindung stand der Turnvater Jahn, der die deutsche Jugend zu körperlicher Ertüchtigung und zu vaterländischer Gesinnung in seinen Turngesellschaften aufrief.

1817 Für den Oktober 1817 luden die Burschenschaftler der Universität Jena die Studenten der anderen deutschen Universitäten zu einer nationalen Gedenkfeier nach Eisenach ein. Sie wollten den 300. Jahrestag des Beginns der Reformation und den vierten Jahrestag der Schlacht bei Leipzig feiern und zugleich die Fürsten an ihre Versprechen mahnen. Etwa fünfhundert Studentenvertreter von fast allen deutschen Universitäten wanderten zur Feier nach Eisenach. Burschenschaftler, Turner, freiheitlich gesinnte Professoren und Bürger zogen in feierlichem Zug auf die *Wartburg*. In begeisternden Reden wiesen die Studentensprecher auf den Sinn der Feier hin:

Qu „Zum vierten Male, meine versammelten Brüder, werden heute die Freudenfeuer gen Himmel lodern, um uns zu erinnern an das Geschehene und zu mahnen auf die Zukunft. Vier Jahre sind seit jener Schlacht verflossen; das deutsche Volk hatte schöne Hoffnungen gefaßt, sie sind alle vereitelt; alles ist anders gekommen, als wir erwartet haben ... Von allen Fürsten Deutschlands hat nur einer sein gegebenes Wort eingelöst, der, in dessen Land wir das heutige Fest begehen. Über solchen Ausgang sind viele wackere Männer kleinmütig geworden ... sie ziehen sich zurück vom öffentlichen Leben. Andere sogar ziehen vor, in fernen Weltteilen, wo neues Leben sich regt, ein neues Vaterland zu suchen ... Euch frage ich, ob ihr solcher Gesinnung beistimmt? Nein! Nun und nimmermehr!..., Uns soll nicht blenden der Glanz des Herrscherthrones, zu reden das starke, freie Wort, wenn es Wahrheit und Recht gilt ..."

Am Abend zog ein Fackelzug auf den der Wartburg gegenüberliegenden Wartenberg. Nach Heimkehr der meisten Teilnehmer blieb noch ein kleiner Kreis beisammen. Er wollte

Studenten um 1820 (Zeitgenössische Zeichnung).

4/42

Clemens Fürst Metternich (Gemälde von Lawrence).

in Erinnerung an Luthers Verbrennung der Bannbulle ein Feuergericht abhalten. Auf einer Mistgabel aufgespießt wurde ein hessischer Soldatenzopf, ein preußischer Ulanenschnürleib und ein österreichischer Korporalstock in die Flammen geschleudert. Diesen Sinnbildern des verhaßten zopfigen Bürokratismus, des Zwanges und Drills folgten verschiedene „undeutsche" Schriften und Polizeivorschriften.

Die Verfolgung der „Demagogen"

Aus Angst vor einer Revolution nahmen viele deutsche Fürsten diese Demonstration der Studenten sehr ernst. Die preußische Regierung protestierte beim Herzog Karl August von Weimar „wegen der durch Feuer und Mistgabeln von Schwärmern und Unmündigen geübten Zensur" und wegen der „demagogischen Intoleranz". Frankreichs Geschichte lehre, „daß das Feuer, das zuletzt den Thron ergriff, von dem Scheiterhaufen ausging". Schon ließen einige deutsche Herrscher die Turnplätze schließen und verfolgten die Burschenschaftler. Dazu kam noch, daß ein Heißsporn und Sonderling, der Theologiestudent *Karl Ludwig Sand*, den Schriftsteller *Kotzebue* ermordete. Dieser war bei den Burschenschaften verhaßt, weil er als Spion des Zaren galt und in einem Brief an diesen die deutschen Universitäten als „Brutstätten der Revolution" bezeichnet hatte.

Die politische Mordtat Sands bot den beunruhigten Monarchen und ihren Ministern einen Anlaß, streng gegen die „Volksaufwiegler" (Demagogen) vorzugehen. Der österreichische Staatskanzler Metternich lud die Vertreter der meisten deutschen Regierungen 1819 nach Karlsbad ein. Er glaubte:

„Das Schicksal hat mir die Aufgabe aufgebürdet, jene Generation, die nun an die Reihe kommt, zu verhindern, auf schiefer Ebene zu wandeln, die gewiß zu ihrem Ruin führen würde."

Die harten *Karlsbader Beschlüsse* bestimmten: Die Allgemeine Deutsche Burschenschaft ist verboten. Universitäten, Professoren und Studenten werden durch Polizei überwacht. Politische Schriften werden einer strengen Zensur unterworfen. Eine Zentraluntersuchungskommission in Mainz soll die „revolutionären Umtriebe und demagogischen Verbindungen" aufspüren.

Schonungslos wurden Schuldige und Unschuldige bestraft. Es galt schon als Verbrechen, wenn ein Student die schwarzrotgoldenen Farben getragen hatte. In Bayern erhielten 42 Professoren, Ärzte und Studenten bis zu 15 Jahren Kerker, 22 württembergische Studenten kamen für Jahre auf die Festung. In Preußen verurteilte man 25 junge Männer zu insgesamt 302 Jahren Festungshaft. Die Professoren Arndt und Schleiermacher verloren ihre Ämter. Jahn saß 6 Jahre in Haft. Die Turnplätze wurden geschlossen. General Gneisenau galt als „Jakobiner" und mußte vorübergehend seinen Abschied nehmen. Es schien, als wären alle Bemühungen der freiheitlich Gesinnten (Liberalen) vergeblich gewesen und als hätte der Rückschritt (die Reaktion) gesiegt.

Auswirkungen des Polizeiregiments

Neue Proteste gegen die Reaktion

Im Jahre 1830 brach in Paris wieder eine Revolution aus. Die Franzosen verjagten ihren König und setzten den sog. „Bürgerkönig" Louis Philipp an seine Stelle. Daraufhin erhoben sich die Belgier und erkämpften ihre Unabhängigkeit vom holländischen König sowie eine freiheitliche Verfassung.

Die Vorgänge ermutigten auch liberal denkende Männer in Deutschland wieder. In verschiedenen Residenzstädten zogen erregte Bürger vor die Schlösser. Einzelne Fürsten bewilligten daraufhin Verfassungen. Der preußische König lehnte aber jedes Zugeständnis an das Volk ab. Metternich setzte im Bundestag durch, daß die schon gewährten Verfassungen wieder zurückgenommen werden sollten. Da versammelten sich **1832** trotz des polizeilichen Verbots und der drohenden Strafen etwa 25 000 Patrioten* auf dem Hambacher Schloß bei Neustadt/Pfalz, um gegen die Wortbrüchigkeit der Fürsten zu demonstrieren. Eine so große Volksversammlung hatte Deutschland noch nicht gesehen. Unter Trommelwirbeln und Böllerschüssen wurden die schwarz-rot-goldenen Farben wieder gezeigt, dazu die weiß-roten der Polen, welche damals im Kampf gegen die Herrschaft des russischen Zaren standen. In einer der wichtigsten Festreden hieß es:

Qu „Es wird kommen der Tag ..., wo der Deutsche vom Alpengebirg und der Nordsee, vom Rhein, der Donau und der Elbe den Bruder im Bruder umarmt, wo die Zollstöcke und Schlagbäume, wo alle Hoheitszeichen der Trennung und Hemmung und Bedrückung verschwinden ...; wo nicht 34 Städte und Städtlein, von 34 Höfen das Almosen empfangend, um den Preis hündischer Unterwerfung ringen ... wo ein gemeinsames deutsches Vaterland sich erhebt ... Es lebe das freie, das einige Deutschland! Hoch leben die Polen, der Deutschen Verbündete! Hoch leben die Franken*, die Deutschen Brüder, die unsere Nationalität und Selbständigkeit achten! Hoch lebe jedes Volk, das seine Ketten bricht und mit uns den Bund der Freiheit schwört! Vaterland — Volkshoheit — Völkerbund hoch!"

Das waren revolutionäre Töne! Kein Wunder, daß Fürst Metternich nach diesem *Hambacher Fest* die deutschen Einzelfürsten zu weiteren Demagogenverfolgungen aufforderte. Neue polizeiliche Verfolgungen begannen. Redner und Teilnehmer an der Hambacher Kundgebung wurden ins Gefängnis geworfen. Besonders hart hatte der Student und spätere mecklenburgische Mundartdichter *Fritz Reuter* zu leiden. Er wurde zum Tode verurteilt, dann zu 30jähriger Festungshaft begnadigt. Doch nach 7 Jahren wurde er frei. „Und was hatten wir denn getan? Nichts! Gar nichts! Bloß in Versammlungen hatten wir von Deutschlands Freiheit und Einigkeit geredet", schreibt er in seinen Erinnerungen „Ut mine Festungstid".

Der neue König von Hannover hob 1837 die erst kurz zuvor eingeführte Verfassung auf. Zu seiner Entrüstung wagten sieben Professoren der Universität Göttingen, darunter die Brüder *Jakob* und *Wilhelm Grimm*, gegen diesen Rechtsbruch zu protestieren. Sie lehnten den Eid auf die neue königliche Verfassung ab. Alle sieben verloren ihre Ämter, drei von ihnen mußten die Heimat verlassen. Der Dichter *Hoffmann von Fallersleben* schrieb in jener Zeit Freiheitsgedichte. Aus diesem Grunde wurde er von der Universität Breslau entfernt und mußte Preußen verlassen. In Deutschland verfolgt, zog er sich auf die damals englische Insel Helgoland zurück. Hier dichtete er das Deutschlandlied „Deutschland, Deutschland über alles", in dessen dritter Strophe er „Einigkeit und Recht und Freiheit" forderte.

Auswanderer im Zwischendeck eines Schiffes um 1850 (Kolorierter Holzstich).

Auswanderung der Bedrängten und Verfolgten

Aus Enttäuschung über ihre vergeblichen Hoffnungen, aus Furcht vor polizeilicher Verfolgung und auch aus wirtschaftlichen Gründen verließen in den Jahren nach 1819 immer mehr Deutsche ihre Heimat. Sie wanderten aus in die Schweiz, nach Frankreich, England oder nach Amerika. Einer von ihnen schrieb in der Fremde das „Landesvaterunser" für die Deutschen in der Heimat:

„Unser Landesvater, der du bist in der Residenz, hochgeehrt sei dein Name. Zu uns komme dein Steuereinnehmer, dein Wille geschehe, wie in der ersten Kammer also auch in der zweiten. Unser trockenes Brot laß' uns heute, vergiß unsere Forderungen, wie auch wir vergessen deine Versprechungen. Führe uns nicht in Versuchung sondern erlöse uns vor der Revolution. Dein ist die Gesetzgebung, die Verwaltung und die Ausübung ohne Einschränkung und Verteilung."

Qu

Es wanderten aus Deutschland aus:

Von 1820—1830	rund	50 000 Menschen
von 1830—1839	rund	210 000 Menschen
von 1840—1849	rund	480 000 Menschen
von 1850—1859	rund	1 161 000 Menschen
von 1860—1870	rund	782 000 Menschen

Der „Gehorsame Untertan"

Der größte Teil der Bevölkerung Deutschlands lebte bis in die Mitte des 19. Jahrhunderts von der Landwirtschaft und vom Handwerk. Nach den langen Kriegsjahren und Entbehrungen wollten die meisten in Ruhe ihren Geschäften nachgehen und nicht zu viele Steuern zahlen. Den Fürsten war es recht, wenn sich der brave Untertan nicht um Politik kümmerte. Die Maler *Ludwig Richter*, *Moritz von Schwind* und *Carl Spitzweg* haben diese bürgerliche Welt, die sogenannte „gute alte Zeit", vortrefflich dargestellt. Ein Witzblatt mit

4/45

„Bürgerstunde" (Holzstich von Ludwig Richter).

Namen „Fliegende Blätter", hatte dazu eine Figur erdacht; den *Biedermeier*. Er war der biedere, nichts fordernde, politisch zufriedene Untertan, der sich der „Allerhöchsten Zufriedenheit" seines „Landesvaters" erfreute. Er liebte das bescheidene Leben im häuslichen Kreise in seiner „guten Stube".

Nur einzelne gebildete Bürger aus den Kreisen von Gelehrten und Beamten, von Juristen und Journalisten wagten mutig für die persönliche Freiheit und Gleichheit vor dem Gesetz und für die Mitregierung der Bürger durch eine Verfassung einzutreten. Sie waren nicht gut angeschrieben bei den Fürsten, welche dachten wie Kaiser Franz von Österreich, als er zu seinen Professoren sagte:

Qu „Meine Herren, halten Sie sich an das Alte! Ich brauche keine Gelehrten, sondern brave Bürger. Wer mir dient, muß lehren, was ich befehle."

Volkserhebungen in anderen Staaten

Mit der Neuordnung durch den Wiener Kongreß und mit dem System der Heiligen Allianz waren auch viele Völker außerhalb Deutschlands nicht zufrieden. In Italien und Spanien empörten sie sich vergeblich gegen ihre aufgezwungenen neuen Fürsten. Das griechische Volk konnte sich mit Hilfe Freiwilliger aus Europa in einem blutigen Krieg von der Türkenherrschaft befreien. In Südamerika hatten während der Herrschaft Napoleons die portugiesischen und spanischen Kolonien begonnen, sich von ihren Mutterländern zu lösen und waren selbständige Staaten geworden. Ihre Unabhängigkeit konnten sie wahren, weil 1823

1823

James Monroe, der Präsident der USA erklärte, er betrachte jede Einmischung europäischer Staaten in den westlichen Kontinent als gefährlich für Frieden und Sicherheit; die USA würden sich auch nicht in die inneren Verhältnisse europäischer Staaten einmischen (Monroe-Doktrin).

Der Eilwagen an der Zollstation (Zeitgenössische farbige Spottzeichnung).

Die Anfänge der wirtschaftlichen Einigung Deutschlands

Zollgrenzen hemmen Handel und Verkehr

Fast jeder der vielen Mittel- und Kleinstaaten des Deutschen Bundes hatte andere Maße, Gewichte und Münzen. Man mußte rechnen können mit Gulden und Kreuzern, mit Talern und Groschen, mit Batzen und Hellern. An den Grenzen gab es oft langen Aufenthalt, die Pässe wurden kontrolliert, das Gepäck und die Waren durchsucht. Zoll mußte bezahlt werden wie an den Grenzen zum Ausland. Ein rheinischer Zöllner zählte einmal die Zölle, die z. B. von einem Schiffer zwischen Germersheim und Rotterdam entrichtet werden mußten und kam zum Ergebnis: „Bis an die Grenzen von Holland hatte der Schiffer 24 und bis Rotterdam 29 Türen zu durchgehen, die er sich alle mit goldenen Schlüsseln öffnen mußte."
Als ein durch Deutschland reisender Amerikaner an der Grenze eines Kleinstaates angehalten wurde und sah, wie die Zöllner seine Koffer herumwarfen, soll er ausgerufen haben:

„Hier, Hände weg! Legt die Koffer wieder auf den Wagen. Ich will überhaupt nicht passieren. Ich will wieder umkehren, ich habe keine besondere Eile und kann gern einen Tag verlieren. Euer Land ist gar kein Land, es ist nur ein kleiner Fleck. Ich werde lieber drumherumgehen." **Qu**

Friedrich List schlägt Verbesserungen vor

Besonders Kaufleute litten unter den Verhältnissen der Kleinstaaterei. In ihrem Auftrage richtete der Tübinger Professor *Friedrich List* eine Bittschrift an den Deutschen Bundestag in Frankfurt/M.:

„Achtunddreißig Zoll- und Mautlinien* in Deutschland lähmen den Verkehr im Innern und bringen **Qu** ungefähr dieselbe Wirkung hervor, wie wenn jedes Glied des menschlichen Körpers unterbunden wird, damit das Blut ja nicht in ein anderes überfließe. Um von Hamburg nach Österreich, von Berlin in die Schweiz zu handeln, hat man zehn Staaten zu durchschneiden, zehn Zoll- und Mautordnungen zu studieren, zehnmal Durchgangszoll zu bezahlen. Wer aber das Unglück hat, auf einer Grenze zu wohnen, wo drei oder vier Staaten zusammenstoßen, der verlebt sein ganzes Leben mitten unter feindlich gesinnten Zöllnern und Mautnern, der hat kein Vaterland ... Die alleruntertänigst Unterzeichneten wagen es demnach einer hohen Bundesversammlung die alleruntertänigste Bitte vorzutragen: 1. daß die Zölle und Mauten im Innern Deutschlands aufgehoben, dagegen aber 2. ein Zollsystem gegen fremde Nationen aufgestellt werden möchte, bis auch sie den Grundsatz der europäischen Handelsfreiheit anerkennen."

Mehr als tausend Kaufleute und Fabrikanten unterschrieben diese Bittschrift. Der Bundestag tat jedoch nichts. Bei der württembergischen Regierung aber fiel der Mahner Friedrich List unangenehm auf, weil er im württembergischen Landtag als Abgeordneter seiner Vaterstadt Reutlingen auch heftige Klagen vorbrachte gegen „Beamte, Kanzleien, Schreiber, unredliche Magistrate, gewälttätige Beamte, Mangel an Unparteilichkeit". Seine Klageschrift wurde beschlagnahmt, er durfte in Tübingen nicht mehr lehren, wurde aus dem Landtag ausgeschlossen und kam als Volksaufwiegler in das Zuchthaus auf den Hohen Asperg. Sein Gefängnis durfte er erst verlassen, als er versprach auszuwandern. Innerhalb weniger Tage mußte er seine Heimat aufgeben. In den USA gelangte er nach vielen Mühen zu Ansehen und Wohlstand. Auf seinen Wunsch wurde er als amerikanischer Konsul nach

Friedrich List (Gemälde von Caroline Hövemeyer geb. List).

Leipzig geschickt. Dort setzte er sich in vielen Reden und Eingaben weiter unermüdlich für die Beseitigung der Zollgrenzen im Innern ein. Nur nach außen sollten sie bestehen bleiben, bis die entstehende deutsche Industrie erst einmal konkurrenzfähig geworden war, vor allem gegen die englische.
Friedrich List erkannte damals auch schon als einer der wenigen Deutschen die große Bedeutung der in England gebauten Eisenbahn. Er schrieb 1841:

Qu „... Die wichtigste Seite eines allgemeinen Eisenbahnsystems ist für uns Deutsche nicht die finanzielle, nicht einmal die nationalökonomische, sondern die politische. Für keine andere Nation ist es von so unschätzbarem Wert als Mittel, den Nationalgeist zu wecken und zu nähren ..."

Es war Lists Verdienst, daß die erste Fernbahn in Deutschland zwischen Leipzig und Dresden (1837) gebaut wurde. Sie sollte der Beginn eines gesamtdeutschen Eisenbahnnetzes sein, von dem er eine Karte zeichnete. Wieder erntete er nur Unverständnis und wurde als Projektemacher verhöhnt. Die Widerstände und Geldsorgen zermürbten ihn schließlich. Verzweifelt setzte er 1846 seinem Leben ein Ende.

Der Deutsche Zollverein

List hatte noch erlebt, daß sein Gedanke einer wirtschaftlichen Einigung Deutschlands Fortschritte machte. Für Preußen waren die Zersplitterung seines Staatsgebietes und die dazwischenliegenden Kleinstaaten besonders hemmend. Allein in den preußischen Landesteilen galten 67 Zolltarife. Lange verhandelte der preußische Finanzminister Motz mit den übrigen deutschen Staaten. Er setzte sie auch unter Druck, indem er hohe Durchgangszölle erhob.
So traten schließlich unter Preußens Führung 18 deutsche Staaten dem *Deutschen Zollverein*

1834 bei. Sie verzichteten gegenseitig auf Erhebung von Zöllen. Zur Mitternachtsstunde am 1. Januar 1834 fielen die Zollschranken an den Grenzen dieser Staaten. Ein Zeitungsbericht schildert:

Qu „Lange Warenzüge standen auf den Hauptstraßen, die bisher durch Zollinien durchschnitten waren. Als die Mitternachtsstunde schlug, öffneten sich die Schlagbäume, und unter lautem Jubel eilten die Warenzüge über die Grenze, die sie fortan in voller Freiheit überschreiten konnten. Alle waren vom Gefühl durchdrungen, daß Großes errungen sei."

Die noch fehlenden deutschen Staaten folgten bald, als letzter Hamburg 1888. Österreich unter Metternich hatte den Zusammenschluß unter Preußens Führung verhindern wollen und trat dem Zollverein nicht bei. Das übrige Deutschland aber hatte durch den wirtschaftlichen Zusammenschluß einen Schritt zu seiner politischen Einheit getan. Doch der badische Abgeordnete Hansemann gab zu bedenken: „Ein Zollverein ist kein Vaterland."

Die erste deutsche Eisenbahn (Zeitgenössische farbige Darstellung).

Fragen — Vorschläge — Anregungen

1. Nenne Vertreter von Siegern und Besiegten, die auf dem Wiener Kongreß eine wichtige Rolle spielten!
2. Was sahen die Vertreter der früheren und der neuen deutschen Einzelstaaten als ihr wichtigstes Ziel auf dem Wiener Kongreß an?
3. Was bedeutete der von England gewonnene Gebietszuwachs für seine Seemachtsstellung?
4. Vergleiche die Karte S. 40 mit einer Europakarte von heute! Welche Grenzlinien, die der Wiener Kongreß zog, sind heute noch maßgebend?
5. Läßt sich die Behauptung begründen, daß England und Rußland als Hauptgewinner angesehen werden können?
6. Was kann man von der Rolle Frankreichs während und nach dem Kongreß sagen?
7. Was meinte Metternich, wenn er das „Gleichgewicht der Kräfte in Europa" wünschte?
8. Was versteht man heute unter „Gleichgewicht der Weltmächte"?
9. In welchem Sinne kann man die Heilige Allianz als einen Vorläufer eines Völkerbundes bezeichnen?
10. Warum waren viele deutsche Einzelfürsten nicht für die Wiederaufrichtung eines deutschen Kaiserreiches?
11. Warum war das deutsche Volk mit der Errichtung des Deutschen Bundes nicht zufrieden?
12. Was befürchteten viele deutsche Fürsten von einer freiheitlichen Verfassung in ihren Ländern?
13. Suche auf einer Karte die verschiedenen Völker im damaligen Österreich auf und erkläre, warum Metternich besonders Angst von der nationalen und freiheitlichen Bewegungen hatte!
14. Welche Gebiete Österreichs und Preußens gehörten nicht zum deutschen Bund?
15. Fasse die wichtigsten Wünsche des deutschen Volkes (s. Stein, Arndt usw.) zusammen!
16. Von welchen Regelungen des Wiener Kongresses waren große Teile des deutschen Volkes enttäuscht?
17. Mit welchen Maßnahmen gingen die Regierungen gegen die „Demagogen" vor?
18. Wodurch ist heute der Bürger vor willkürlichen Verhaftungen und Verfolgungen geschützt?
19. Gibt es heute noch Verfolgungen aus politischen Gründen?
20. Nenne die wichtigsten Ziele der Burschenschaftler und Turner!
21. Vergleiche die Forderungen der Studenten 1817 mit denen von heute!
22. Vergleiche die Bilder auf den Seiten 42 und 46! In welchen Einzelheiten suchten sich die Studenten in ihrer äußeren Erscheinung (Kleidung) von den „Spießbürgern" abzuheben? Wie ist das heute?
23. Erkläre die Forderungen des deutschen Volkes: nationale Einheit — liberale und demokratische Verfassung!
24. Vergleiche die Forderungen der Teilnehmer am Wartburgfest mit denen der Demonstranten beim Hambacher Fest!
25. Kannst du erklären, warum man damals den österreichischen Staatskanzler Metternich den „Kutscher Europas" und den „Kerkermeister Europas" nannte?
26. Was bedeuten die Begriffe: Demokratie — liberal — Demagoge — Reaktion?
27. Welche Ziele erstrebte Friedrich List mit seinen Bittschriften?
28. Warum hielt er den Eisenbahnbau für besonders wichtig für Deutschland?
29. Was meinte List, als er die Zollschranken in Deutschland mit der Abbindung der Glieder eines Körpers verglich? Auf der nebenstehenden Karte kann dir dieser Vergleich einsichtig werden! Wieviel Zollstationen mußte ein Reisender vom preußischen Nordhausen zum bayerischen Mellrichstadt passieren?

30. Vergleiche die untenstehende, zeitgenössische Karikatur mit der Karte auf S. 49! Inwiefern ist der Spott über die Zollgrenzen berechtigt? Miß auf der Karte den Abstand zwischen den einzelnen Zollstationen!
31. Warum wollten viele deutsche Einzelfürsten die Zollschranken erhalten?
32. Weshalb kann man den wirtschaftlichen Zusammenschluß als einen Schritt zur politischen Einigung ansehen?
33. Welche Staaten Europas arbeiten heute auf wirtschaftlichem Gebiet zusammen und in welchen Gemeinschaften sind sie zusammengeschlossen?
34. Vergleiche die Schwierigkeiten einer wirtschaftlichen Einigung im heutigen Europa mit den Widerständen im damaligen Deutschland!
35. Welche anderen Gründe als die wirtschaftlichen drängen heute außerdem zur Bildung eines Vereinten Europas?
36. Warum erheben die Staaten Zölle auf eingeführte Waren?
37. Überlege, welche Auswirkungen Einfuhrzölle auf den Hersteller (Erzeuger) dieser Waren im Ausland haben, welche auf den Verbraucher und welche auf den Hersteller (Erzeuger) solcher Waren im Inland!
38. Welchen Zweck will man mit Ausfuhrzöllen erreichen?

Damals und heute

Über die Neuordnung Europas auf dem Wiener Kongreß (1815) bestimmten die Fürsten und ihre Staatsmänner. Das Verlangen der Völker nach nationaler Unabhängigkeit, politischer Freiheit und Mitregierung des Volkes wurde nicht berücksichtigt.
An die Stelle des alten deutschen Reiches trat der „Deutsche Bund", ein lockerer Verband der souveränen deutschen Einzelfürsten. Ihre Vertreter bildeten den Bundestag unter dem Vorsitz Österreichs. Gegen diese Lösung der deutschen Frage protestierten viele Bürger und Studenten, z. B. auf dem Wartburgfest (1817) und auf dem Hambacher Fest (1832). Die Regierungen der Einzelstaaten versuchten durch „Demagogenverfolgungen" und Polizei ihre unbeschränkte Fürstenmacht zu erhalten. Die wirtschaftliche Einigung Deutschlands wurde durch die Gründung des Deutschen Zollvereins (1834) gefördert.
Heute strebt man nach einem wirtschaftlichen Zusammenschluß der europäischen Staaten (EWG), der auch den Weg zu einer politischen Einigung vorbereiten soll.

Gränzverlegenheit.

„Sie sehen, Herr Gränzwächter, daß ich nix zu verzolle hab', denn was hinte auf'm Wagen ist, hat die Lippische och nit überschritten, in der Mitt' ist nix, und was vorn drauf is, ist schon wieder über der Lippischen Gränze drüben."

Revolutionen in Europa 1848/49

Revolution in Frankreich, Deutschland und im Habsburgerreich

Seit dem Sturze Napoleons und dem Wiener Kongreß waren die Völker Europas unruhig geblieben. Zwar hatten Metternich und die Fürsten versucht, die „Ruhe eines Friedhofs" herzustellen, aber überall (in Spanien, Griechenland, Norwegen, Italien, Frankreich, Belgien und Polen) wollten die Menschen mehr Freiheit als bisher, vor allem Bauern und Arbeiter, die zu den besonders unterdrückten Schichten gehörten.

In Deutschland herrschte damals in vielen Gegenden große Not:

„Mehrere Jahre war (in Oberschlesien) der Winter streng, die Ernte dürftig gewesen. Die letzte Ernte (1847) war ganz mißraten. Die Bevölkerung ... war ganz auf Kartoffeln angewiesen, und die Kartoffeln waren in der Erde verfault. Eine entsetzliche Hungersnot brach herein ... Ruhr und Typhus forderten bedeutende Opfer ... Als nun das Elend hereinbrach, war es zu spät, um gründliche Abhilfe zu schaffen ... Das Vertrauen des Bauern zu Gott und König war deshalb erschüttert."

Qu

Den Arbeitern ging es besonders schlecht, weil die Teuerung der Lebensmittel immer mehr zunahm. Ein Straßenbauarbeiter verdiente im Mai 1847 einen Tageslohn von 18—34 Kreuzern*, ein Laib Brot (zu 6 Pfund) kostete damals 38 Kreuzer.

Die politischen und sozialen Spannungen nahmen in Europa immer mehr zu, so daß ein Funke genügen mußte, um eine gewaltige Explosion zu entfachen.

Im Februar 1848 zündete dieser Funke in *Paris*. In Frankreich waren die Unterschiede zwischen Armen und Reichen besonders kraß. Bankiers und Geschäftsleute (die Hochfinanz* und die Bourgeoisie*), die die Macht in Frankreich ausübten, wollten kein allgemeines Wahlrecht zulassen, wie es Kleinbürger und Arbeiter forderten. Als die Regierung eine Demonstration für ein neues Wahlrecht verbot, kam es trotzdem zu einem Aufmarsch. Arbeiter mit Fackeln, Papierlaternen und einer roten Fahne zogen über die Boulevards, die breiten Straßen in Paris. Da fielen Schüsse, das war das Signal! In der ganzen Stadt läuteten die Sturmglocken, Männer bauten Barrikaden*, Frauen und Kinder gossen Kugeln, überall kam es zu Straßenkämpfen mit Soldaten. Als ein Teil der Nationalgarde zu den Revolutionären überging, war diesen der Sieg nicht mehr zu nehmen. Der König floh nach England, die Paläste vieler reicher Familien, z. B. der Rothschilds*, wurden geplündert. Frankreich wurde wieder Republik und erhielt eine neue provisorische Regierung, in der auch fünf Sozialisten* vertreten waren, darunter ein Schlossergeselle.

1848

Bis zu diesem Zeitpunkt hatten Bürgertum und Arbeiterschaft gemeinsam gehandelt. Da von der Seite der Arbeiter aber immer neue soziale Forderungen erhoben wurden, fürchteten sich die bürgerlichen Abgeordneten vor den „Roten"*. Als schließlich ein Aufstand der Arbeiter, die von der bürgerlichen Republik enttäuscht waren, gerade noch verhindert werden konnte, zerfiel das Bündnis. Die bürgerlichen Abgeordneten im Parlament beauftragten einen General, gegen die Arbeiter vorzugehen. In der dreitägigen „Junischlacht" wurden die Aufständischen zusammengeschossen, mehrere tausend Menschen kamen um. Auf flüchtende Arbeiter wurden geradezu Treibjagden veranstaltet. Man steckte sie in Keller und ließ sie dort ersticken oder verdursten; die gefangenen Führer wurden vor ein Kriegsgericht gestellt. Die Bourgeoisie hatte zwar gesiegt, aber sie hatte sich damit auch den Haß der Arbeiterschaft zugezogen.

Bürgertum und Bauernschaft wählten im Dezember 1848 den Mann, der ihnen „Ordnung" versprach, zum neuen Präsidenten der französischen Republik. Es war *Louis Napoleon Bonaparte*, der Neffe des großen Korsen.

Inzwischen hatte der revolutionäre Funke auf ganz Europa übergegriffen. Es kam in vielen deutschen Ländern zu Unruhen in den Städten und auf dem Lande. Bald mußten die Fürsten, die um ihre Throne fürchteten, nachgeben. Das geschah zuerst in *Baden*. Darüber schrieb der Großherzog an den preußischen König Friedrich Wilhelm IV. am 2. März 1848:

Qu „Die Ereignisse gingen und gehen noch mit so reißender Schnelle, daß man von Stunde zu Stunde ohne gegenseitiges Benehmen mit andern handeln mußte. Das Unvermeidliche mit Gewalt zurückzudrängen, hätte nur die Kraft der überallher brausenden Wogen vergrößert ... Meine nachträglichen Zugeständnisse (Schwurgerichte, Preßfreiheit usw.) sind teils von zweckmäßiger Art, teils von untergeordneter, teils von keiner nachträglichen Bedeutung."

Damit waren zum ersten Mal in einem deutschen Staat die „Märzforderungen" der Patrioten erfüllt. Am selben Tag forderte der Dichter *Ludwig Uhland* bei einer Versammlung in Tübingen eine „Ausbildung der Gesamtverfassung Deutschlands im Sinne eines Bundesstaates mit Volksvertretung durch ein deutsches Parlament". Damit waren die zwei großen Ziele genannt, um die es gehen sollte: Freiheit und Einheit. Eine Zeitung berichtete:

Qu „Stuttgart, 11. März 1848. Soeben trifft der Fürst von Hechingen landflüchtig hier ein. Die Bauernschaft des ganzen Städtchens hatte sich versammelt, bewaffnet mit dicken, bleiausgegossenen Prügeln und erklärte, sie bezahle keine Steuern mehr! Im ganzen württembergischen Oberlande glimmt jetzt auch Feuer unter der Asche ... Heute nacht sollen sieben Schlösser abgebrannt sein."

In den deutschen Klein- und Mittelstaaten wurden liberale Männer zu Ministern bestellt, die „Märzminister". Sie begannen sofort mit einer freiheitlichen Gesetzgebung, z. B. mit der Beseitigung der Reste der Grundherrschaft. Aber noch war alles unentschieden, denn in Wien regierte Metternich und in Berlin der konservative preußische König.

Die Nachrichten aus den süddeutschen Staaten waren trotz strenger Zensur* in der Donaumonarchie bekanntgeworden. Aber nicht nur in Deutschland erscholl der Ruf nach Freiheit; Ungarn, Tschechen und andere Nationalitäten im Habsburger Vielvölkerstaat verlang-

Die „Provisorische Regierung" weist am 25. Februar 1848 vor dem Pariser Rathaus die rote Revolutionsfahne der Arbeiter zurück (Gemälde von H. Philippoteaux). Als Fahne der „Zweiten Republik" wird die traditionelle blauweißrote Trikolore gewählt.

ten ebenfalls mehr Rechte und nationale Selbständigkeit. Am 13. und 14. März kam es zu Kämpfen in *Wien*. Ein Augenzeuge und Gegner der Revolution berichtet:

„13. März. 12 Uhr: Die Straßen nehmen ein bedrohliches Aussehen an. Volksredner gruppieren das Volk um sich ... Der Schrei ‚Nieder Metternich' wird allgemein und Losungswort. — 1 Uhr: Truppenbewegung. Alle Läden schließen. Endlich wird ein ungarisches Bataillon nach der Herrengasse geschickt, von Studenten und Volk angegriffen. Ein Haufen zieht vor die Staatskanzlei und verlangt Fürst Metternichs Entlassung. — 2 Uhr: Erzherzog Albrecht versucht, das Volk zu beschwichtigen. Umsonst. Er wird mit Steinen empfangen. Auf mehrmalige Warnung wird scharf geschossen. Vier Tote, zwei Verwundete. — 3 Uhr: Die Bewegung wird allgemein. Man spricht von 50 Toten. — 4 Uhr: Der Straßenkampf entbrennt heftiger. Die Straßen in der Nähe des Zeughauses* werden mit Barrikaden versehen. — 5 Uhr: Die Bürgergarde schlägt Alarm und greift zu den Waffen. — 6 Uhr: Patrouillen von Bürgergarden und Studenten durchziehen die Straßen. — 8 Uhr: Der Pöbel durchzieht in dichten Massen die Straßen. In den Vorstädten werden die kaiserlichen Marstallgebäude* angegriffen und von den Grenadieren verteidigt. Großes Gemetzel."

Um diese Zeit beriet die kaiserliche Familie in der Hofburg, was man tun solle. Der schwachsinnige Kaiser nahm nur wenig Anteil daran. Schließlich fiel die Entscheidung, Metternich zu entlassen. Unser Augenzeuge erzählt weiter:

„9 Uhr: Die Kunde durchläuft die Straßen. — 10 Uhr bis 2 Uhr nachts: Einzelne Haufen, die jubelnd und vivatschreiend* die Stadt durchziehen. — 2 Uhr morgens: Die Illumination erlischt. Die Stadt ist ruhig. In den Vorstädten Exzesse*. Mehrere Fabriken werden in Brand gesetzt.
14. März. 8 Uhr morgens: Dichtgedrängte Massen durchziehen die Stadt. Die Studenten sind bewaffnet. — 9 Uhr: Es kommen Kokarden* und Bänder auf. Der Ruf nach Preßfreiheit ist allgemein. Das Militär besetzt nur Burg und Staatskanzlei. Aus der inneren Stadt sind selbst die Kanonen verschwunden. — 1 bis 3 Uhr: Die Stadt bietet den Anblick einer sich selbst überlassenen dar."

Ein Student erzählt:

„Wir besetzen die Eingänge der (durch das Volk) bedrohten Finanz-(= Zoll-)gebäude, das Volk verdrängt uns in dichten Scharen. Durch die zerbrochenen Mautschranken* wurden alle möglichen Gegenstände zollfrei eingeführt. Geschrei und Gelächter wie beim Kirchtag, als ob nicht Stunden blutiger Gefechte vorausgegangen wären. — Das Volk wußte zu würdigen, wie viel wir gewagt. Ein Handwerker trat zu mir und zeigte die schwieligen Hände: ‚Sehen Sie, das ist vom Arbeiten; wenn ich dann Samstag die paar Kreuzer Wochenlohn erhielt, mußte ich noch davon Akzise* zahlen; das ist schön von den Herren, daß sie für uns arme Leute soviel tun.'"

Um 5 Uhr nachmittags wurde endlich die allgemein gewünschte Pressefreiheit von der Regierung verkündet. Jetzt gab es großen Jubel in der Stadt: „7 Uhr: Allgemeine Illumination. Es regnet. Vollkommen Ruhe."
Zur gleichen Zeit, als in Wien das Volk siegte, entwickelten sich die Dinge auch in *Berlin* mit rasender Geschwindigkeit. Hier demonstrierten in den ersten Märztagen Bürger und Arbeiter. Abordnungen überbrachten ihre Forderungen dem König, aber es geschah nichts. Am 13. März wurden die ersten Barrikaden errichtet. Das Militär griff ein, und die zornigen Bürger forderten den Abzug der Soldaten. Es kam zu den ersten Zusammenstößen; am 15. und 16. März floß in Berlin das erste Blut. Dann trafen die Nachrichten aus Wien ein, nun mußte sich der König entscheiden. Um einen Bürgerkrieg zu vermeiden, bewilligte er die Märzforderungen.
Eine große Menschenmenge zog am 18. März nachmittags vor das Berliner Schloß, um den König hochleben zu lassen.

Qu „Gegen $^1/_2 2$ Uhr trat der König auf den Balkon, und ein ihn begleitender Herr sagte mit lauter Stimme ungefähr ‚Der König will, daß Pressefreiheit herrsche, der König will, daß der Landtag sofort einberufen werde, der König will, daß eine Konstitution* auf der freisinnigsten Grundlage alle deutschen Länder umfasse, der König will, daß eine deutsche Nationalflagge wehe, der König will, daß sich Preußen an die Spitze der Bewegung stelle.' Stürmischer, fast trunken zu nennender Jubel herrschte auf dem Platze. Das Volk drängte gegen die Portale. Die Truppen suchten die Menge zurückzudrängen. Einige geschlossene Kompanien rückten heraus. Es fielen zwei Schüsse. — Wie später festgestellt wurde, hatten sich zwei Gewehre im Gedränge entladen. — Verletzt wurde niemand. Ein einziger Wutschrei war die Antwort. Soeben noch Jubel und Hurra und wenige Minuten darauf Rachegeschrei. ‚Auf die Türme', hieß es, ‚an die Sturmglocken!' Wie durch Zauberschlag stiegen die Barrikaden empor. Es gab im Augenblick nur zwei Parteien: Bürger und Soldat."

Bald kam es zu heftigen Kämpfen, es gab Tote und Verwundete auf beiden Seiten. Nachts war die ganze Innenstadt in den Händen der Truppen. Der König entwarf eine Proklamation an seine „lieben Berliner", in der er die Räumung der Barrikaden forderte und den Rückzug der Truppen versprach. Tatsächlich zogen am nächsten Tage die Soldaten ab, der König wurde von einer Bürgergarde geschützt. Am Nachmittag des 19. März wurden die Leichen der gefallenen Barrikadenkämpfer auf Brettern, Tragbahren und Handwagen in den Schloßhof gebracht,

Qu „bald von wildaussehenden, bald von bleichen und schluchzenden Männern umgeben. Alle nahmen dann Hüte und Mützen ab ... Die Wut und der Schmerz des Volkes waren bei diesem Anblick unermeßlich, unbeschreiblich. Alle schrien nach dem König. Der König trat mit seiner Frau auf den Balkon. ‚Hut ab!', tönte es von unten. Er nahm die Mütze ab und mußte so den Revolutionären, die von seinen Truppen getötet worden waren, die Ehre erweisen."

Nun wurden auch in Berlin liberale Minister ernannt. Eine Verfassung sollte in Preußen erlassen werden. Dazu wurde eine Nationalversammlung gewählt, die bald mit den Beratungen begann. Hier waren die Liberalen in der Mehrzahl, aber in der engsten Umgebung des Königs waren die Konservativen tonangebend. Wer würde sich durchsetzen?

Straßenkampf in Berlin (Zeitgenössische Lithographie). Über der Barrikade weht eine selbstgefertigte schwarzrotgoldene Fahne. Zur Herstellung von Gewehrkugeln werden die Bleifassungen von Fensterscheiben eingeschmolzen.

Nachdem die Gefallenen der Straßenkämpfe in Berlin am Schloß vor dem König vorbeigetragen worden waren, werden sie nunmehr vor dem Neuen Dom aufgebahrt (Unvollendetes Gemälde von Adolph von Menzel).

Kampf um Freiheit in ganz Europa

Am schnellsten und am heftigsten zündete der revolutionäre Funke in *Italien*. Da die Lombardei und Venetien zum Habsburger Vielvölkerstaat gehörten, wandte sich die Bewegung besonders gegen die Österreicher. Der Haß gegen die österreichische Fremdherrschaft mit ihrem Steuerdruck und ihrem Polizeiregiment wuchs von Tag zu Tag. Wenn ein österreichischer Offizier ein Café betrat, entfernten sich sofort alle Italiener. Italienische Patrioten rauchten nicht und spielten nicht Lotterie, weil dies österreichische Staatsmonopole* waren. Immer wieder kam es zu Zusammenstößen zwischen den Einheimischen und dem fremden Militär. Nachdem die Nachrichten aus Paris und Wien eingelaufen waren, brach der Aufstand los. Die österreichischen Truppen mußten sich zurückziehen oder kapitulieren. Eine provisorische Regierung wurde gebildet. Fürsten italienischer Kleinstaaten flohen ebenfalls nach Österreich. Der König von Savoyen-Sardinien setzte sich an die Spitze der liberalen Bewegung und marschierte mit einem Heer in der Lombardei ein.

In *Böhmen* rührten sich die tschechischen Patrioten. Es kam zu blutigen Zusammenstößen in Prag. Eine provisorische Regierung wurde eingesetzt, und ein Slawenkongreß wurde einberufen.

Besonders heftig war die Entwicklung in *Ungarn*. Als der Kaiser für diesen Teilstaat eine neue Verfassung bewilligt hatte, bildete der ungarische Reichstag unter *Ludwig Kossuth* eine unabhängige Regierung und machte das Land zu einem unabhängigen Staat, der nur noch durch den gemeinsamen Herrscher als König von Ungarn mit Österreich verbunden war. Kossuth im Preßburger Reichstag am 3. März 1948: „Aus den Beinkammern des Wiener Systems weht eine verpestete Luft uns an, die unsere Nerven lähmt, unseren Geistesflug bannt."

So stand Habsburg vor der größten Krise seiner Geschichte: Das ganze Land im Aufstand, Lombardei und Venetien fast verloren, Ungarn im Abfall und dauernde Straßenkämpfe in Wien. Der Staat, der künstlich aus so vielen Nationalitäten zusammengefügt war, drohte auseinanderzubrechen.

Das erste deutsche Parlament

Schon vor dem Revolutionsjahr 1848 hatten die deutschen Patrioten sich um die Einheit Deutschlands bemüht. Mitglieder der liberalen Opposition* hatten im Oktober 1847 in Heppenheim an der Bergstraße über die Neugestaltung der deutschen Zentralgewalt beraten. Besonders Badener, Pfälzer und Rheinländer taten sich hervor. Im Februar 1848 stellte der liberale Abgeordnete *Bassermann* von Mannheim in der badischen Kammer den Antrag, sie solle die Berufung eines deutschen Parlaments in die Wege leiten. Am 5. März 1848 trafen sich Teilnehmer der Heppenheimer Versammlung und erließen einen Aufruf an das deutsche Volk. Sie wählten einen „Siebener-Ausschuß", der ein „Vorparlament" in Frankfurt einberufen sollte.

Dieses Vorparlament trat am 30. März zusammen, die Mehrheit hatten hier die Liberalen, es gab nur eine kleine Gruppe von Republikanern. Diese „demokratische Linke" wollte größere Veränderungen als die Liberalen. In einer viertägigen Sitzung beschloß das Vorparlament, daß nach dem allgemeinen, direkten und geheimen Wahlrecht von je 50 000 männlichen Einwohnern ein Abgeordneter für eine Nationalversammlung gewählt werden solle. Die deutschen Regierungen und der Bundestag beugten sich diesen Beschlüssen. Die Minderheit, zu deren Führern *Friedrich Hecker* gehörte, wollte die bewaffnete Revolution fortsetzen, bis Deutschland eine Republik wäre. Als Hecker sah, daß er sich in Frankfurt nicht durchsetzen konnte, begab er sich nach Konstanz, um im Südwesten eine Volkserhebung zu organisieren. Er scheiterte, floh in die Schweiz und wanderte dann nach den USA aus.

1848 Inzwischen hatten die Wahlen für das erste deutsche Parlament stattgefunden. Am 18. Mai 1848 zogen die ersten 300 Abgeordneten bei Glockengeläute und Kanonendonner vom Kaisersaal im Frankfurter Römer* zur *Paulskirche*. Umjubelt vom Volke, betraten die Vertreter des deutschen Volkes entblößten Hauptes und feierlicher Schrittes den großen runden Raum der Kirche, um Deutschland Einheit und Freiheit zu verschaffen. Es hat niemals mehr ein deutsches Parlament gegeben, in dem so viele geistig bedeutende Männer saßen. Von den insgesamt 830 gewählten Abgeordneten waren 118 Professoren, darunter *Ludwig Uhland* und *Ernst Moritz Arndt*, über 200 Richter und Rechtsanwälte, über 250 Verwaltungsbeamte, Lehrer, Ärzte, Geistliche, etwa 110 Vertreter wirtschaftlicher Berufe, aber nur wenige Handwerker und ein einziger Bauer; Arbeiter und Frauen waren nicht vertreten. Die Frauen besaßen kein Stimmrecht. Die Männer wählten gebildete und angesehene Persönlichkeiten, zu denen sie Vertrauen hatten.

In diesem Parlament gab es keine Geschäftsordnung. Es bildeten sich bald verschiedene Gruppen, aber noch keine Parteien im heutigen Sinne. Auch die mangelnde politische Erfahrung der Abgeordneten trug dazu bei, daß vieles zu langsam ging.

Heinrich von Gagern wurde zum ersten Präsidenten der Nationalversammlung gewählt. Da man noch keine Verfassung hatte, in der auch die Frage der deutschen Zentralgewalt geregelt war, mußte eine vorläufige Zentralgewalt geschaffen werden. Nachdem 189 Redner dazu Stellung genommen hatten, ob die gewählten deutschen Abgeordneten das selbst entscheiden sollten oder ob die deutschen Regierungen daran beteiligt werden sollten, beendete Gagern die Diskussion: „Ich tue einen kühnen Griff, und ich sage, wir müssen die provisorische Zentralgewalt selbst schaffen!" Demgemäß wurde am 29. Juni Erzherzog Johann von Österreich mit 436 Stimmen zum *Reichsverweser* gewählt. Obwohl er ein Kaisersohn war, sah man in ihm mehr einen Bürgerlichen; denn er hatte eine Tiroler Postbeamtentochter geheiratet. Unter großem Jubel hielt Johann seinen feierlichen Einzug in Frankfurt, dann

Sitzung der Deutschen Nationalversammlung in der Frankfurter Paulskirche (Farbige Lithographie). Als Präsident (links stehend) Heinrich von Gagern, auf der Rednerkanzel davor der Republikaner Robert Blum.

berief er „Reichsminister" — die deutsche Einheit schien fast gesichert. Zwar hatten die Einzelstaaten der Wahl Johanns zugestimmt, aber würden sie sich auch in Zukunft dem deutschen Parlament unterwerfen?

Nun konnte man über die deutsche Verfassung beraten. Auch hier gab es viele Diskussionen, aber ein wichtiger Teil der Verfassung, die Grundrechte der Deutschen, war nach drei Monaten fertig. Sie waren teilweise nach dem französischen Vorbild von 1789 entstanden und enthielten viele Rechte, die auch heute im Grundgesetz unserer Bundesrepublik stehen. Fünf Monate waren seit der Eröffnung der Versammlung verstrichen, als man die Frage nach der endgültigen Zentralgewalt zu lösen versuchte. Da die Mehrheit des Parlaments für eine Monarchie stimmte, stellte sich die Frage: sollte der deutsche Kaisertitel erblich sein? Außerdem gab es die zwei deutschen Großmächte, Preußen und Österreich. Sollte man ein kleindeutsches Reich unter Preußens Führung, aber ohne Habsburg, errichten? Oder sollte man sich für ein großdeutsches Reich unter Führung eines österreichischen Kaisers entscheiden? Der Dichter Ludwig Uhland sagte: „Österreich hat sein Herzblut gemischt mit dem Mörtel unserer Freiheit, es muß bei uns bleiben!" Gagern aber meinte: „Mit den Forderungen der Nationalität ist nicht vereinbar, daß wir ein Dutzend fremder Nationen hier mit uns tagen lassen ..." Als Österreich die Aufnahme aller Kronländer in das deutsche Reich verlangte, fiel die Entscheidung: Mit 290 Stimmen wurde *Friedrich Wilhelm IV. von Preußen* im März 1849 zum erblichen Kaiser der Deutschen ohne Gegenstimmen bei 248 Enthaltungen gewählt. Das war die kleindeutsche Lösung gegen Österreich. Eine Abordnung aus der Versammlung der Paulskirche sollte dem preußischen König die Kaiserkrone antragen. Am 3. April wurden die Abgeordneten in Berlin empfangen, aber der König lehnte ab:

„Ich würde Ihr Vertrauen nicht rechtfertigen, wollte ich ohne das freie Einverständnis der gekrönten Fürsten eine Entschließung fassen. An den Regierungen der einzelnen Staaten wird es jetzt sein, in gemeinsamer Beratung zu prüfen, ob die Verfassung dem ganzen frommt."

Das war ein schwerer Schlag für das Parlament. Gleichzeitig war es ein Zeichen, daß die alten Mächte sich von der Überraschung der Revolution erholt hatten und nicht gewillt waren, ihre Machtstellung mit anderen zu teilen oder eine Umgestaltung Deutschlands zuzulassen.

König Friedrich Wilhelm IV. von Preußen lehnt in Berlin die ihm angetragene Kaiserkrone ab (Kolorierter Holzstich).

Der Sieg der Reaktion — Enttäuschte Hoffnungen

Nachdem König Friedrich Wilhelm IV. von Preußen die Kaiserkrone abgelehnt hatte, begann der letzte Kampf des deutschen Parlaments. Schon im August 1848 hatten die Abgeordneten in der Paulskirche die erste Niederlage hinnehmen müssen. Die deutsche Bevölkerung in Schleswig-Holstein wollte sich von Dänemark trennen und einen einheimischen Prinzen statt des dänischen Königs zum Herrscher haben. Dazu baten sie die Frankfurter Nationalversammlung um Hilfe. Preußische Truppen rückten nach Norden. Der preußische König aber schloß unter dem Druck der Großmächte England, Frankreich und Rußland einen Waffenstillstand (26. 8. 1848), der den alten Zustand wiederherstellte. Das Parlament mußte dem Waffenstillstand zustimmen. Die Radikalen nutzten die allgemeine Mißstimmung aus. In Frankfurt, im Rheinland und in Baden brachen Aufstände los. Als am 18. September Aufständische versuchten, in Frankfurt Barrikaden zu bauen und in die Paulskriche einzudringen, mußte die Nationalversammlung sogar die Truppen der Fürsten zu Hilfe rufen. Wieder hatte das Ansehen des Parlaments einen schweren Schlag erlitten, wieder war seine Ohnmacht offenbar geworden!

Im Laufe des Sommers war auch eine andere Entscheidung gefallen, die zeigte, daß die Reaktion* bereits wieder Kräfte sammelte. In Norditalien hatte der österreichische General *Radetzky* die Italiener geschlagen; bis zum Sommer 1849 waren alle geflohenen Fürsten wieder dorthin zurückgekehrt. Italien wurde mit österreichischen und französischen Truppen unterworfen. Liberale und Republikaner hatten das Spiel verloren, die Reaktion hatte gesiegt.

Auch in Prag konnten die revolutionären Tschechen nichts erreichen. Der Militärgouverneur von Prag, *Fürst Windischgrätz*, ließ die Stadt beschießen. In heftigen Straßenkämpfen blieb die habsburgische Regierung Sieger. Nun sollte auch Wien wieder unterworfen werden. Am 20. Oktober erschien Fürst Windischgrätz mit seinen Truppen, unter denen sich viele kroatische und tschechische Regimenter befanden, vor Wien. Ein Manifest* des Kaisers sprach von den revolutionären Greueln, die in Wien geschehen seien, und verkündete das Standrecht*. Vom 26. bis zum 31. Oktober 1848 wurde gekämpft, dann war Wien erobert. Im Triumph zogen die Generäle mit ihren Truppen durch die Straßen. Wer noch fliehen konnte, ehe die Tore gesperrt wurden, hatte Glück. Mehr als 1000 Personen wurden verhaftet, etwa 20 erschossen. Darunter war der Abgeordnete *Robert Blum*, den die Natio-

nalversammlung mit Julius Fröbel nach Wien gesandt hatte. Seine letzten Worte sollen gewesen sein: „Für Freiheit und Recht des Vaterlandes!"
Wie die Reaktion dachte, sprach ein General nach der Einnahme Wiens aus:

„Jetzt müssen die Madjaren (Ungarn) mit Stumpf und Stiel ausgerottet werden. Sind wir mit Ungarn fertig, dann kommt der hiesige Reichstag an die Reihe. Die bisherige Apothekerwirtschaft muß ein Ende nehmen. Für die nächste Zeit ist in Österreich (auf seinen Säbel schlagend) das der Reichstag! Nur so gelangen wir zur wahren Freiheit, von welcher die Frankfurter Professoren nichts verstehen."

Fürst Felix Schwarzenberg trat in Wien an die Spitze eines neuen konservativen Ministeriums und nahm die Rettung des Habsburger Staates tatkräftig in Angriff. Der alte, schwachsinnige Kaiser legte die Krone nieder und sein 18jähriger Neffe *Franz Joseph* wurde Kaiser „von Gottes Gnaden". Der österreichische Reichstag wurde aufgelöst, die versprochene Verfassung trat erst gar nicht in Kraft.
Nun mußte nur noch Ungarn niedergeworfen werden! Das erwies sich fast als unmöglich. Erst als Franz Joseph den Zaren um Hilfe gebeten hatte und Truppen von zwei Seiten ins Land rückten, mußten sich die Ungarn bedingungslos unterwerfen. Das Strafgericht begann: viele wurden erschossen oder eingekerkert, Ungarn wurde wie ein erobertes Land behandelt. So hatte Österreich die Staatskrise noch einmal überstanden, wenn auch zuletzt nur mit russischer Hilfe. Noch einmal siegte die Reaktion; die alte absolutistische und zentralistische Regierungsweise wurde wiederhergestellt. Allerdings blieb die Befreiung der Bauern von Abgaben und Frondiensten bestehen.
Auch in Berlin siegten schließlich die alten Mächte. Dies wurde ihnen leicht gemacht, weil das Bürgertum der Revolution müde geworden war und wieder Ordnung haben wollte. Zugleich fürchteten manche Besitzenden um ihr Eigentum und verbündeten sich wieder mit der Reaktion. Sie waren zufrieden, wenn eine Verfassung „von oben" erlassen wurde. Dies geschah später auch in Preußen.
Da das Machtinstrument des Staates, das Heer, in der Hand des Monarchen war, gelang es leicht, die früheren Zustände wiederherzustellen. Der preußische General *Wrangel*, der mit seinen Truppen im November 1848 Berlin ohne Widerstand besetzt hatte, ließ das Schauspielhaus, in dem die preußische Nationalversammlung tagte, mit Truppen umstellen. Dann forderte er die Abgeordneten auf, auseinanderzugehen.

„Es erfolgte die Antwort, sie leiste der Aufforderung keine Folge. Nur die Mitglieder der Rechten verließen den Saal. Wrangel erklärte nun, es dürfe jeder den Saal verlassen, aber hinein ließe er keinen mehr; er habe Geduld und bleibe so lange mit den Truppen da, bis der letzte Abgeordnete fortgegangen sein werde. Dann ließ er sich einen Stuhl bringen und setzte sich darauf mitten auf den Platz. Als die Abgeordneten sahen, daß sie im Schauspielhaussaal würden verhungern müssen, gingen sie fort, und die Sitzung war aus."

So erzählte mit Behagen und Spott ein preußischer Adliger, der dabei war. 1851 wurde in Preußen die neue Verfassung vom König verkündet.
Nachdem das besitzende Bürgertum aus Angst vor einer neuen sozialen Revolution sich mit den alten Mächten verbündet hatte, blieben nur linke Liberale und Republikaner (vor allem Studenten und Arbeiter) übrig, die das Blatt noch einmal wenden wollten. So kam es im Frühsommer 1849 zu bewaffneten Aufstandsversuchen in einigen rheinischen Städten, in Dresden und vor allem in der Pfalz und in Baden. Überall konnten preußische und andere Truppen die Freiheitskämpfer schnell besiegen. Nur die badische Festung Rastatt mußte

belagert werden. Schließlich ergaben sich die Belagerten auf Gnade und Ungnade. Viele wurden erschossen oder für lange Jahre ins Zuchthaus und ins Gefängnis geschickt. Tausende flüchteten ins Ausland.

1849 Nach und nach reisten die Abgeordneten der Nationalversammlung aus Frankfurt ab, immer kleiner wurde ihre Zahl. Ende Mai 1849 wechselten die restlichen Abgeordneten, vor allem die der Linken, nach Stuttgart, weil sie den Aufständen näher sein wollten. Hier kam das Ende, worüber der letzte Präsident der Nationalversammlung berichtet:

Qu „Wir schritten ... durch die dichtgedrängte Menschenmenge. Wir kamen an das Militär heran (das den Sitzungssaal besetzt hatte), es trat uns ein Herr mit einer weißen Binde entgegen und sagte, daß er als Civilkommissar (Polizist) den Auftrag habe, uns zu erklären, daß wir keine Sitzung halten dürften ... Ich forderte das Militär namens der Nation auf, mir Raum zu geben als Präsident der Nationalversammlung. Im Augenblick, als ich diese Aufforderung aussprach, kommandierte der Offizier die Trommel zu rühren ... die Offiziere, die hinter den Reihen der Soldaten standen, drängten die Soldaten nach vorn, und aus einer Seitenstraße kam Kavallerie* mit gezogenen Säbeln auf mich zugeritten, drängten mich mit den Pferden zurück und erklärten, daß sie auf uns einhauen würden, schwangen die Säbel über unseren Köpfen ..."

So mußte die erste freigewählte deutsche Volksvertretung der Militärmacht weichen. Überall hatten die alten Mächte gesiegt. Preußen hatte den Versuch verhindert, die Reichseinheit vom Volk her zu schaffen. Jedoch nur wenige Jahrzehnte später sollte der Wunsch der Patrioten nach Reichseinheit gerade durch Preußen erfüllt werden. Allerdings geschah das ganz anders, als man es sich 1848 gedacht hatte.

Die führenden Teilnehmer der Revolution in Deutschland wurden steckbrieflich verfolgt, und wenn man sie faßte, ins Gefängnis geworfen. Viele „Achtundvierziger" wanderten nach Amerika aus, wo Freiheit und Gleichheit herrschten. In Deutschland aber wurde die Politik wie vor 1848 von den herrschenden Schichten des Adels und des Militärs gemacht; die Bürger zogen sich zurück.

Malvida von Meysenbug, eine adlige Revolutionärin, schilderte den Umschwung:

Qu „Als ich zuletzt den Weg mit der Eisenbahn zwischen Köln und dem Norden zurücklegte, da war es Frühling 1848 ... Vor unserem Zuge flatterten schwarzrotgoldene Fahnen ... Und nun? — Das Volk war verschwunden, auf der 3. und 4. Klasse waren nur arme Arbeiter, Handwerksburschen, die ihren Geschäften nachzogen; auf den übrigen Klassen elegante Menschen der ‚bevorzugten Klasse', die mit gewohnter Gleichgültigkeit auf jene herabsahen ... Keine Fahnen flatterten, lautlos, nur von dem Lärm der Maschine begleitet, schoß der Zug dahin; aber im Herzen die geknickten Hoffnungen, die enttäuschten Erwartungen und die vielleicht auf lange hinausgeschobene Entwicklung des politischen und sozialen Lebens; ach, und das Schicksal so vieler einzelner, die nun in Kerkern oder in der Verbannung ... büßten ... Als wenn es eigentlich politische Verbrecher gäbe!"

Der Bürgermeister von Karlsruhe wird als Aufständischer von preußischen Truppen erschossen. Die Ulanen (rechts) führen die preußischen schwarzweißen Lanzenfahnen.

Fragen — Vorschläge — Anregungen

1. Welche Ursachen der europäischen Revolution von 1848 kennst du?
2. Vergleiche die Ursachen der Revolutionen in Paris, Wien, Berlin und Ungarn miteinander!
3. Welches waren die Anlässe zum Ausbruch der Revolutionen? (Unterscheide zwischen Ursachen und Anlässen.)
4. Von welchen Gruppen (Ständen) der Bevölkerung erfährst du etwas auf den Seiten 51—60? Gibt es diese Gruppen heute noch?
5. Lies den letzten Satz des Briefes vom Großherzog von Baden (S. 52) genau! Stimmt das wirklich?
6. Wie steht es heute mit den „Märzforderungen" von 1848, sind sie in unserer Gesellschaft und unserem Staate verwirklicht?
7. Was sagst du zu der Szene im Berliner Schloßhof?
8. Zähle das Besondere von Straßenkämpfen auf! Vergleiche hierzu auch die Bilder auf den Seiten 16, 52 und 54!
9. Nenne die Aufgaben der Nationalversammlung von 1848 und die Erfolge, die sie errang!
10. Unterscheide: Kleindeutsch — großdeutsch / zentralistisch — föderalistisch
    Erbkönigtum — Wahlkönigtum / republikanisch — monarchisch
    parlamentarisch — konstitutionell / Gottesgnadentum — Volkssouveränität
11. Gibt es auch heute noch konservative, liberale und sozialistische Gruppen oder Parteien in unserer Gesellschaft? Wenn dir welche bekannt sind, so nenne sie!
12. Warum kann man die Revolution von 1848 auch eine soziale Revolution nennen? Benütze zur Beantwortung Beispiele im Text!
13. Nach einer Liste waren unter den 183 „Märzgefallenen" in Berlin: 6 Frauen, 3 Knaben, 5 Lehrlinge, 6 Meister, 13 „Gebildete", 15 Arbeiter, 39 „Proletarier" (die nicht zu identifizieren waren), dazu 63 Gesellen. Vergleiche diese soziale Zusammensetzung mit dem deutschen Parlament in Frankfurt!
14. Warum waren Arbeiterschaft und andere gesellschaftliche Gruppen seit dem Scheitern der Revolution miteinander verfeindet?
15. Weshalb blieb während der ganzen Revolutionszeit die Armee zum größten Teil den alten Gewalten treu?
16. Nenne die Länder, in denen das Militär den Sieg für die Reaktion entschied!
17. Erkläre den Satz: „Die Revolution blieb in Deutschland vor den Thronen stehen."
18. Nenne die Hauptaktionszentren und die Abläufe der europäischen Revolution!
19. Sprich dich über die Rache der Reaktion aus!
20. Nachdem die Reste der Grundherrschaft auf dem Lande beseitigt waren, nahmen die Bauern kaum noch an der Revolution teil — warum?
21. Der bekannte württembergische Pfarrer D. F. Strauß schrieb im Frühjahr 1848: „Einer Natur wie der meinigen war es unter dem alten Polizeistaat viel wohler als jetzt, wo man doch Ruhe auf den Straßen hatte und einem keine aufgeregten Menschen, keine neumodischen Schlapphüte und Bärte begegneten ... Täuschen wir uns nicht, die neue Zeit kann für uns zunächst nicht erfreulich sein. Denn das Gleichheitsprinzip ... haßt Bildung und Besitz!"
    Aus dem revolutionären Stuttgart im Sommer 1849 berichtet F. W. Hackländer: „Zuweilen gab es auch ohne nennenswerte Ursachen Aufläufe in den Straßen, besonders abends, wo man dann bisweilen mitging, um eine Zeitlang dem unsinnigen Spektakel und Gejohle zuzuhören ... Es herrschte eine recht unerquickliche Wirtschaft in der Stadt, wobei ich mich nur glücklich fühlte, wenn ich dem wüsten Geschrei und Lärmen den Rücken kehren und meinen geliebten Garten besuchen konnte ..."
    Von Baden erzählt er: „Hier war doch wieder Zucht und Ordnung eingekehrt, vorüber die Zeit der Schlapphüte und des Bartwerks, kein brutaler Kerl, den die bunte Schärpe um den Leib als Regierungsbeamten kennzeichnen sollte, drängte sich mehr hervor ..."

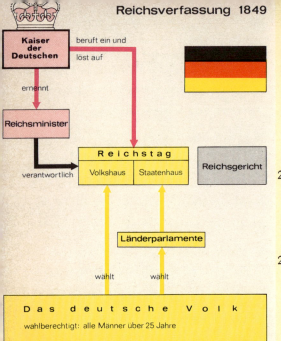

Lies die Texte genau! Was entnimmst du daraus? Wessen Stimmung geben sie wieder? Welcher Gesellschaftsschicht gehören die Verfasser wohl an? Warum erinnert Hackländer an einen Spießbürger? Kannst du dir jetzt denken, warum große Teile des Bürgertums in Deutschland später nichts mehr davon wissen wollten, das Reich mit Hilfe des Volkes zu schaffen?

22. Während der Revolution zeigte sich, daß überall das Kleinbürgertum vor dem Proletariat zitterte und in einem starken Obrigkeitsstaat Sicherheit, Ruhe und Ordnung suchte. Wo kann man das besonders gut erkennen? Vergleiche auch damit die Reichsgründung Bismarcks!

23. Ganz anders schreibt Carl Schurz (s. S. 95): „Was dem deutschen Volke die Erinnerung an den Frühling 1848 besonders wert machen sollte, ist die begeisterte Opferwilligkeit für die große Sache, die damals mit seltener Allgemeinheit fast alle Gesellschaftsklassen durchdrang … Man respektierte den, der bereit war, sich für eine gute und große Idee totschlagen zu lassen. Und wer immer, sei es als Individuum oder als Volk, Momente solcher opferwilliger Begeisterung in seinem Leben gehabt hat, der halte die Erinnerung in Ehren!" Sprich dich über diesen Text aus!

24. Vergleiche die abgebildete „Reichsverfassung 1849" mit der „Verfassung des deutschen Reiches 1871" (S. 107) und der Verfassung der Bundesrepublik Deutschland 1949! Was kannst du feststellen?

25. Warum stimmten viele Regierungen der Wahl des Reichsverwesers zu?

26. Vergleiche das erste deutsche Parlament mit unserem Bundestag! Was war anders?

27. Wählt das deutsche Volk heute noch allgemein, direkt, gleich und geheim?

28. Lies die Grundrechte im Grundgesetz der Bundesrepublik und vergleiche mit den Grundrechten der Paulskirchenverfassung!

Damals und heute

Im Jahre 1848 brachen in fast allen Staaten Europas Revolutionen aus. Liberales Bürgertum, Arbeiter und auch Bauern erhoben sich gegen die Herrschaft des Adels und der Fürsten. Von Frankreich aus wanderte die Revolution über den Kontinent. Im ersten Ansturm siegten die Revolutionäre. Verhältnismäßig schnell wurden in den deutschen Mittel- und Kleinstaaten liberale Regierungen eingesetzt. In Wien und Berlin kam es zu Straßenkämpfen, bis die alte Macht nachgab. Besonders heftig vollzogen sich die revolutionären Auseinandersetzungen in der Habsburger Monarchie, weil hier neben politischen und sozialen auch nationale Gründe eine Rolle spielten.

In Frankfurt am Main trat das erste deutsche frei gewählte Parlament zusammen. Es traf einige wichtige Entscheidungen (z. B. Grundrechte, Kaiserwahl), konnte jedoch keinen unmittelbaren Erfolg erzielen.

Inzwischen hatten sich die alten Mächte vom Schrecken der Revolution erholt und begannen gegen die Revolutionäre vorzugehen. Mit Hilfe ihrer Soldaten warfen sie die Erhebungen in Deutschland, Italien, Böhmen und Ungarn nieder. Die Reaktion siegte.

Heute sind viele Wünsche der Patrioten von damals erfüllt: mehr Freiheit, Grundrechte, Verfassung u. a.; die Einheit Deutschlands ist aber nicht erhalten geblieben. Es gibt heute zwei deutsche Staaten.

Die industrielle Revolution und die soziale Frage im 19. Jahrhundert

England: das Ursprungsland der Industrialisierung

Als am 21. Juli 1969 der erste Mensch den Mond betrat, waren es fast auf den Tag 200 Jahre her, daß in England die erste Maschine patentiert worden war, die weder durch Wind- noch durch Wasser- oder Muskelkraft angetrieben wurde. Es war die Dampfmaschine des *James Watt*.

Schon im Jahre 1769 war in Teilen Englands Industrie heimisch geworden. Im übrigen Europa dagegen und in anderen Gebieten der Welt dachte noch niemand an Technik und Industrie. Hier bildeten Kaufleute, Handwerker und Bauern den größten Teil der Bevölkerung. Vor allem lebten viele Bauern noch wie im Mittelalter: ungebildet, unwissend, arm und von den herrschenden Ständen dauernd unterdrückt. In England aber war dies anders! „Alle Bauern, welche ich hier sah, waren nicht wie die unsrigen in grobe Kittel, sondern in gutes, feines Tuch auf eine geschmackvolle Art gekleidet", notierte im Jahre 1782 ein Deutscher auf einer Englandreise in seinem Tagebuch. 1845 schrieb der deutsche Fabrikant *Friedrich Engels* in seinem Buch über „Die Lage der arbeitenden Klasse in England":

1769

„Vor 60, 80 Jahren ein Land wie alle anderen, mit kleinen Städten, wenig und einfacher Industrie und einer dünnen, aber verhältnismäßig großen Ackerbaubevölkerung; und jetzt ein Land wie kein anderes, mit einer Hauptstadt von 3½ Millionen Einwohnern, mit kolossalen Fabrikstädten, mit einer Industrie, die die ganze Welt versorgt und die fast alles mit den kompliziertesten Maschinen macht, mit einer fleißigen, intelligenten, dichtgesäten Bevölkerung, von der zwei Drittel durch die Industrie in Anspruch genommen werden und die aus ganz anderen Klassen besteht, ja, die eine ganz andere Nation mit anderen Sitten und anderen Bedürfnissen bildet als damals."

Qu

Wie kam es zu dieser Entwicklung? Warum wurde ausgerechnet England zur ersten Industrienation der Geschichte? Hier einige Gründe:
a) Seit dem Ende des 18. Jahrhunderts hatte es auf der Insel keinen Krieg mehr gegeben. Durch den weltweiten Handel und die Ausbeutung der Kolonien hatte der Wohlstand in England allgemein zugenommen. So war Kapital vorhanden, um Bergwerke und Fabriken zu betreiben.
b) Viele dieser Kaufleute und Techniker dachten wie der Amerikaner *Benjamin Franklin*:

„Bedenke, daß Zeit auch Geld ist! Wer den Tag zwei Taler mit Arbeiten verdienen kann und die Hälfte des Tages spazierengeht oder müßig sitzt, der ... hat ... einen Taler vertan oder richtiger weggeworfen ... Der Weg zum Reichtume ... hängt meistens von zwei Wörtchen ab: Tätigkeit und Sparsamkeit. ... Wer alles erwirbt, was er mit Ehren erwerben kann, und (notwendige Ausgaben abgerechnet) alles bewahrt, was er erwirbt, der wird sicherlich reich werden — wenn ... jenes Wesen, das die Welt regiert ... es nicht anders beschlossen hat."

Qu

Dieses Denken war bezeichnend für die Anhänger der Lehre Calvins. Sie glaubten, wen Gott auserwählt habe, den zeichne er schon auf Erden auch durch wirtschaftlichen Erfolg aus.
c) Für den Aufbau einer Industrie war es notwendig, daß es viele Menschen gab und daß der einzelne Mensch frei über sich verfügen konnte. Die Einwohnerzahl Englands betrug im Jahre 1690 5,5 Millionen, 1750 6,5 Millionen und im Jahre 1800 bereits 9,25 Millionen. Im Gegensatz zu den Staaten auf dem Kontinent gab es in England fast keine Leibeigenen mehr. Durch das „*self-government*" (Selbstverwaltung) erhielt der einzelne mehr Freiheit.

4/63

d) Durch die rasche Ausdehnung des Fabrikwesens hatten sich in England zwei neue soziale Schichten entwickelt: die Fabrikanten und die Fabrikarbeiter. Die ersteren gehörten zur „Mittelklasse", die Arbeiter wurden als „Proletarier" bezeichnet. Die breite Schicht des arbeitenden Proletariats entstand, nachdem die Gutsbesitzer in England ihre Bauern freigelassen, ihre Äcker zu Viehweiden gemacht hatten, und so Massen von Bauern in die Städte strömten. Ihnen folgten die Handwerker, als auf dem Lande die Maschinen auch deren Arbeit mehr und mehr übernahmen.
e) In der Zeit der Aufklärung hatte man sich besonders in England Gedanken darüber gemacht, wie das menschliche Leben vernünftiger und vor allem besser gestaltet werden könne. Viele Leute hatten sich mit Fragen der Technik beschäftigt, die auch dem Menschen nützen sollte. Im 18. Jahrhundert gab es deshalb in England eine Reihe von Erfindungen.
f) Neben Kapital, Menschen und anderen Voraussetzungen verfügten die Engländer auch über wichtige Rohstoffe. Kohle und Eisen gab es in großer Menge. Wolle gewannen die Gutsbesitzer von ihren Schafherden auf den großen Weiden. Baumwolle wurde aus den Kolonien eingeführt. Auch die Verkehrsverhältnisse waren günstig. Häufig lagen Kohle- und Eisenvorkommen dicht beieinander oder waren durch Kanäle und Flüsse verbunden; außerdem ist von keinem Ort in England die Küste weiter als 200 km entfernt.
g) Im 18. Jahrhundert war in England eine große Anzahl von Schulen eingerichtet worden. Für besonders wichtig hielt man in vielen von ihnen die Mathematik. Seit 1770 gab es außerdem Sonntagsschulen für Lehrlinge. Billige Bücher (pennybooks), Lexika, Leihbüchereien und Vereine halfen, die allgemeine Bildung zu verbessern.
Alle diese Gründe bewirkten, daß in England seit etwa 1700 eine neue Phase in der menschlichen Geschichte beginnen konnte: die *Industrialisierung*. Neue *Arbeitsmaschinen* wie die Spinnmaschine und der mechanische Webstuhl sowie neue *Antriebsmaschinen* wie die Dampfmaschine wurden erfunden. Dies sicherte England einen großen Vorsprung vor allen anderen europäischen Ländern.
Die meisten europäischen Länder, die heute große Industriestaaten sind, waren im 18. und teilweise bis weit ins 19. Jahrhundert hinein im Vergleich zu England „unterentwickelt". In Deutschland setzte die Industrialisierung erst nach 1800 ein. Als Gründe sind zu nennen:
a) Es gab im Deutschen Bund 39 Einzelstaaten, durch Grenzen voneinander abgeschirmt. So konnte kein einheitliches Wirtschaftsgebiet entstehen. Auch war das Straßen- und Kanalnetz in den einzelnen Staaten sehr unterschiedlich ausgebaut. Mit Recht klagte ein Zeitgenosse: „Trostlos ist dieser Zustand für Männer, welche wirken und handeln möchten..."
b) Männer, „welche wirken und handeln möchten", gab es nicht viele in Deutschland. Die Interessen für Industrie und Technik waren im Gegensatz zu England auf einen kleinen Teil der Bevölkerung, nämlich auf das Bürgertum, beschränkt.
c) Absolutismus und Merkantilismus hatten der freien Entwicklung der Wirtschaft hohe Schranken gesetzt. Zünfte, Privilegien und staatliche Obrigkeit hemmten die wirtschaftliche Unternehmungslust des einzelnen. In England gab es diese Hindernisse nicht.
d) Die Kontinentalsperre hatte einige industrielle Ansätze bewirkt. Als sie 1813 aufgehoben wurde, strömten ungehindert die englischen Waren ins Land und drohten die junge deutsche Industrie wieder zu vernichten. Der Wunsch eines englischen Politikers, man müsse „die Kontinentalfabriken in den Windeln ersticken", schien in Erfüllung zu gehen!
e) Das allgemeine Schulwesen war schlecht. Viele Deutsche konnten zu Beginn des 19. Jh. weder lesen noch schreiben. 1835 machten von den Erdarbeitern beim Bau der ersten deutschen Eisenbahn rund 30% auf den Lohnlisten ein Kreuz, wenn sie ihren Lohn erhielten.

Die Entwicklung neuer Arbeits- und Antriebsmaschinen

Eine bedeutende Industrie aufzubauen, gelang den Engländern vor allem durch die Erfindung und Entwicklung neuer Arbeits- und Antriebsmaschinen.

Arbeitsmaschinen in der Textilindustrie

Der zunehmende Wohlstand in England und die wachsende Bevölkerung steigerten den Bedarf an Gütern. Vor allem stiegen die Bedürfnisse der Menschen im täglichen Leben, und so nahm zuerst die *Textilindustrie* einen großen Aufschwung. Das hing auch mit der Baumwolle zusammen: sie war billiger als Flachs und Wolle, leichter zu verarbeiten und vor allem war sie — als ein neues Gewebe — zunftfrei. Jeder konnte Baumwollfäden spinnen, weben, färben und zurichten, ohne daß er wegen Verletzung von Zunftgesetzen oder Privilegien angeklagt werden konnte. Im Jahre 1733 wurde in England durch die Erfindung des „Schnellschützen" (mit einer Art Peitsche warf er das Schiffchen beschleunigt zwischen den Kettenfäden hin und her) die Produktion bei den Webern erhöht. Jetzt konnte man schneller weben. Dadurch sanken die Preise der Stoffe, und gleichzeitig stieg der Bedarf an Baumwollgarn. Die Frauen und Kinder der Weber, die an den Spinnrädern arbeiteten, kamen nun nicht mehr nach. Dadurch mußten die Weber selbst auf die Garne warten. Die Nachfrage aber blieb unverändert hoch.

Da kam ein Weber namens *James Hargreaves* auf den Gedanken, eine Spinnmaschine zu bauen. Als sie im Jahre 1767 vollendet war, konnte man in einem Arbeitsgang bis zu 120 Fäden gleichzeitig spinnen. Hargreaves nannte die Maschine „Spinning-Jenny". Aber die Rechnung des Erfinders ging nicht auf; denn die anderen Spinner glaubten, diese Maschine werde sie um ihren Verdienst bringen. So zogen diese „Maschinenstürmer" zum Haus des armen Hargreaves und zertrümmerten die „Spinning-Jenny".

Zur gleichen Zeit baute der Friseur *Richard Arkwright* eine ähnliche Spinnmaschine, die er „Water-frame" nannte, weil sie durch Wasser angetrieben wurde. Da er seine Maschine geheim hielt, bis er ein Patent erhalten hatte, erging es ihm besser als Hargreaves: die Maschine trug ihm den Titel „Sir" und 400 000 Pfund Sterling ein.

Beide Maschinen aber hatten noch Kinderkrankheiten; so baute der Spinner *Samuel Crompton* seine „Mule"- (Maulesel)-Spinnmaschine, die die Vorzüge der beiden früheren Modelle

Frauen bedienen mechanische Webstühle im Websaal einer Fabrik; ein Aufseher kontrolliert die Arbeit (Kolorierte Lithographie 1835).

vereinigte. Auf dieser „Mule" konnte man feinste Garne herstellen, und schon im Jahre 1812 drehten sich in England $4^1/_2$ Millionen Spindeln nach dem System Cromptons.

Die fortschreitende Mechanisierung des Spinnvorgangs blieb nicht ohne Folgen. Im Jahre 1764 wurden 1 935 Tonnen Rohbaumwolle in England eingeführt. Die großen Mengen von Garn konnten mit dem alten Webstuhl nicht mehr verarbeitet werden. Man brauchte deshalb einen schnell-laufenden (mechanischen) Webstuhl. Der Londoner Geistliche *Edmund Cartwright* wollte den armen Webern seiner Gemeinde helfen und baute einen mechanischen Webstuhl (1786). Aber die Weber sollen ihren „Wohltäter" verflucht haben. Immerhin sprach das englische Parlament dem Erfinder seine Anerkennung aus und übergab ihm 10 000 Pfund zur Belohnung.

Nachdem die Produktion von Stoffen in großem Maße möglich war, entstand als neues Bedürfnis das Verlangen nach einem besseren Antrieb für die Arbeitsmaschinen. Eine neue *Antriebsmaschine* — die Dampfmaschine — verwendete man ja schon längere Zeit in den englischen Bergwerken, und so lag es nahe, auch die Textilmaschinen mit Dampfkraft anzutreiben.

Die Dampfmaschine als Antriebsmaschine

Die Erfindung der Dampfmaschine als Antriebsmaschine hing unmittelbar mit der Entwicklung in den Bergwerken zusammen. Der zunehmende Bedarf an Steinkohle hatte nämlich sehr schnell die Kohlevorkommen an oder dicht unter der Erdoberfläche erschöpft. Man mußte deshalb die Gruben tiefer legen. Das hatte zur Folge, daß man immer mehr Grundwasser auspumpen und immer größere Hebewerke konstruieren mußte. Bis ins 18. Jahrhundert stand ja in erster Linie nur die Muskelkraft von Tier und Mensch zur Verfügung. 500 Pferde mußte man in einigen englischen Bergwerken einsetzen, um das Wasser vom Grund der Sohle zu heben. Zwar verwendete man auch Wind- und Wasserräder, aber sie waren nicht zu jeder Zeit und überall verfügbar. So entstand das Bedürfnis, eine Antriebsmaschine zu bauen, die die bisher benützten Kräfte übertraf.

Seit 1690 hatte man sich mit den „Feuermaschinen" beschäftigt. Im Jahre 1712 war die erste — noch sehr primitive — Dampfmaschine von *Thomas Newcomen* in einer englischen

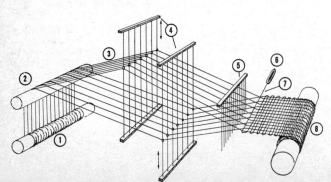

Wie ein Gewebe entsteht: Kettbaum (1) mit aufgewickelten Kettfäden. Vom Streichbaum (2) aus werden die Kettfäden (3) einzeln durch „Augen" (Öhre) in den Litzen der Schäfte (4) geführt, durch den Kamm der Kammlade gezogen und schließlich am Warenbaum (8) befestigt. Beim Weben werden die beiden Schäfte abwechselnd in Pfeilrichtung gehoben und gesenkt. Dadurch entsteht zwischen den Kettfäden ein „Fach" (Zwischenraum), durch das der „Schütze" oder das Schiffchen (6) den Schußfaden hindurchträgt. Mit der Kammlade (5) wird nach jedem Einschuß der neue Schußfaden an den vorhergehenden „angeschlagen".

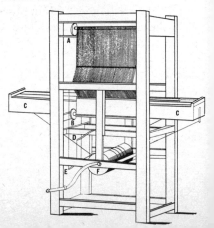

Mechanischer Webstuhl nach der Patentschrift von Edmund Cartwright: A Kettbaum mit Kettfäden; B Warenbaum; C Schützenkästen, zwischen denen das Schiffchen hin- und hergeschleudert wird; D Hebel zur Bewegung der Kammlade; E Hebel zur Bewegung der Schäfte; F Handbetriebene Antriebswelle für Schützen, Schäfte und Kammlade.

Die Wattsche Dampfmaschine (Deutsches Museum in München).

Grube aufgestellt worden. Im Winter 1763/64 erhielt der Feinmechaniker und Instrumentenmacher *James Watt* den Auftrag, ein kleines Modell einer Newcomen-Maschine für die Universität Glasgow zu reparieren. Diese Arbeit regte Watt an, die Maschine zu verbessern. Den entscheidenden Einfall hatte Watt bei einem Spaziergang; darüber berichtete er:

1764

Qu

„Eines Sonntagnachmittags (1764) hatte ich im Glasgower Park einen Spaziergang unternommen. Als ich halbwegs zwischen Hirts Haus und Arns Brunnen war und meine Gedanken sich natürlicherweise mit den Versuchen beschäftigten, die ich gerade anstellte, um Wärme im Zylinder zu sparen, so kam mir eben auf jener Wegstrecke der Gedanke in den Sinn, daß, weil Dampf ein elastischer Dunst ist, er sich ausdehnen und in einen vorher luftleer gemachten Raum stürzen muß. Ich überlegte mir, daß ich nur einen luftverdünnten Raum in einem vom Dampfgefäß getrennten Gefäß herzustellen brauchte und von diesem Gefäß aus eine Verbindung zu den Zylindern machen müßte. Dann wird der Dampf aus dem Zylinder in das luftleer gemachte Gefäß stürzen, und die Maschine kann arbeiten."

Aus dieser Idee entwickelte Watt seine Verbesserungen. Sie bewirkten, daß die Arbeitsgeschwindigkeit zunahm; die Dampfmaschine arbeitete dadurch weit wirtschaftlicher als bisher und wurde für die nächsten 100 Jahre *die* Antriebsmaschine. Watt selbst, der kein Kapital besaß, mußte lange warten, bis er mit Hilfe eines Geldgebers seine Erfindung auswerten konnte.

Die Verwendungsmöglichkeiten der neuen „eisernen Engel" oder „schwarzen Teufel", wie die Dampfmaschinen genannt wurden, waren praktisch unbegrenzt. Sie wurden in Bergwerken, Mühlen, Maschinen- und Textilfabriken aufgestellt und von jung und alt bestaunt. Bald zeigte sich auch, daß sie mehr leisteten als Muskel-, Wind- oder Wasserkraft. Die Kohlenschächte — früher nur 30 m tief — konnten jetzt bis zu 100 m tief getrieben werden. Um 1800 waren schon 300 Dampfmaschinen in England eingesetzt, von denen Watts Firma 289 geliefert hatte. Die Bezahlung war so geregelt, daß die Maschine ohne Entgelt aufgestellt wurde und der Käufer jährlich eine Summe zahlen mußte, die den dritten Teil der Kohlenersparnis durch die Maschine betrug.

Auf dem Kontinent schritt die Entwicklung viel langsamer voran. Viele europäische Reisende, die England besuchten, hatten mit Staunen, Bewunderung und Sorge von den für ihre Zeit riesenhaften Eisenhütten, Maschinen und Fabriken berichtet. So konnte es nicht ausbleiben, daß man das englische Vorbild auf dem Kontinent bald nachzuahmen suchte, obwohl England die Ausfuhr von Dampfmaschinen streng verboten hatte.

Die Kruppsche Gußstahlfabrik mit dem Stammhaus (links) aus dem Jahre 1836 und Erweiterungsbauten (Holzstich).

Die Dampfmaschine und der Beginn der Industrialisierung in Deutschland

1785 Erst 1785 wurde im preußischen Kupferbergbaugebiet die erste Dampfmaschine aufgestellt. Es gab aber nicht nur Freunde und Befürworter der Dampfmaschinen. Oft hatten die Menschen Angst vor diesen unheimlichen, zischenden, klappernden Ungeheuern. Eine Zeitung in Köln schrieb:

Qu „Eine Maschine macht oft die Arbeiten von tausend Menschen entbehrlich und bringt den Gewinn, den sonst alle diese Arbeiter teilen, in die Hände eines einzigen. Mit jeder abermaligen Vervollkommnung einer Maschine werden neue Familien brotlos; jede neuerbaute Dampfmaschine vermehrt die Zahl der Bettler, und es steht zu erwarten, daß sich bald alles Vermögen in den Händen einiger tausend Familien befindet und der übrige Teil des Volkes als Bettler in ihre Dienstbarkeit geraten werde ... Wir sind der Meinung, daß der Schaden, den unsere Gewerbe durch das englische Maschinenwesen erleiden, obwohl er sehr fühlbar ist, bei weitem leichter ertragen werden kann als der Druck ... der zu sehr durch Maschinen vervollkommneten Fabriken ..."

Im Jahre 1824 sollte in einer Augsburger Zeitungsdruckerei eine Dampfmaschine aufgestellt werden. Ein Redakteur erklärte: „Ich werde künftig lieber unter freiem Himmel meine Artikel schreiben als mit dieser Maschine unter einem Dach." Der Hausknecht kündigte mit der Begründung: „Mein Leben ist mir lieber, und außerdem habe ich für Frau und Kinder zu sorgen!" Als die Dampfmaschine aufgestellt war, machten viele Augsburger Bürger lieber einen Umweg, um nicht mehr durch die Straße gehen zu müssen, wo das „neumodische Ungeheuer" ratterte und wo man sich vor der „tobenden Wirksamkeit des Dampfkessels" fürchten mußte.

Doch das nützte alles nichts, der Siegeszug der Technik war nicht aufzuhalten. Auch in Deutschland nahm die Zahl der Dampfmaschinen stetig zu.

Techniker, Kapitalbesitzer, Kaufleute, Handwerker, die auch in Deutschland die industrielle Revolution durchführen wollten, hatten mit vielen Schwierigkeiten zu rechnen. Sie mußten nicht nur gegen Angst und Vorurteile ankämpfen, sondern es war auch schwer, geeignete Arbeiter und Fachleute zu finden, die sich in den neuen Fertigungsmethoden auskannten oder die Maschinen bedienen konnten. Darüber berichtet ein rheinischer Unternehmer:

Die Kruppsche Gußstahlfabrik im Jahre 1912. Das Stammhaus verschwindet unter den vielen Neubauten.

„Im Jahre 1801 ... baute ich ... die erste Feuermaschine nach altem Prinzip. Das ganze Personal am ... Bergamte ... selbst fremde Bergleute, welche Dampfmaschinen zu sehen Gelegenheit gehabt hatten, zweifelten daran, daß ich ein solches Werk zustande bringen würde. Einige schwuren geradezu, daß es unmöglich sei, und andere prophezeiten mir, weil es mir als gemeinem Handwerker jetzt wohlging, meinen Untergang, weil ich mich in Dinge einließ, die über meine Sphäre* hinausgingen. Freilich war es ein wichtiges Unternehmen, besonders, weil in der hiesigen Gegend nicht einmal ein Schmied war, der imstande gewesen wäre, eine ordentliche Schraube zu machen, geschweige andere zur Maschine gehörige Schmiedeteile, als Steuerung, Zylinderstange und Kesselarbeiten hätte verfertigen können ... Schreiner- und Zimmermannsarbeiten verstand ich selbst; aber nun mußte ich auch Schmiedearbeiten machen, ohne sie jemals gelernt zu haben. Indessen schmiedete ich fast die ganze Maschine mit eigener Hand, selbst den Kessel; so daß ich fast $1^{1}/_{2}$ Jahre fast nichts anderes als Schmiedearbeiten verfertigte und ersetzte also den Mangel an Arbeitern der Art selbst ..."

Qu

Einer der ersten deutschen Industriellen war *Friedrich Harkort*. Er errichtete im Ruhrgebiet große Kupferwalzwerke und Eisenwerke, die sich durch soziale Einrichtungen auszeichneten. Um Facharbeiter und Ingenieure zu gewinnen, reiste er nach England, aber es folgten ihm nach Deutschland nicht die besten. Das war der Anlaß für Harkort, sich darüber Gedanken zu machen, ob und wie man in Deutschland tüchtige Arbeiter heranbilden könnte. Unermüdlich hat er in Schriften und später als Politiker im Landtag, im Abgeordnetenhaus und zuletzt im deutschen Reichstag eine bessere Bildung für die Arbeiterschaft gefordert. In einer Schrift von 1844 „Bemerkungen über die Hindernisse der Zivilisation und Emanzipation* der unteren Klassen" forderte er bereits Maßnahmen des Staates, damit der Mittellose sich durch Bildung vervollkommnen und so erwerbstüchtig werden könne. „100 000 Fibeln, die 3 000 Taler kosten, haben größeren Wert für die Erziehung der Menschheit als 100 000 Bewaffnete, die jährlich 9 Millionen verschlingen", schrieb er, obwohl solche Worte gerade im preußischen Staate gar nicht gerne gehört wurden.
Im Rheinland, in Westfalen, Sachsen und Schlesien sowie in großen Städten entstanden Bergwerke und Fabriken (z. B. die Kruppwerke in Essen), vor allem Textilwerke und eisenverarbeitende Betriebe. Aber erst nach 1860 begann die eigentliche Industrialisierung Deutschlands.

Industrialisierung in Belgien und Frankreich

In *Belgien* und *Frankreich* hatte diese Entwicklung schon früher eingesetzt. In Lüttich gründeten im Jahre 1802 die Brüder Cockerill eine Maschinenfabrik, in der Bau- und Schiffsdampfmaschinen hergestellt wurden. Hier konstruierte man 1835 auch die erste Lokomotive auf dem Kontinent. Als erster errichtete John Cockerill einen „gemischten Betrieb", zu dem Kohlenbergwerke, Eisenhütten und Walzwerke gehörten. Seit 1830 wurde in Frankreich zum Teil mit englischem Kapital und fast immer mit technischer Hilfe der Engländer die Industrialisierung begonnen, die dann unter Napoleon III. verstärkt wurde. Allerdings gelang es den französischen Industriellen nicht, ihren Vorsprung zu halten. Zu Beginn des 20. Jahrhunderts lag die Industriemacht Frankreich auf dem 4. Platz hinter England, Deutschland und den USA; an 5. Stelle stand Rußland.

Veränderungen im Verkehrswesen

Fahrt mit der Postkutsche

Eine Fahrt mit der Postkutsche von Frankfurt nach Stuttgart im Jahre 1820 schildert der Dichter *Ludwig Börne:*

Qu „Wir kamen um halb sechs abends in Darmstadt an ... (und hatten) um zwölf Uhr (mittags) Frankfurt verlassen. Posthalter, Kondukteurs*, Wagenmeister, Packer, wie überhaupt das ganze Hochfürstliche Thurn-und-Taxisch* fahrende Personal gehen bei ihrem Geschäft mit ... Bedächtigkeit zu Werke ... In der Gegend von Neckargemünd (mußten wir) ... aussteigen, weil es bergan ging ... Bald klimperte das Wagenfenster in seiner Fuge, bald rasselte die Kette des Hemmschuhs, bald ächzte der lederne Sitz ... Wie weit ist es ... von Frankfurt nach Stuttgart? — 40 Stunden! und auf diesem Wege haben wir 15 Stunden Rast gehalten."

In ganz Deutschland gab es damals nur wenige feste Straßen (geschottert oder gepflastert), die meisten bestanden aus Sand, Lehm oder Rasen. Überall lagen Steine und Äste im Weg. Im Sommer wirbelten die Fuhrwerke und Reiter dichte Staubwolken auf, im Herbst blieben sie häufig im Dreck und Morast stecken. Oft genug brachen Achsen und Räder, und mancher Reisende kehrte verletzt zurück. An vielen Orten hoffte man, je langsamer die Reise durch ein Land ging, desto mehr würden Handwerker und Gastwirte verdienen.

Ein neues Verkehrsmittel: die Eisenbahn

In diesen Jahren kam aus *England* die Nachricht von einem neuem Verkehrsmittel: eine auf Räder gesetzte Dampfmaschine! Im Jahre 1804 hatte *Richard Trevithick* die erste Schienenlokomotive gebaut, die er wenige Jahre später in London auf einer Kreisbahn von 30 m vorführte. Die Lokomotive trug den Namen „Catch me who can" (Fang mich wer kann).

Entwicklung des Eisenbahnnetzes in Europa

1840

Andere Mechaniker und Techniker beschäftigten sich mit der Frage, wie man eine Dampfmaschine mit Rädern auf eisernen Schienen bewegen könne. Einen durchschlagenden Erfolg erzielte erst *George Stephenson*, der sich vom Kuhhirten zum Ingenieur emporgearbeitet hatte. Mit 19 Jahren hatte er Lesen und Schreiben gelernt. Schon als Junge hatte er Trevithiks Lokomotive kennengelernt, die in dem Bergwerk, in dem Stephenson als Kohlensortierer tätig war, die Kohlenzüge zog. Hier nun begann Stephenson, sich mit allen Fragen des Eisenbahnwesens zu beschäftigen. Konnte eine Lokomotive bergauf fahren? Würde die Schienenhaftung groß genug sein, um einen schwer beladenen Zug zu bewegen? Wie sollten die Personen- und Güterwagen beschaffen sein? Welche Räder, welche Federung und welche Kraftübertragung sollte die Maschine haben? Wie sollten die Schienen beschaffen sein — aus Eisen oder aus Holz? Wie breit sollte der Abstand der Räder sein? Würden eiserne Schienen überhaupt ein solches Gewicht aushalten? Viele solcher Fragen mußten erst gelöst, viele Versuche gemacht werden, bis man mit dem Bau einer Bahnstrecke beginnen konnte. 1821 war es soweit. Stephenson baute die 15 km lange Strecke Stockton—Darlington (Nordostengland bei Middlesbrough). **1821**

Ein besonders starkes Bedürfnis bestand für eine schnelle und leistungsfähige Verbindung zwischen den Städten Manchester und Liverpool. Der Transport von immer größeren Mengen Rohbaumwolle nach Manchester und der fertigen Stoffe in umgekehrter Richtung war auf dem Wasserweg zwischen den beiden Städten nicht mehr zu bewältigen. Oft dauerte der Baumwolltransport auf dieser 50 km langen Strecke länger als der von Amerika nach England. Trotz umfangreicher Schwierigkeiten (Bau von 63 Brücken, Durchquerung eines 5 km langen Moores, Durchstoßen eines Berges vor Liverpool), stellte Stephenson diese Eisenbahnlinie in neunjähriger Arbeit fertig. Alles benötigte Material wie Weichen, Signale, Drehscheiben usw. mußte extra entwickelt und hergestellt werden. Ein Vorteil für Stephenson war es, daß seine „Rocket" (Rakete) bei einem Wettbewerb als wirtschaftlichste und schnellste Lokomotive siegte. So konnte am 15. September 1830 die Strecke Liverpool—Manchester eröffnet werden. Dabei zeigte sich auch sogleich eine andere Seite der Technik: der Abgeordnete von Liverpool, der sich für den Bahnbau besonders eingesetzt hatte, wurde überfahren und tödlich verletzt. **1830**

Auch in *Deutschland* begann man bald mit dem Eisenbahnbau; die erste deutsche Strecke zwischen Nürnberg und Fürth wurde von Privatleuten errichtet, die eine Aktiengesellschaft für den Bau gegründet hatten. Die gesamte Ausrüstung für diese erste deutsche Eisenbahn mußte aus England importiert werden, sogar der Lokomotivführer war Engländer. **1835**

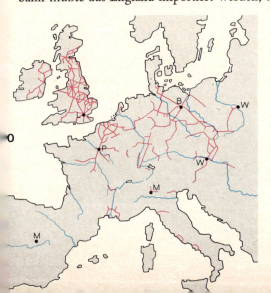
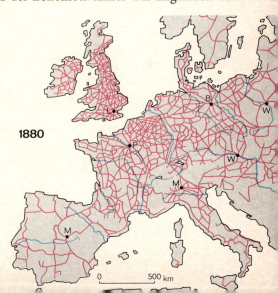

1880

Ähnlich wie bei der Einführung der Dampfmaschine gab es manche Stimme, die vor dem neuen Fortbewegungsmittel warnte: „Die schnelle Bewegung muß bei den Reisenden unfehlbar eine Gehirnkrankheit ... erzeugen ... Der Landwirt ... wird, wenn die Pferde außer Kurs kommen, weil wir mit Dampf fahren, keinen Hafer mehr bauen können." Aber am 7. 12. 1835 fuhr die erste deutsche Eisenbahn:

Qu „Schon um sieben Uhr machte sich Nürnberg, zu Fuß, zu Pferde und zu Wagen auf den Weg, um zur rechten Zeit an Ort und Stelle zu sein ... Der Wagenlenker ließ die Kraft des Dampfes nach und nach in Wirksamkeit treten. Aus dem Schlot fuhren nun die Dampfwolken in gewaltigen Stößen ... Die Wagen ... fingen an, sich langsam zu bewegen ... die erste Festfahrt war in neun Minuten vollendet, und somit eine Strecke von 20 000 Fuß (6 km) zurückgelegt ... Die Fahrt wurde an diesem Tage noch zweimal wiederholt. Das zweite Mal bin ich auch mitgefahren, und ich kann versichern, daß die Bewegung durchaus angenehm, ja wohltuend ist."

Drei Jahre später wurde die erste *sächsische Eisenbahn* eröffnet, die Fernbahn Dresden—Leipzig. Schon im ersten Jahr beförderte diese Bahn annähernd 450 000 Menschen. Jedes Bundesland baute nach eigenem Plan. In *Württemberg* wurde als erste Strecke die zwischen Cannstatt und Untertürkheim (1845), in *Baden* die Bahn zwischen Mannheim und Basel mit der Strecke von Mannheim nach Heidelberg (1840) in Betrieb genommen. Nicht einmal über die Spurweite konnten die Länder sich einigen, so daß man an vielen Landesgrenzen die Güter umladen mußte. Erst nach und nach wurden die Eisenbahnlinien der Länder untereinander verbunden. So wuchs das Eisenbahnnetz in Deutschland: 1835: 6 km; 1840: 550 km; 1845: 2 300 km; 1880: 40 000 km; 1935: 68 700 km.

Das Dampfschiff löst das Segelboot ab

Nicht nur zu Lande rückten die Menschen durch die Eisenbahnen einander näher, auch die Kontinente konnten schneller erreicht werden. Im Jahre 1807 hatte der Amerikaner *Robert Fulton* das erste brauchbare Dampfschiff — einen Raddampfer — konstruiert. Die „Clermont" befuhr die 240 km lange Strecke zwischen New York und Albany auf dem Hudson in 32 Stunden. Die „Savannah", ein Dampfschiff mit Segeln, überquerte 1819 in $29^1/_2$ Tagen den Atlantik.

Das erste deutsche Dampfboot fuhr auf der Weser; der Industrielle Harkort hatte es im Ruhrgebiet gebaut. Über Ruhr, Rhein und Nordsee gelangte es nach Bremen. Hier lagen in der Durchfahrt sogenannte Schiffsmühlen auf dem Strom. Lange mußte man verhandeln, bis die Mühlen für kurze Zeit angehalten wurden, damit das Dampfboot passieren konnte. Dafür hatte Harkort 100 Taler zu zahlen. Bei der Durchfahrt durch eine enge Brücke mußte der Schutzkasten über dem rechten Antriebsrad abmontiert werden. Ein andermal sperrte ein Fährseil die Fahrrinne. Als der Fährmann sich weigerte, das Seil tiefer zu lassen, damit der Dampfer darüber wegfahren konnte, zerriß Harkort das Seil. Das hätte er nicht tun sollen! Denn der Fährmann zeigte Harkort bei der Polizei an. Ein Polizist folgte zu Pferd dem Raddampfer auf dem Uferweg, um Harkort den schriftlichen Befehl auszuhändigen, sofort die Fahrt zu unterbrechen. Harkort aber ging nicht an Land und ankerte, wenn es notwendig war, im Fluß, so konnte ihn der Beamte nicht erreichen. Nach viertägiger Fahrt hatte der Dampfer die Strecke Bremen—Minden zurückgelegt.

Ein Verkehrsmittel in der Luft: der Luftballon

Die Brüder *Montgolfier* hatten aus Leinwand, die mit Papier gefüttert und mit einem Hanfnetz überzogen war, einen Ballon geformt. Daran hatten sie eine Gondel befestigt und darin ein Feuer entzündet. Die warme Luft, die in die Ballonhülle stieg, hob das Gefährt vom Boden. Am 21. 11. 1783 starteten zum ersten Mal zwei Menschen zu einer Luftfahrt. Darüber berichtet ein Teilnehmer:

„Wir fuhren aus dem Garten des Schlosses ‚La Muette' um 1 Uhr 54 Minuten ab ... Ich war erstaunt über die Stille und über die geringe Bewegung, die unsere Auffahrt unter den Zuschauern hervorgebracht hatte; ich war der Ansicht, daß das Erstaunen und der Schrecken über dieses neue Schauspiel die Leute erstarren ließen und daß sie eines Trostes bedurften. Deshalb grüßte ich mit dem Arm hinab, jedoch mit geringem Erfolg ... Statt über den Fluß zu kommen, wie es nach unserer auf den Invalidendom von Paris hingehenden Richtung zu erwarten war, fuhren wir längs der Seine ... Ich schürte im Feuerherd und warf dann mit meiner Gabel ein Bund Stroh hinein ... Einen Augenblick fühlte ich mich emporgetragen ... In diesem Augenblick hörte ich am oberen Teil der Maschine ein Geräusch ... Ich bemerkte, daß die gegen Süden gerichtete Wand (des Ballons) voll runder Löcher war, worunter sich einige von ziemlicher Größe befanden. Ich rief meinem Gefährten zu: ‚Wir müssen uns zur Erde hinablassen!' — ‚Warum?' — ‚Sehen Sie nur selbst!' Bei diesen Worten ergriff ich auch einen der großen nassen Schwämme, die wir vorsorglich mitgenommen hatten, und löschte mit leichter Mühe das Feuer aus, das an den von mir erreichbaren Löchern fraß ..."

Schließlich gelangten die ersten Ballonfahrer glücklich mit ihrem Ballon zur Erde. Eine Woche später stieg der mit Wasserstoff gefüllte Ballon von Alexander Charles in Paris auf und legte in zweieinhalb Stunden 40 km zurück. Noch lange glaubte man, daß man nur auf diese Weise — nämlich leichter als die Luft — würde fliegen können!

1783

Oben: Heißluftballon („Montgolfière") 1783.

Rechts: Einer der ersten Raddampfer, das Dampfschiff „Wilhelm" auf dem Bodensee vor Schloß Friedrichshafen um 1825.

Der Wirtschaftsliberalismus des Adam Smith

Im Jahre 1776 hatte ein schottischer Professor namens *Adam Smith* ein Buch veröffentlicht, das den Titel trug: „Untersuchung über Wesen und Ursprung des Volkswohlstandes". Hierin wandte er sich gegen die staatliche Kontrolle in der Wirtschaft, wie sie im Merkantilismus üblich war. Nach Smith sollte nicht der Staat, sondern der einzelne Privatmann Fabriken errichten. Zollbeamte sollten nicht mehr an den Grenzen kontrollieren, sondern Freihandel müsse in der ganzen Welt herrschen. Jeder — ob Arbeiter, Kaufmann, Ingenieur oder Fabrikant — sollte frei und selbstverantwortlich in seinem Leben und seiner Arbeit sein, denn, so schrieb Adam Smith:

Qu „Das natürliche Bestreben jedes Menschen, seine Lage zu verbessern, ist, wenn es sich mit Freiheit und Sicherheit geltend machen darf, ein so mächtiges Prinzip*, daß es nicht nur ohne alle Hilfe die Gesellschaft zum Wohlstand und Reichtum führt, sondern auch hundert unverschämte Hindernisse überwindet, mit denen die Torheit menschlicher Gesetze es nur allzuoft zu hemmen suchte."

Das war die Idee der freien Arbeit und des freien Wettbewerbs.
Aber das genügte nicht allein! Smith stellte auch Überlegungen an, wie die Produktion vermehrt werden könnte. Dazu wählte er das Beispiel der Stecknadelfabrikation:

Qu „Ein Arbeiter, der zur Herstellung von Stecknadeln nicht angelernt wäre, der also mit dem Gebrauch der dazu verwendeten Maschinen nicht vertraut wäre, könnte selbst bei äußerster Anstrengung täglich gerade noch eine, sicherlich jedoch keine zwanzig Nadeln herstellen. Bei der jetzigen Herstellungsart dagegen ist nicht nur das Ganze ein selbständiges Gewerbe, sondern es zerfällt wiederum in eine Anzahl Zweigbetriebe, von denen die meisten wieder in sich selbständig sind. Der eine Arbeiter zieht den Draht, ein anderer streckt ihn, ein dritter schneidet ihn ab, ein vierter spitzt ihn zu, ein fünfter schleift ihn am oberen Ende, damit der Kopf angesetzt werden kann. Die Anfertigung des Kopfes macht wiederum zwei oder drei verschiedene Tätigkeiten erforderlich: das Ansetzen desselben ist eine Arbeit für sich, das Weißglühen der Nadel ebenso, ja sogar das Einwickeln der Nadeln in Papier bildet eine selbständige Arbeit. Auf diese Weise zerfällt die schwierige Aufgabe, eine Stecknadel herzustellen, in etwa 18 verschiedene Teilarbeiten ..."

Diese Arbeitsteilung ist nach Smith die Grundlage der modernen Industrie, denn nur durch sie kann billig und in Massen produziert werden. Er brachte das Beispiel von 10 Arbeitern, die insgesamt täglich 48 000 Nadeln mit Hilfe des arbeitsteiligen Verfahrens herstellen, auf jeden einzelnen kamen also 4 800 Stück.

Qu „Hätten sie dagegen alle einzeln und unabhängig voneinander gearbeitet, und wäre niemand besonders angelernt gewesen, so hätte gewiß keiner zwanzig (Nadeln) ... täglich anfertigen können."

Freiheit vom staatlichen Zwang, freie Produktion, freier Wettbewerb und freie Verfügung über die eigene Arbeitskraft und Arbeitsteilung wurden die Grundlagen des neuen Wirtschaftssystems, das Adam Smith zuerst beschrieben hatte. Man nannte dieses „freie Spiel der Kräfte" deshalb Wirtschaftsliberalismus (von lateinisch liber = frei). Ob allerdings eine solche Freiheit den Menschen nur Glück bringen würde, das mußte die Zukunft lehren!
Die Gedanken des Adam Smith verbreiteten sich über die ganze Welt. Kapital und Arbeit waren die wichtigsten Grundlagen für die Industrialisierung der Staaten. Geldgeber (Kapitalisten) schlossen sich zusammen, um Fabriken zu gründen. Sie waren Unternehmer und stellten Arbeiter ein, die in ihren Produktionsstätten gegen Lohn arbeiteten. Wenn nicht genügend Kapital vorhanden war, wurden die Unternehmer auch vom Staat unterstützt

„Wenn man in einem Lande wie Württemberg an dem Punkte angelangt ist, wo die Produktion des Bodens nicht mehr genügend ist für die Befriedigung der Bedürfnisse des Volkes und auch die gewerbliche Tätigkeit ein genügendes Feld nicht mehr findet ... da gilt es für die Regierung, neue Maßregeln zu ergreifen, ... also in erhöhtem Maße die Industrie und den Handel zu pflegen und zu fördern",

schrieb der „Gewerbeförderer" *Ferdinand Steinbeis* an den württembergischen König im Jahre 1850. Ein anderer Württemberger, Friedrich List, hatte ebenfalls die besonderen deutschen Verhältnisse im Auge, als er sich gegen den Freihandel aussprach, um die junge deutsche Industrie vor der übermächtigen englischen zu schützen. Aber als die deutsche Industrie aus den Kinderschuhen herausgewachsen war, bekannte man sich auch hier zum Kapitalismus und Liberalismus des Adam Smith.

Eine neue Klasse bildet sich: die Arbeiterschaft

Je mehr Privatleute Kapital sammelten und je größer dieses Kapital wurde, desto mehr nahm die Industrialisierung in Europa und Nordamerika zu. Je mehr Fabriken und Produktionsstätten gebaut wurden, desto mehr Arbeiter benötigte man. Woher kamen sie? Durch die Aufhebung der Leibeigenschaft waren die Bauern von den Zwängen des Feudalismus befreit worden. Viele von ihnen wanderten in die Industriezentren, um — wie sie hofften — leichter Geld zu verdienen. Handwerker konnten sich gegen die übermächtige Konkurrenz der Maschine nicht behaupten, die schneller und billiger produzierte als sie. Sie schlossen ihre Werkstätten und gingen in die Fabrik. Diese Fabrikarbeiter waren zwar frei von den Zwängen der Leibeigenschaft oder der Zünfte, sie gerieten aber bald in neue, andere Abhängigkeit. Das kam so: Zunächst waren die in die industriellen Zentren gezogenen Menschen auf sich allein gestellt; es gab keine Herren mehr, die eine Fürsorgepflicht ihnen gegenüber erfüllten. Um leben zu können, mußten sie ihre Arbeitskraft den Fabrikherren anbieten. Auf diese Weise gerieten sie in eine wirtschaftliche Abhängigkeit. Über die damaligen Fabrikherren sagte ein Zeitgenosse:

Guß eines großen Stahlblocks aus vielen Tiegeln in der Kruppschen Gußstahlfabrik in Essen (Gemälde nach einem Foto aus dem Jahre 1880). In zwei gleichmäßigen Zügen marschieren die Arbeiter von den Schmelzöfen zur Gießrinne, aus der der glühend flüssige Stahl in die Form fließt.

Qu „Hier ist der Fabrikant der absolute Gesetzgeber. Er erläßt Fabrikordnungen, wie er Lust hat; er ändert und macht Zusätze, wie es ihm beliebt; und wenn er das tollste Zeug hineinsetzt, so sagen doch die Gerichte dem Arbeiter: ‚Ihr wart ja euer eigner Herr. Ihr brauchtet ja einen solchen Kontrakt* nicht einzugehen, wenn Ihr nicht Lust hattet; jetzt aber ... müßt Ihr ihn auch befolgen!'"

Da in der ersten Hälfte des 19. Jahrhunderts die europäische Bevölkerung von 187 auf 266 Millionen stieg und in der zweiten Hälfte die Zahl von 400 Millionen erreichte, gab es immer genügend Arbeiter.
Der Gegensatz zwischen Kapital und Arbeit, bzw. zwischen Kapitalisten und Proletariern wurde immer stärker. Die alte feudalistische Gesellschaft Europas mit ihren drei Ständen wurde zu einer Klassengesellschaft mit zwei Klassen: Reichen und Armen. Aber die Armen waren wie früher rechtlos. Sie forderten:

Qu „Auch wir wollen eine Stimme haben in den öffentlichen Beratungen über das Wohl und Wehe der Menschheit. Denn wir, das Volk in Blusen, Jacken, Kitteln und Kappen, wir sind die zahlreichsten, kräftigsten und dennoch am wenigsten beachteten Menschen auf Gottes weiter Erde."

War wirklich das Wort von Adam Smith in Erfüllung gegangen:

Qu „Die ... Massenproduktion (bringt) ... jenen allgemeinen Wohlstand hervor, der selbst bis in die unteren Volksschichten hinabreicht"?

Not im Maschinenzeitalter

Qu „Es war ein kleiner Teil der Arbeiter, welcher die allernotwendigsten Lebensbedürfnisse einigermaßen befriedigen konnte, die ungeheure Mehrzahl war tatsächlich auf das Niveau der Arbeitstiere herabgedrückt. In den Fabriken wurde in der Regel von früh sechs bis abends acht Uhr gearbeitet. Der Lohn reichte für den geschicktesten, bestbezahlten Arbeiter nicht aus, um, sofern er unverheiratet war, ein eigenes Zimmer zu mieten. Die Gesellen schliefen in Bodenkammern unmittelbar unter dem Dach ... Die Lage der Verheirateten war natürlich noch schlechter als die der Ledigen. Frau und Kinder mußten arbeiten, um die kümmerliche Existenz zu sichern ... Die Pflege des Körpers wurde genauso vernachlässigt wie die des Geistes. Die Nahrung war schlecht. Der Genuß von vielem trockenem Brot verursachte außer anderen Übelständen besonders Sodbrennen, das man durch Kreideessen bekämpfte. Zur Reinlichkeit fehlte jede Gelegenheit; es waren keine 25 Pfg. wöchentlich übrig, um regelmäßig ein Bad zu nehmen."

So beschrieb der Arbeiter *Julius Vahlteich* die Lage seines Standes um 1875 in Deutschland. Auch die Arbeitsbedingungen waren hart. *Ernst Abbe* erzählt:

Qu „Die Arbeitszeit währte 14—16 Stunden. Mittagspause gab es nicht. An eine Maschine gelehnt oder auf eine Kiste gekauert verzehrte mein Vater sein Mittagessen aus dem Henkeltopfe mit aller Hast, um mir dann den Topf geleert zurückzugeben und sofort wieder an die Arbeit zu gehen."

Nur selten gab es hohe und helle Fabrikräume. Zumeist waren die Arbeitssäle eng und voller Maschinen. In den Baumwollwebereien herrschte im Durchschnitt eine Temperatur von 38 Grad, weil man sonst das Gespinst nicht gut verarbeiten konnte. Voller Staub, Dunst und Unreinlichkeiten war die Luft, das Atmen war mühsam. Ventilatoren und Reinlichkeit gehörten zu den Seltenheiten.
Im Jahre 1829 wird aus England berichtet, daß ein großer Teil der Kohlengruben

„mit der unvollkommensten Trockenlegung und Ventilation betrieben wurde; oft mit schlecht gebauten Schächten, schlechtem Gestänge, unfähigen Maschinisten, mit schlecht angelegten und schlecht ausgebauten Stollen und Fahrbahnen; und dies verursachte eine Zerstörung an Leben, Gliedmaßen und Gesundheit, deren Statistik ein entsetzliches Bild darstellen würde."

Unter solchen Bedingungen arbeiteten viele Arbeiter für einen Hungerlohn, der kaum zum Leben reichte. Der Wochenverdienst eines gut verdienenden Textilarbeiters in Deutschland betrug 1849 3 Taler* und 7 Silbergroschen*, wovon Eltern und drei Kinder leben sollten. Allein für Lebensmittel mußte die Familie aber schon 3 Taler und 21 Silbergroschen ausgeben. Und wenn der Ernährer krank war oder der Lohn schlechter wurde? Deshalb arbeiteten fast immer auch die Frauen und Kinder mit. In den Baumwollfabriken in Lancashire kamen um 1840 auf 100 männliche 109 weibliche Arbeitskräfte, in den Flachsfabriken an der Ostküste Schottlands auf 100 männliche sogar 209 weibliche. Ein englischer Fabrikinspektor berichtete 1843:

„Viele der weiblichen Arbeiter arbeiten 13, einige 14, einige 19 Stunden den Tag. Einige sind beständig bei der Arbeit von 6 Uhr morgens bis 12 Uhr nachts, davon gehen nur 2 Stunden für Mahlzeiten und Ruhe ab."

„In den englischen Kohlen- und Eisenbergwerken arbeiten Kinder von 4, 5, 7 Jahren, die meisten sind indes über 8 Jahre alt. Sie werden gebraucht, um das losgebrochene Material von der Bruchstelle nach dem Pferdeweg oder dem Hauptschacht zu transportieren und um die Zugtüren, welche die verschiedenen Abteilungen des Bergwerks trennen, bei der Passage von Arbeitern und Material zu öffnen und wieder zu schließen. Zur Beaufsichtigung dieser Türen werden meist die kleinsten Kinder gebraucht, die auf diese Weise 12 Stunden täglich im Dunkeln einsam in einem engen, meist feuchten Gange sitzen müssen."

In der Textilherstellung wurden Kinder bei allen „arbeitsteiligen Geschäften und Maschinen verwendet, ... deren Verrichtung durch Erwachsene Kraftvergeudung wäre und die schwächere Kräfte zulassen!" In den Zündholzfabriken mußten die Kinder die Rohhölzchen ins „Steckbrett" stecken und dieses dann in die giftige Schwefel-Phosphormischung tauchen. 1864 meldete ein württembergischer Lehrer:

„Im Winter leiden die Kinder an Frostbeulen wegen der Steinböden, auf denen sie bis zu 10 Stunden bei ungenügender Heizung stehen müssen, die Füße sind angeschwollen, und das ganze Aussehen der Kinder ist blaß ... besonders die Mädchen sehen aufgedunsen und blutleer aus."

30 Jahre später berichtet ein württembergischer Arbeiter:

„Von meinem achten Jahre an mußte ich durch Steineklopfen bei der Gemeinde sowie in den Steinbrüchen zum Unterhalt unserer Familie im Verein mit meinen Brüdern beitragen ... Nach meiner Entlassung aus der Schule kam ich, weil ich noch nicht ganz 14 war, zuerst in die Ziegelei und mußte dort schwer arbeiten, die Stunde um 13 Pfennig."

Kinderarbeit unter Tage in einem englischen Kohlenbergwerk (Zeitgenössischer Holzstich).

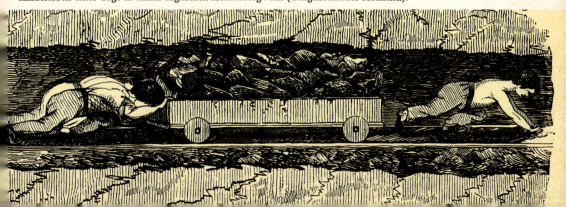

Über seine Lehrzeit schreibt er, daß er damals während der Feiertage mit einem anderen Lehrling in den großen Dampfkesseln den Kesselstein losschlagen mußte.

Qu „Der Essenkehrer hatte fünf Stunden gebraucht und wir sieben Stunden. Am Osterdienstag großer Krach mit gut gesalzener Prügelsuppe, weil wir zwei Stunden länger gebraucht hatten. Dabei darf nicht vergessen werden, daß wir 100% Lohnzulage bekamen. Mein Lohn betrug damals (1901) 4 Pfennig ... und 100% waren 8 Pfennig die Stunde. Dabei ist in Betracht zu ziehen, daß wir keine Kesselanzüge gestellt bekamen, sondern unsere eigenen Überkleider versauen mußten. Der Verdienst von zwei Stunden wurde uns nicht ausbezahlt, sondern nur der von fünf Stunden ... 40 Pfennig, eine anständige Tracht Ohrfeigen und einen blauen Überanzug voll Ruß: das war mein Verdienst von 7 Stunden Feiertagsarbeit am Ostermontag 1903 ... Aber das war halt Lehrbubenlos!"

Das rasche Wachstum der Städte in den Industriegebieten brachte vor allem für die Armen große Wohnungsnot. Friedrich Engels berichtet:

Qu „M. war in einem solchen Zimmer, das 18 Fuß* lang und 15 Fuß breit und eingerichtet war zur Aufnahme von 42 Männern und 14 Knaben, zusammen also 56 Personen in 14 Betten — von denen die Hälfte wie in einem Schiff über den andern angebracht war. Keine Öffnung war da, um die schlechte Luft hinauszulassen. Obwohl in drei Nächten niemand dort geschlafen hatte, so war der Geruch und die Atmosphäre doch so, daß M. sie keinen Augenblick ertragen konnte."

In einem Berliner Armenviertel (1850) wurde kreuzweise „durch die Stube ein Seil gespannt, in jeder Ecke haust eine Familie, wo die Seile sich kreuzen, steht ein Bett für den noch Ärmeren, den sie gemeinschaftlich pflegen." Um 1870 hatte in den meisten deutschen Großstädten jede zweite Familie nur ein Zimmer zur Verfügung. Deshalb wurden schnell riesige Wohnanlagen erstellt, große vielstöckige Häuser um dunkle Höfe gruppiert. Oft hatte eine solche „Mietskaserne" sechs und mehr Höfe hintereinander. Eine Berliner Zeitung schrieb:

Qu „Die Höfe der Mietshäuser sehen aus wie enge Schächte zwischen himmelhohen Mauern, ohne Sonnenschein und frische Luft ... Die Aborte befinden sich ... im Treppenhaus, oft nur ein gemeinsamer für das ganze Stockwerk."

Konnten die Menschen der damaligen Zeit immer noch so fortschrittsgläubig und optimistisch sein und glauben, daß alle Menschen durch die Veränderungen, die Technik und Industrie gebracht hatten, glücklich werden könnten? Immer mehr Menschen begannen darüber nachzudenken, ob es gerecht war, wenn wenigen so viel gehörte und anderen fast gar nichts. War es noch menschlich, wie Tausende und aber Tausende leben und darben mußten, um sich nur das Notwendigste für Nahrung, Kleidung und Wohnung leisten zu können? War es richtig, daß nun an die Stelle der persönlichen Abhängigkeit die wirtschaftliche Abhängigkeit getreten war? Wie konnte man diese Zustände verbessern oder verändern? Es entwickelte sich die soziale Frage!

Versuche, die Not der Arbeiterschaft zu lindern

„Es rettet uns kein höh'res Wesen, kein Gott, kein Kaiser, kein Tribun*,
Uns aus dem Elend zu erlösen, können wir nur selber tun!
Leeres Wort: des Armen Rechte — leeres Wort: des Reichen Pflicht!
Unmündig nennt man uns und Knechte, duldet die Schmach nun länger nicht!"

Das ist eine Strophe der „Internationale", des Kampfliedes der marxistischen Arbeiterbewegung. Vor ungefähr 100 Jahren ist es in Frankreich entstanden.

Unter den ersten in Deutschland, die versuchten, sich selbst aus dem Elend zu erlösen, waren die schlesischen Weber um 1840. In jener Zeit war der Absatz der schlesischen Leinwand immer mehr zurückgegangen, so daß viele Weber keine Arbeit mehr fanden. Viele verpflichteten sich deshalb, zu immer geringeren Löhnen für ihre Auftraggeber, die Verleger*, zu arbeiten. Einer der härtesten Arbeitgeber, der Fabrikant Zwanziger in Peterswaldau, bezahlte zuletzt für 140 Ellen* gewebte Ware statt des schon geringen Normalpreises von 32 Silbergroschen nur noch 15 Silbergroschen. Dafür hatten die Weber etwa 9 Tage zu arbeiten und erhielten auch noch für das Spulen ihrer Garne 2 bis 3 Silbergroschen abgezogen; auch für Webfehler wurden Abzüge gemacht.

Die Gewinne Zwanzigers und anderer Fabrikanten stiegen deshalb auch während der Absatzkrise. Sie kümmerten sich aber nicht um das zunehmende Elend ihrer Weber, und Zwanziger soll zu einem klagenden Weber gesagt haben: „Wenn Ihr kein Brot habt, so könnt Ihr ja Gras fressen, das ist in diesem Jahre gut geraten!" Mit der Zeit entstand große Unruhe, und der Haß auf die Fabrikanten nahm zu. In einem Lied besangen die Weber ihr Elend; zwei Strophen von ihm lauteten:

Das Blutgericht

Hier im Ort ist ein Gericht
noch schlimmer als die Femen,
wo man nicht erst ein Urteil spricht,
das Leben schnell zu nehmen.

Was kümmert's euch, ob arme Leut'
Kartoffeln satt könn' essen,
wenn ihr nur könnt zu jeder Zeit
die besten Braten fressen!

Links: Hinterhofbebauung in einem Arbeiterviertel Berlins.

Rechts: „Das Elend in Schlesien" ist eine 1848 erschienene Karikatur aus der Zeitschrift „Fliegende Blätter". Sie hat den Weberaufstand im Jahre 1844 zum Inhalt und klagt die Herrschenden an, keine bessere Lösung als die Gewalt für die Behebung der Not in Schlesien gefunden zu haben.

Das Elend in Schlesien.

Hunger und Verzweiflung.

Offizielle Abhülfe.

1844

Die Verleger kannten kein Erbarmen, so daß der aufgestaute Unwille losbrach. Das Lied war immer wieder vor Zwanzigers Fabrik gesungen worden, als am 4. Juni 1844 einer der Sänger verhaftet wurde. Das war das Signal! 2 000 Menschen sammelten sich schnell vor der Fabrik, verlangten die sofortige Auslieferung des Verhafteten und eine Erhöhung der Löhne. Als nichts geschah, stürmte die Menge Haus und Fabrik Zwanzigers, der sich und seine Familie nur mit Mühe und Not retten konnte. Nun begannen Rache und Wut ihr Zerstörungswerk. Auch andere Fabriken wurden demoliert. Doch wovon sollten die Arbeiter leben, wenn sie ihre Maschinen zerschlugen?

Die preußische Regierung stand auf seiten der Fabrikanten. Fast alle Nachrichten über den Weberaufstand wurden in den Zeitungen unterdrückt (Zensur); preußisches Militär wurde in Marsch gesetzt. Dieses schlug den Aufstand nieder; es gab Tote und Verwundete. Der Haß der ausgebeuteten Proletarier auf Fabrikanten, Unternehmer und Kapitalisten wuchs immer mehr. So schrieb ein Arbeiter noch um 1905:

Qu „Habe in Plauen sehr viel Elend gesehen wegen des Schnapstrinkens und der Heimarbeit in der Stickerei-Industrie ... denn die Mädchen verdienten in den Stickereien 6—9 Mark die Woche bei 60stündiger Arbeitszeit ... Hier entstand mein Haß gegen die Blutsauger der Stickerei-Industrie, die, anstatt den Mädchen halbwegs auskömmlichen Lohn zu geben, dann und wann für ihre Fabrikmädchen eine Tanzunterhaltung veranstalteten ... Dabei wurden dann verschiedene Hochs auf so einen Lumpen ausgebracht ..."

Die kapitalistische Gesellschaft des 19. Jahrhunderts glaubte wie Adam Smith, jeder Mensch sei für sein Wohlergehen selbst verantwortlich. Es gab deshalb nur wenig Menschen, die überlegten, wie die immer brennender werdende soziale Frage gelöst werden könne. Einer der ersten war der englische Fabrikant *Robert Owen*. Seit 1799 bemühte er sich, das Los der Arbeiter zu verbessern. In seiner Textilfabrik in Schottland baute er Wohnungen, richtete eine vorbildliche Schule ein und senkte nach und nach die Arbeitszeit. Dabei gelang es ihm trotzdem, die Produktion nicht nur gleichmäßig zu halten, sondern sie sogar zu steigern,

Arbeitsraum für Knaben im „Rauhen Haus" zu Hamburg (Kolorierter Holzstich).

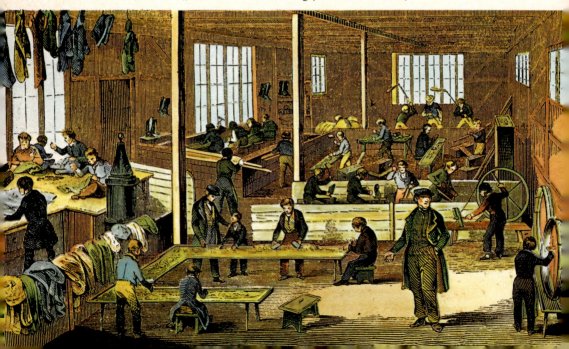

was damals niemand für möglich hielt. Als die Fabrik einmal wegen mangelnden Absatzes stillgelegt werden mußte, ließ Owen den Arbeitern trotzdem den vollen Lohn weiterzahlen. Das war in dieser Zeit unerhört. Viele Leute glaubten, Owen sei verrückt, weil er 7 000 Pfund verschenkte.

In vielen Schriften und Eingaben an das Parlament versuchte Owen, auch andere Stellen für die soziale Frage zu interessieren. Er forderte einen gesetzlichen Arbeiterschutz, Einschränkung der Kinderarbeit und Maßnahmen gegen Arbeitslosigkeit. Er sprach sich dafür aus, die Fabriken sollten von Genossenschaften betrieben werden. Auch sollten alle Produktionsmittel Eigentum der Arbeiter werden. Miteigentum und Mitverantwortung waren der Kern seines sozialen Programms. In ähnlicher Weise hat auch Ernst Abbe rund 100 Jahre später in Deutschland bei den Zeiss-Werken in Jena die Gewinnbeteiligung und die Mitbestimmung in der Betriebsleitung eingerichtet. Bei Harkort und bei dem größten deutschen Stahlunternehmen Krupp in Essen sorgte man vor allem für Hilfe in Notfällen; Rechte allerdings wollte man den Arbeitern nicht zugestehen. Die allgemeine Ansicht der Unternehmer drückte *Alfred Krupp* mit den Worten aus:

„Wie ich den Verlust allein tragen muß, so ist auch der Gewinn mein von Rechts wegen, denn ich habe ihn erworben mit meiner Kraft und meiner Sorge." **Qu**

Auch Männer der Kirchen beobachteten die Verschärfung der sozialen Probleme mit Sorge. Sie wollten vor allem die allgemeine Not lindern. So sammelte auf evangelischer Seite *Johann Hinrich Wichern* arme Jugendliche, um ihnen Arbeit, Nahrung und Unterkunft zu verschaffen. Der Pastor *Friedrich von Bodelschwingh* sorgte sich besonders um die „armen Brüder von der Landstraße". In den heute noch bestehenden Bielefelder Anstalten gab er Obdachlosen und Kranken Arbeit und Hilfe. *Adolf Kolping* kümmerte sich um die wandernden Handwerksgesellen und gründete 1846 den katholischen Gesellenverein. Sie alle haben aber niemals versucht, das ganze Übel an der Wurzel zu packen. Der erste, der von kirchlicher Seite sich grundlegend zu allen Fragen äußerte, war der „soziale Bischof" *von Ketteler*. Er schrieb 1864:

„Die Aufgabe des Christentums ist es, die Welt von dieser neuen Form der Sklaverei zu befreien ... **Qu** Das erste Hilfsmittel, welches die Kirche dem Arbeiterstande auch fortan bieten wird, ist die Gründung und Leitung der Anstalten für den arbeitsunfähigen Arbeiter ... Das dritte Hilfsmittel, wodurch das Christentum dem Arbeiterstande hilft, besteht in seinen Wahrheiten und Lehren, die dem Arbeiterstande zugleich die wahre Bildung geben ..."

Er forderte die Gründung von Produktivgenossenschaften, das heißt, die Arbeiter sollten sich selbst Produktionsmittel beschaffen (Maschinen usw.) und genossenschaftlich verwalten. Auch forderte er den Schutz für Frauen und Kinder vor Ausbeutung, ferner Arbeitszeitbeschränkung und verlangte die Anstellung von Fabrikinspektoren, die die Industriebetriebe überwachen sollten. Das hörten natürlich die Unternehmer nicht gern. Ketteler konnte sein soziales Programm nicht verwirklichen; die Gegenkräfte waren zu stark.

Alle diese Maßnahmen waren Einzelfälle; erst als die einzelnen Staaten selbst die Lösung der sozialen Frage in Angriff nahmen, änderte sich einiges. Zuerst begann man mit der Einschränkung der Kinderarbeit. In England wurde die gesetzliche Arbeitszeit schon 1850 auf 10 Stunden beschränkt. Später führte man in Frankreich und dem Deutschen Reich soziale Maßnahmen durch. Lange Zeit aber betrachtete man die Bestrebungen der Arbeiter, ihr Los selbst zu verbessern, mit mißtrauischen Blicken.

Kundgebung englischer Gewerkschaften (Farbiger Stich von W. Summers). Die Gewerkschaften sind zusammengekommen, um eine Bittschrift an den König zu verfassen, worin der König aufgefordert wird, die gerichtliche Verurteilung von Arbeitern aus Dorchester rückgängig zu machen.

Anfänge der Arbeiterbewegung

Schon im 18. Jahrhundert hatten sich in England Arbeiter in Klubs zusammengeschlossen, um gemeinsam ihre Probleme zu besprechen und sich gegenseitig zu unterstützen. Das wurde von der englischen Regierung im Jahre 1799 verboten. Dieses Koalitionsverbot wurde 1824 wieder aufgehoben, und nun verbanden sich die Arbeiter in den verschiedenen Industrien zu Gruppen, um ihre Forderungen gemeinsam durchzusetzen. 1833 wurde unter Owens Leitung der erste Zusammenschluß verschiedener Gewerkvereine gegründet. Bald gehörten ihm 500 000 Arbeiter an. Sie forderten den 8-Stunden-Tag und eine Sozialgesetzgebung für die Arbeiter. Daraufhin wurden viele Führer der Gewerkschaften verhaftet, die Unternehmer entließen die Gewerkschaftsmitglieder. Aber nichts konnte den Aufstieg der Gewerkschaften aufhalten. In der Auseinandersetzung zwischen Arbeiter und Unternehmer wurde auch das wirksamste Kampfmittel der Arbeiter verwendet: der Streik.

In Deutschland schlossen sich um 1840 die ersten Arbeiter- und Arbeiterbildungsvereine zusammen. Einer der ersten war der „Nationale Buchdruckerverein", der Arbeitszeitverkürzung und eine allgemein verbindliche Tarifordnung forderte. Bald wurden diese Verbände auch in Deutschland verboten. Erst als 1859 zuerst in Preußen und dann in anderen Ländern das Koalitionsverbot aufgehoben wurde, konnte der erste Zusammenschluß deutscher Arbeiter erfolgen. Im Jahre 1863 wurde der „Allgemeine deutsche Arbeiterverein" gegründet. Einen starken Anteil daran hatte *Ferdinand Lassalle*.

1863

Lassalle bekannte sich zur Lehre vom Klassenkampf, wie ihn Karl Marx und Friedrich Engels zur gleichen Zeit in ihrem „Kommunistischen Manifest" darstellten. Er forderte, wie vor ihm schon andere, die Gründung von Produktivgenossenschaften, bei denen der Staat helfen müsse. Vor allem müsse der Arbeiter auch im staatlichen Bereich mehr Rechte erhalten, z. B. das allgemeine Wahlrecht. Es sollte also nicht mehr, wie z. B. noch in Preußen, nach Klassen gewählt werden. Da Lassalle wußte, daß nur eine möglichst große Organisation wirkungsvoll für solche sozialen Veränderungen eintreten konnte, befürwortete er den Zusammenschluß aller Arbeiter. Er starb aber bereits 1864 in einem Duell.

1869

Erst fünf Jahre später entstand auf deutschem Boden die erste wirklich schlagkräftige politische Arbeiterorganisation: die Sozialdemokratische Arbeiterpartei. Wilhelm Liebknecht und August Bebel, zwei Sozialisten, die sich zur Lehre des Marxismus bekannten, gründeten diese Partei im Jahre 1869 in Eisenach. Wer hatte diese Lehre begründet?
Karl Marx (1818—1883), Sohn eines Rechtsanwalts in Trier, hatte Staatswissenschaften, Philosophie und Geschichte studiert. Als Journalist geriet er in Schwierigkeiten mit der preußischen Zensur. Deshalb wanderte er mit seiner Familie nach Paris aus. Dort lernte er den französischen Sozialismus kennen. Da in Frankreich die Industrialisierung weiter fortgeschritten war, hatte man sich hier mehr als in Deutschland mit der sozialen Frage beschäftigt. In Paris begegnete ihm auch Friedrich Engels, ein deutscher Fabrikantensohn. Von ihm hörte er, wie „die Lage der arbeitenden Klasse in England" war. Die beiden wurden Freunde und bauten gemeinsam das „System des wissenschaftlichen Sozialismus" auf.
Die erste Schrift, die sie zusammen verfaßten, war das „Kommunistische Manifest". Marx erklärte, die Basis (Grundlage) alles dessen, was es in der Welt überhaupt gäbe, seien die materiellen Verhältnisse. Alles andere, auch das Geistige wie Recht, Kunst, Religion, sei durch die herrschenden ökonomischen (wirtschaftlichen) Verhältnisse bestimmt. Entscheidend sei, wer die Produktionsmittel (Maschinen, Rohstoffe usw.) besitze und wer die Produktivkräfte (die menschliche Arbeitskraft und Fertigkeit) ausnutze. Marx war der Auffassung, daß es in der Geschichte immer zwei Klassen gegeben habe; wobei die herrschende Klasse, die im Besitz der Produktionsmittel sei, die Klasse der Unterdrückten ausbeute.

Qu „Die Geschichte aller bisherigen Gesellschaft ist die Geschichte von Klassenkämpfen. Freier und Sklave ... Baron und Leibeigener, Zunftbürger und Gesell, kurz, Unterdrücker und Unterdrückte standen im steten Gegensatz zueinander, führten einen ununterbrochenen, bald versteckten, bald offenen Kampf, einen Kampf, der jedesmal mit einer revolutionären Umgestaltung der ganzen Gesellschaft endete oder mit dem gemeinsamen Untergang der kämpfenden Klassen."

Seit dem Beginn der Industrialisierung waren völlig neue ökonomische Verhältnisse eingetreten: jetzt vollzog sich der Klassenkampf zwischen der Bourgeoisie (Bürgertum) und dem Proletariat. Marx stellte es so dar:

Qu „Die Bourgeoisie hat in ihrer kaum 100jährigen Klassenherrschaft massenhaftere und kolossalere Produktionskräfte geschaffen als alle vergangenen Generationen zusammen: Unterjochung der Naturkräfte, Maschinerie, Anwendung der Chemie auf Industrie und Ackerbau, Dampfschiffahrt, Eisenbahnen, elektrische Telegraphen ... Sie hat ganz andere Wunderwerke vollbracht als ägyptische Pyramiden, römische Wasserleitungen und gotische Kathedralen, sie hat ganz andere Züge ausgeführt als Völkerwanderungen und Kreuzzüge ... Die Bourgeoisie verfügt über alle Mittel, mit

Beitragskarte eines Arbeiter-Bildungsvereins um 1850. In solchen Vereinen versuchten viele Arbeiter sich Wissen anzueignen, um ihre Lage aus eigener Kraft verbessern zu können („Wissen ist Macht"). Gewerkschaften bestanden damals in Deutschland noch nicht.

denen man neue Waren erzeugt. Sie besitzt das Geld, die Werkzeuge und die Maschinen. Ihr gehört Grund und Boden. Das Proletariat besitzt jedoch nur seine Arbeitskraft. Folglich bleibt dem Arbeiter nichts anderes übrig, als seine Arbeitskraft an den Kapitalisten zu verkaufen, und zwar zu einem Preis, der immer unter dem Wert der geleisteten Arbeit liegt."

Den „Mehrwert" aber behielten die Kapitalisten für sich. „So werden die Kapitalisten immer reicher, das Proletariat immer ärmer ...", sagte Marx. Diese Spannungen, so glaubte er, müßten zu einer sozialen Revolution führen. Dann müßte die alte Gesellschaftsordnung zusammenbrechen und eine kommunistische entstehen. In dieser — so lehrte Marx — würde es keine Klassen, also auch keinen Klassenkampf mehr geben. Deshalb müßte der Staat, der stets die besitzende Klasse schützt, absterben und überflüssig werden. Da die alten besitzenden Kräfte nicht bereit wären, ihre Macht freiwillig abzugeben, müßten sie durch eine „Diktatur des Proletariats" dazu gezwungen werden. Vor allem die Produktionsmittel müßten in den Besitz der Allgemeinheit übergehen, sie sollten „sozialisiert" werden. Diese Gesellschaft würde dann frei sein von Ausbeutung des Menschen durch den Menschen und frei von aller Not!

In London, wohin Marx später emigrierte*, schrieb er sein Hauptwerk „Das Kapital". Er hielt enge Verbindung mit der deutschen Arbeiterbewegung, vor allem auch mit Wilhelm Liebknecht, der eine Zeitlang bei Marx in England lebte.

Diese Lehre hatte für die gesamte Welt ungeheure Folgen! Erst der Marxismus hat entscheidend dazu beigetragen, daß die Arbeiterschaft sich zusammenschloß, um für ihre Rechte zu kämpfen. Grundlegend dabei war die Erkenntnis der Ausbeutung und des Klassenkampfes, Marxens dauernde Mahnung zur Solidarität* unter den Arbeitern und der Hinweis auf den zukünftigen sicheren Sieg der Ausgebeuteten. Gleichzeitig wurde die Bourgeoisie gezwungen, die kapitalistische Gesellschaftsordnung zu überprüfen und mit mehr Nachdruck als bisher nach einer Lösung der sozialen Frage zu suchen. Das führte dazu, daß sich in manchen kapitalistischen Ländern die soziale Lage der Arbeiterschaft auch ohne Revolution wesentlich verbesserte. In anderen Ländern haben seit 1917 die Kommunisten die Macht übernommen. Aber auch dort gibt es noch keine kommunistische Gesellschaftsordnung. Das Reich der Freiheit, das sich Marx erhoffte, ist auch dort noch nicht verwirklicht.

Oben: Karl Marx.

Links: Manifest der Kommunistischen Partei (Londoner Flugschrift 1848).

4/84

Fragen — Vorschläge — Anregungen

1. In dem Kapitel wird mehrfach das Wort „Bedürfnisse" verwendet. Warum spielte die Frage der Bedürfnisse eine so große Rolle in der industriellen Revolution?
2. Gerade bei der Geschichte der Industrialisierung kann man Ursachen und Folgen gut miteinander „erklärend verbinden". Erläutere also: Weil in England der allgemeine Wohlstand größer war als auf dem Kontinent, hatte die Bevölkerung mehr Bedürfnisse. Weil man z. B. das Bedürfnis nach mehr und besserer Bekleidung hatte, ... (ergänze selbst!) Versuche weitere Ursachen und Folgen zu finden!
3. Warum verfluchten die englischen Weber den Erfinder des mechanischen Webstuhls? Was sagst du zu den radikalen Lösungsversuchen der sozialen Frage durch „Maschinenstürmer"?
4. Beurteile, welche von den für England genannten Voraussetzungen einer Industrialisierung in heutigen Entwicklungsländern fehlen! Vielleicht kannst du jetzt die Frage beantworten: Warum ist die Welt nicht überall gleichmäßig und gleichzeitig industrialisiert worden?
5. Betrachte eine Wirtschaftskarte der Welt und stelle fest, in welchen Gebieten eine besondere „Industriekonzentration" besteht. Dann betrachte physikalische und klimatische Karten und zeige auf, wie die Industrialisierung auch von geographischen Bedingtheiten abhängt!
6. In England war die Einführung von Dampfmaschinen eine Sache von Privatleuten, in Preußen kümmerte sich der König darum. Was sagst du dazu?
7. Warum konnte Friedrich Engels im Jahre 1844 mit Recht schreiben: „Die industrielle Revolution hat für England dieselbe Bedeutung wie die politische für Frankreich!"?
8. Inwiefern war Deutschland um 1800 ein „Entwicklungsland"?
9. Im Jahre 1802 werden folgende Gewerbezweige in Preußen genannt: Wollwaren, Leinenwaren, baumwollene Waren, Seidenwaren, Metallwaren, Ölmühlen, Graupen- und Schneidemühlen, Papiermühlen, Tabakfabriken, Zuckersiedereien, Glashütten, Seifen-, Stärke- und Puderfabriken, Fayence und Steingut, Weinessig- und Wachsfabriken. Was entnimmst du daraus? Übrigens waren in der gesamten Textilindustrie 138 150 Arbeiter beschäftigt, in der Metallindustrie 4038 Menschen. Was entnimmst du aus diesen Zahlen?
10. Erkläre die Wirkweise der Dampfmaschine und die Verbesserungen Watts an der Maschine! Warum waren die Verbesserungen Watts entscheidend?
11. Lies noch einmal den Text aus der Kölner Zeitung (S. 68), dann beurteile diese Einstellung einmal aus der damaligen Zeit und dann auf Grund unseres heutigen Wissens!
12. So wuchs die Belegschaft der Firma Krupp:
    1811: 2 Arbeiter, 1830: 8, 1850: 700, 1870: 8 400, 1890: 24 000, bis 1910: 68 000 Arbeiter. Zeichne ein Schaubild und stelle die Zahlen in die gesamte industrielle Entwicklung Deutschlands!
13. Vergleiche die beiden Ansichten der Kruppschen Gußstahlfabrik (S. 68/69) miteinander! Was kannst du zur Veränderung des Landschaftsbildes sagen? Welche Probleme ergeben sich aus dieser Veränderung? Denke dabei an Probleme der Landwirtschaft und der Umweltverschmutzung! Betrachte hierzu auch die Karten aus dem Ruhrgebiet S. 134!
14. Der erste Lokomotivführer in Deutschland, William Wilson, erhielt ein Jahresgehalt von 1 500 Gulden. Der Dampfwagen „Adler" mit Tender kostete 13 930 Gulden. Der „Adler" wog 120 bayrische Zentner (1 Ztr. = 56 kg), war 3,96 Meter lang und hatte 12 PS. Eine Fahrt (für 6 km) kostete in der 1. Wagenklasse 12 Kreuzer, in der 2. Klasse 9 und in der 3. Klasse 6 Kreuzer (1 Gulden = 60 Kreuzer). Ein Arbeiter beim Bau der Strecke zwischen Nürnberg/Fürth erhielt 30 Kreuzer pro Tag. 1 Pfund Ochsenfleisch kostete 9 Kreuzer, 1 Schoppen Bier $1\frac{3}{4}$ Kreuzer und 1 Zentner Roggen 4,38 Gulden. Vergleiche alle Zahlenangaben miteinander und mit heute!
15. Lies den Ausspruch Alfred Krupps (S. 81) und begründe, warum dieser Standpunkt einseitig ist!
16. Zeige auf, welche der von Marx genannten Klassen in der Geschichte des Klassenkampfes im Besitz der Produktionsmittel waren! Begründe, warum sie deshalb auch zu ihrer Zeit im Besitz der ökonomischen, sozialen und politischen Macht waren!

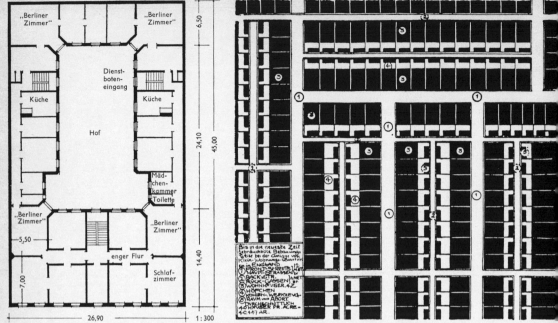

17. Grundgesetz Art. 9 Absatz 3 bestimmt: Das Recht, zur Wahrung und Förderung der Arbeits- und Wirtschaftsbedingungen Vereinigungen zu bilden, ist für jedermann und für alle Berufe gewährleistet ... Was weißt du über die Aufgaben der Gewerkschaften heute?
18. Äußere dich zu dem obenstehenden Grundriß einer Berliner Mietskaserne um 1890! (Links und rechts waren weitere Miethäuser angebaut.) Wie ist das Verhältnis von Hof und umbautem Raum? Wo ist die Straßenseite? Woher erhielten die Wohnungen im Hinterhof Licht und Luft? (Beachte hierbei die sogen. „Berliner Zimmer" in den vier Hofecken!) Wo befinden sich die Flure? Vergleiche auch die Bilder S. 78 und S. 112!
19. Betrachte die obenstehende typische Anlage eines englischen Arbeiterviertels aus dem 19. Jahrhundert und äußere dich dazu! Die Hauptstraßen (1) sind 12 m breit, die rückwärtigen Gassen (2) 6 m. Jedes Häuschen (3) hat vier Zimmer. Hinter dem kleinen Hof (4) befindet sich ein Kohlen-Werkzeugraum und Abort (5).

Damals und heute

Die großen Umwälzungen durch die industrielle Revolution begannen im 18. Jahrhundert zuerst in England. Hier waren aus verschiedenen Gründen die Möglichkeiten für die Konstruktion und die Verwendung von Arbeits- und Antriebsmaschinen besonders günstig. Auch das Verkehrswesen veränderte sich stark. Im 19. Jahrhundert begann die Industrialisierung auch in anderen Staaten Europas. Durch die industrielle Revolution veränderte sich das Leben der Menschen in ungeheurem Maße. Die alte Ständegesellschaft wurde zur Klassengesellschaft: Bauern und Handwerker strömten in die neuen Fabriken, um als freie Lohnarbeiter ihre Arbeitskraft dem Produzenten zur Verfügung zu stellen, d. h. „zu verkaufen". Damit wurden diese Proletarier von den Kapitalisten und Industriellen abhängig. Gleichzeitig wuchs die wirtschaftliche Not der Arbeiterschaft.

Dies alles führte damals dazu, daß die soziale Frage immer schärfer gestellt wurde, nämlich: Wie kann den Ausgebeuteten geholfen werden? Einsichtige Unternehmer, Vertreter der Kirchen, die Arbeiter selbst und der Staat versuchten, darauf eine Antwort zu geben. Entscheidend wurde dabei die Lehre von zwei Männern: Karl Marx und Friedrich Engels.

Heute sind die Arbeiter besser geschützt, ihre Rechte werden außerdem von Parteien und Gewerkschaften vertreten. Wenn auch der materielle Wohlstand ebenfalls zugenommen hat, so gibt es doch immer wieder Konflikte zwischen Arbeitnehmern und Arbeitgebern.

Kämpfe der großen Staaten um nationale Einigung und Ausdehnung ihrer Macht

Rußland: die Großmacht in zwei Erdteilen

Der Zar will die russische Macht ausdehnen

Seit dem Wiener Kongreß (1815) spielte der russische Zar eine bedeutende Rolle in der Politik der europäischen Staaten. Wie schon Peter d. Gr., so wollte auch Zar *Nikolaus I.* (1825 bis 1855) den Einfluß Rußlands nach Süden über die Donaumündungen und auf den Balkan ausdehnen. Durch den Besitz des Bosporus mit Konstantinopel und den Dardanellen hoffte er einen freien Ausgang aus dem Schwarzen Meer ins Mittelmeer zu gewinnen.
England wollte aber den Russen die Donaumündungen und die Meerengen nicht überlassen. Durch ein solches Übergewicht Rußlands sah es seine Mittelmeerherrschaft bedroht und stellte sich auf die Seite der Türken.
Der Zar verlangte vom türkischen Sultan die Schutzherrschaft über die Christen auf dem Balkan. Als der mohammedanische Herrscher ablehnte, besetzten die Russen die unter der Oberhoheit des Sultans stehenden Fürstentümer Moldau und Walachei. Die Erregung, die darüber in Europa entstand, nützte Kaiser *Napoleon III.* und erklärte, er wolle mit England zusammen für die Freiheit der Völker auf dem Balkan eintreten. Der ehrgeizige Franzosenkaiser hoffte dadurch, für sich persönlich Ruhm und für Frankreich wieder eine maßgebliche Machtstellung in Europa zu gewinnen.
Engländer und Franzosen landeten ein Heer auf der Halbinsel Krim. Im blutigen *Krimkrieg* (1854—1856) eroberten sie die Festung Sewastopol und zwangen die Russen, die Moldau und die Walachei herauszugeben. Diese Fürstentümer wurden später zum Staate Rumänien zusammengeschlossen. Rußland durfte im Schwarzen Meer keine Kriegsflotte mehr halten; die Meerengen blieben für alle nichttürkischen Kriegsschiffe gesperrt. Kaiser Napoleon erreichte, daß der Friede in Paris geschlossen wurde. Er ließ sich als Schiedsrichter und Friedensbringer feiern und glaubte, daß durch die russische Niederlage sein eigener Einfluß in Europa gestiegen sei.
Der Ausdehnungsdrang Rußlands wandte sich nunmehr verstärkt dem Fernen Osten im Herrschaftsbereich der Chinesen zu.

1854 bis 1856

Innere Reformen nach westlichem Muster sollen aus Rußland einen modernen Staat machen

Nach dem verlorenen Krimkrieg versuchte Zar *Alexander II.*, der Nachfolger von Nikolaus, sein geschlagenes Land wieder zu kräftigen. Er wollte innere Mißstände beseitigen. Dazu gehörte vor allem die Leibeigenschaft der russischen Bauern. Während in westlichen Ländern durch die Revolutionen und die Reformen des Freiherrn vom Stein die Lage der Landbevölkerung wesentlich besser geworden war, hatte sich in Rußland nichts geändert. Um 1860 lebten im europäischen Zarenreich (ohne Finnland und Polen) etwa 50 Millionen Menschen. Davon waren 20 Millionen leibeigene Bauern auf staatlichen Gütern, 25 Millionen leibeigene Bauern auf Gütern adliger Großgrundbesitzer. Außerdem gab es etwa 4,5 Millionen Beamte, Geistliche, Kaufleute und Handwerker. Auf jeden der restlichen 500 000

Adligen kamen also durchschnittlich 50 „Seelen", d. h. Leibeigene. Manche Grundherren besaßen Hunderte, manche sogar Tausende von ihnen. Über diese Bauern hatte der Adlige die Gewalt der Polizei und des Richters. Er konnte ihnen jede Arbeit auferlegen und sie, wenn es ihm beliebte, durch Körperstrafen züchtigen; 40 Birkenrutenstreiche oder 15 Stockschläge waren gesetzlich erlaubt. Wenn es dem Herrn nötig erschien, konnte er ungehorsame Bauern zum Militär oder zur Zwangsarbeit nach Sibirien schicken. Es gab Grundbesitzer, welche ihre Leibeigenen schlechter als Tiere behandelten. In einer Anzeige der Petersburger Zeitung 1798 stand:

Qu „Wenn jemand eine ganze Familie oder bloß einen jungen Mann und ein junges Mädchen allein kaufen will, wende er sich an die Wäscherin gegenüber der Kasanschen Kirche. Der junge Mann, Iwan, ist 21 Jahre alt, gesund, kräftig und versteht das Damenfrisieren. Das Mädchen, Marfa, gut gebaut und gesund, kann nähen und sticken. Man kann sie prüfen und um mäßige Preise erhalten."

In den Erinnerungen eines Dorfgeistlichen heißt es:

Qu „Die Hundezüchter, das ist allgemein bekannt, tauschten Hunderte von Bauern gegen einen Hund aus. Ganze Dörfer wurden gegen einen Jagdhund hingegeben. Die Besitzer kleiner Landgüter, denen es an jungen Mädchen fehlte, kauften solche bei S. um den Preis von 25 Rubel per Stück ... Damals bezahlte der Gutsbesitzer für junge Windhunde bis 3000 Rubel. Somit wurde ein solches Tier 120mal höher geschätzt als ein Mensch, oder 120 Mädchen standen im Wert einer Hündin gleich."

Noch schlimmeres wird in solchen Berichten über die grausame Behandlung der Leibeigenen durch einzelne Gutsbesitzer erzählt:

Qu „Der Herr beschmutzte seine Hände nicht an den Schnauzen der Bauern. Wenn er auf dem Lande war, folgten ihm zwei Kutscher mit Knuten wie seine Schatten. Wo er irgendeine Unordnung wahrnahm, mußten die Kutscher gleich mit den Knuten zuhauen. Einst kam er gleich nach der Heumahd auf das Gut, ließ den Verwalter kommen und frug denselben: ‚Ist das Heu aufgenommen?' — ‚Jawohl, Herr' — ‚Ist das Heu gut?' — ‚Es ist schönes Heu'. — ‚Grün?' — ‚Ja, grün.' — ‚Gebt ihm die Knute!' Der Verwalter wurde ausgestreckt und erhielt von zwei Leuten Knutenhiebe; der Herr saß dabei und sprach: ‚Mähe das Gras nicht zu früh. Es wäre noch gewachsen; wir hätten mehr Heu,

Aus der Leibeigenschaft „befreite" russische Bauern beim Mittagessen vor einem Bezirksamt (Gemälde von G. G. Mjassojedow).

mehr. Haut ihm ordentlich auf, dem Halunken! Man rufe seinen Vater!' Es kam der Vater, ein Greis von 80 Jahren. ‚Gebt ihm die Knute!' Auch ihn legte man hin und hieb auf ihn ein. Der Herr redete weiter: ‚Lehre deinen Sohn! Das Gras wäre nach dem Regen noch gewachsen. Dir, Verwalter, werde ich morgen noch mehr geben lassen.' Doch in der folgenden Nacht machte der Verwalter seinem Leben ein Ende, er erhängte sich in der Scheune."

Gegen solche unmenschlichen Grausamkeiten konnten die wehrlosen Leibeigenen so gut wie nichts unternehmen. Der Adlige war ja ihr Richter. Dabei verehrten sie „Väterchen Zar", weil sie meinten, dieser wolle ihr Bestes und wisse nichts von ihrem Unglück, das allein von den Landbesitzern komme. Gegen diese Unterdrücker erhoben sich die Bauern an einzelnen Stellen, auch mit Brandstiftung und Mord. Allein während der Regierungszeit des Zaren Nikolaus I. gab es 556 Bauernaufstände. Doch er schlug jede freiheitliche Regung blutig nieder und regierte selbstherrlich mit Hilfe von Militär und Polizei.
Der reformfreudigere Zar Alexander II. suchte nach der Niederlage im Krimkrieg das Heerwesen zu verbessern. Das glaubte er mit Leibeigenen nicht erreichen zu können. So wurde 1861 durch ein Gesetz die Leibeigenschaft der russischen Bauern aufgehoben. Jeder Bauer war jetzt dem Buchstaben nach ein freier Bürger. Er erhielt seine Wohnstätte als Eigentum. Außerdem wies man ihm 12—20 Morgen Land zu. Das war so wenig, daß er vorher als Leibeigener oft mehr zur eigenen Nutzung gehabt hatte. Für seinen kleinen Landanteil mußte der Bauer auch noch eine Entschädigung an den adligen Gutsbesitzer zahlen.

1861

Die Bauern waren tief enttäuscht, denn sie hatten gehofft, das Land unentgeltlich zu erhalten. In ihrer Unwissenheit wünschten viele an Stelle der neuen Freiheit die alten Zustände wieder zurück. Neue Unruhen brachen aus, allein im Jahre 1862 gab es 388 Aufstände. Zar Alexander II. wandte sich wieder dem Polizeiregiment früherer Herrscher zu. Er wurde 1881 ermordet. Seine Nachfolger verstärkten die blutige Unterdrückung aller freiheitlichen Bestrebungen. Dagegen bäumten sich vor allem solche Russen auf, die im Ausland studiert hatten. Trotz grausamer Strafen bildeten sich im Untergrund Verschwörergruppen, welche die bestehende Ordnung beseitigen wollten (um diese Zeit entstanden in Rußland auch die ersten sozialistischen Gruppen). Die revolutionären Hoffnungen auf bessere Zustände durch einen radikalen Umsturz konnte dann Lenin 1917 für seine Ziele ausnutzen.

Italien wird ein nationaler Einheitsstaat

In der Revolutionszeit 1848 hatte man auch in verschiedenen Teilen Italiens versucht, alle Italiener in einem Einheitsstaat unter einer italienischen Regierung zusammenzuschließen. Österreich hatte dies verhindert. Es herrschte weiterhin über die Lombardei und Venetien. Die übrige Halbinsel war in verschiedene Kleinstaaten aufgeteilt, z. B. Parma, Toscana und den Kirchenstaat, welche meist unter fremden Herrschern standen. In Turin, der Hauptstadt des kleinen Staates Sardinien-Piemont, regierte als einheimischer Fürst König *Victor Emanuel*. Er und sein Minister *Cavour* machten es sich zur Aufgabe, für die Einigung Italiens und die Befreiung von den fremden Herrschern weiterzukämpfen. Er erklärte: „Italien ist nicht mehr das Land der alten Römer, auch nicht mehr das Italien des Mittelalters, sondern das Italien der Italiener."
Der Staatsmann Cavour hatte erkannt, daß sein kleines Land zum Kampf gegen Österreich zu schwach war. Daher suchte er Hilfe bei einem der mächtigeren Herrscher in Europa. Er traf sich mit dem Kaiser Napoleon III. von Frankreich. Dieser sah eine Gelegenheit, in einem

Krieg gegen Österreich als Befreier Italiens Ruhm und Macht zu gewinnen. Er ließ verkünden: „Napoleon I. hat die Völker erobert, um sie frei zu machen; Napoleon III. wird sie frei machen, ohne sie zu erobern." Dabei hoffte er aber auch auf Landgewinn für Frankreich. Als Ziel des Bündnisses zwischen dem Franzosenkaiser und Viktor Emanuel wurde erklärt: „Italien frei bis zur Adria." Mit Frankreichs Rückendeckung trieb Sardinien-Piemont Österreich 1859 zum Krieg. In den zwei blutigen Schlachten bei Magenta und Solferino wurden die Österreicher geschlagen. Napoleon III. und der österreichische Kaiser schlossen Frieden. Zur großen Enttäuschung der Italiener durfte Österreich weiterhin Venetien beherrschen. Von Victor Emanuel ließ sich Napoleon Savoyen und Nizza abtreten.

Auf der Halbinsel Italien kämpften sardinische Truppen und der Freischarenführer *Garibaldi* auf eigene Faust weiter. Sie erreichten schließlich den Zusammenschluß der meisten Staaten unter Victor Emanuel. Dieser ließ sich 1861 zum König von Italien ausrufen. Als Nationalflagge wählte er die Farben Sardinien-Piemonts: grün-weiß-rot. Sein Erfolg regte auch in Deutschland das Streben nach nationaler Einheit wieder an.

Während des preußisch-österreichischen Krieges 1866 nahmen die Italiener den Österreichern auch noch Venetien ab. 1870 besetzten sie Rom; damit verlor der Papst den über tausend Jahre alten Kirchenstaat und blieb nur noch Herrscher über den Vatikan.

Auf dem Schlachtfeld von Solferino beginnt Henri Dunant sein großes Werk der Menschenliebe

Der Genfer Kaufmann Henri Dunant hatte große Pläne zur Bebauung von Wüstenland und zur Bodenverbesserung in Nordafrika. Zur Durchführung seines Vorhabens wollte er die Unterstützung Napoleons III. gewinnen, denn Algerien stand damals unter dessen Herrschaft. Als der Franzosenkaiser 1859 auf dem Schlachtfeld von Solferino in Oberitalien weilte, wollte ihm Dunant seine Pläne unterbreiten. Die Eindrücke, die Dunant hier gewann, waren jedoch so furchtbar, daß er sein Bittgesuch an Napoleon vergaß, aber nie mehr vergaß, was er an Leid auf der Kampfstätte gesehen hatte. Er wollte die Blicke der ganzen Welt darauf richten und berichtete über seine Eindrücke in einem Buch mit dem Titel „Eine Erinnerung an Solferino". Darin schreibt er:

Qu „Das Schlachtfeld ist besät mit Menschen- und Pferdeleichen ... Die unglücklichen Verwundeten, die im Laufe des Tages aufgelesen werden, sind bleich, fahl und ganz entkräftet. Die einen, besonders die Schwerverwundeten, schauen stumpfsinnig drein; sie scheinen nicht zu verstehen, was man zu ihnen sagt ... Andere sind infolge der schweren Nervenerschütterung von krampfhaftem Zittern befallen. Wieder andere mit klaffenden Wunden, die sich schon zu entzünden begonnen haben, sind fast wahnsinnig vor Schmerz; sie bitten, man solle ihnen den Gnadenstoß geben, und winden sich mit verzerrtem Antlitz in den letzten Zuckungen des Todeskampfes. Inzwischen geht auf Wagen und Karren der Abtransport der Verwundeten vor sich. Jeder Stoß des Karrens verursacht ihnen neue Qualen. Viele sterben unterwegs; ihre Leichen werden am Straßenrand niedergelegt, sie werden einfach als ‚verschwunden' eingetragen. In den umliegenden Ortschaften werden öffentliche Gebäude und Privathäuser als Lazarette benützt ... aber es fehlt an Ärzten, so sind die Leiden der Armen noch nicht zu Ende ... Hier schauen Verwundete nach allen Seiten hilfesuchend um, denn ihr Gesicht ist ganz schwarz mit Fliegen besetzt, die in Mengen umherschwärmen und sich auf ihren Wunden niederlassen. Aber niemand antwortet ihnen. Bei diesem dort bilden Mantel, Hemd, Fleisch und Blut eine feste unlösliche Masse ..."

Als Ergebnis der Schlacht zählte man an Toten und Verwundeten beider Heere: 1575 Offiziere jeden Ranges und ungefähr 40 000 Soldaten und Unteroffiziere. Dazu kamen noch mehr als 40 000, die infolge Überanstrengung und ansteckender Krankheiten in den folgenden Tagen erkrankt oder gestorben sind. ...

„Aber was nützt es, die Erinnerung an so viele Schmerz- und Jammerszenen aufzufrischen? Welchen Zweck hat es, jammervolle Einzelheiten so wohlgefällig zu schildern und Bilder der Verzweiflung vor dem Leser aufzurollen? Sollte es nicht möglich sein, in allen europäischen Ländern Hilfsorganisationen zu gründen, zu dem Zweck, die Verwundeten in Kriegszeiten ohne Unterschied der Volkszugehörigkeit durch Freiwillige pflegen zu lassen?"

Noch auf dem Schlachtfeld begann Henri Dunant mit der Linderung der Leiden. Er legte selbst Hand an, ließ Erfrischungen holen und verteilen. Sein Beispiel wirkte. Viele italienische Frauen und Mädchen aus der Umgebung gingen mit Wasserkrügen von einem Verwundeten zum andern, junge Burschen schleppten in Eimern Wasser herbei. Ein italienischer Arzt wollte den Verwundeten der Feindseite die Arzneien verweigern. Eine Frau antwortete ihm im Sinne Dunants: „Unser Herr Jesus Christus hat keine solchen Unterschiede zwischen den Menschen geboten, wenn es sich darum handelt, ihnen Gutes zu tun."
Die Erinnerung an die Bilder des Schreckens ließen Henri Dunant auch nach der Rückkehr zu seinen Geschäften nicht mehr los. In der Schweiz fand er Unterstützung bei gleichgesinnten Freunden, sein Buch schickte er an einflußreiche Personen in viele Länder. Er machte Reisen nach Paris und Wien, er sprach an den Königshöfen in München, Dresden, Stuttgart vor und forderte Schritte zur Pflege der verwundeten Soldaten:

„Man muß deshalb freiwillige Krankenwärter und Krankenwärterinnen haben, welche gewandt, vorbereitet oder eingeweiht sind, um bei einem solchen Hilfswerk tätig sein zu können, und die auch durch den Anführer der kriegführenden Armeen anerkannt, in ihrer Mission unterstützt und begünstigt werden."

Schon 1863 kamen Abgesandte aus 16 Ländern nach Genf. Sie wählten als allgemeines Zeichen für die neue Einrichtung des Hilfsdienstes ein rotes Kreuz auf weißem Grund. Die einzelnen Ausschüsse schlossen sich zum *Internationalen Komitee vom Roten Kreuz* zusammen mit dem Sitz in Genf. Die zum Schutz der Kranken und Verwundeten im Kriege beschlossenen Maßnahmen sind in der *Genfer Konvention* niedergelegt. Im Laufe der Zeit traten ihr die meisten Staaten der Welt bei. Im Artikel 3 der heute gültigen Konvention gehen diese Staaten folgende Verpflichtung ein:

„Personen, die nicht unmittelbar an den Feindseligkeiten teilnehmen, einschließlich der Mitglieder der Streitkräfte, welche die Waffen gestreckt haben, und der Personen, die durch Krankheit, Verwundung, Gefangennahme oder irgendeine andere Ursache außer Kampf gesetzt sind, werden unter allen Umständen mit Menschlichkeit behandelt, ohne jede auf Rasse, Farbe, Religion oder Glauben,

Henri Dunant zur Zeit des Abschlusses der Genfer Konvention.

Geschlecht, Geburt oder Vermögen oder auf irgendeinem anderen ähnlichen Unterscheidungsmerkmal beruhende Benachteiligung."

Seit seiner Gründung hat das Rote Kreuz schon vielen Millionen Hilfsbedürftigen im Krieg, aber auch bei Wetter- oder Erdbebenkatastrophen geholfen. Allein in den Kriegsjahren von 1939 bis 1945 erhielten über das Rote Kreuz mehr als 120 Millionen Mütter und Frauen von Soldaten die erste Nachricht von ihren Angehörigen.

Henri Dunant opferte sein Vermögen. 1901 erhielt er den Nobelpreis für Förderung des Friedens. Die meisten der damit verbundenen Gelder vermachte er Wohlfahrtseinrichtungen; er starb 1910 in Armut.

Die Vereinigten Staaten von Nordamerika auf dem Wege zur Weltmacht

Die USA dehnen sich vom Atlantischen bis zum Pazifischen Ozean aus

Während Europa die Französische Revolution, die Kriege Napoleons I. und die Revolutionen von 1848 erlebte, dehnten in Amerika die weißen Kolonisten die Grenzen ihres Siedlungslandes immer weiter nach Westen aus. Viele Indianerbücher berichten von den unerbittlichen Kämpfen auf Leben und Tod zwischen den Rothäuten und den Bleichgesichtern. Im Kampf um ihre Heimat erlagen die Indianer der besseren Ausrüstung der Eindringlinge und wurden fast ausgerottet. Nordamerika wurde ein Siedlungsland der Weißen.

Den Grenzern folgten bald Farmer und Viehzüchter, die sich eine neue Heimat in den Ebenen des Mississippi und in den Prärien westwärts des Stromes schufen. Als um die Mitte des neunzehnten Jahrhunderts in Kalifornien Gold entdeckt wurde, ergoß sich ein neuer Einwandererstrom von Goldgräbern und Abenteurern über den Westen bis an den Stillen Ozean. Die riesigen Flächen des Kontinents boten den Siedlern reiche Schätze. Es gab Kohle und Eisen, Kupfer, Blei, Zink und Silber. Unternehmungslustige Handwerker, Techniker und Kaufleute gründeten Werkstätten und Fabriken für Eisen- und Webwaren. Ein deutscher Schmied in Germantown errichtete den ersten Hochofen. Bald wurden Eisenbahnen gebaut, und um Detroit und Pittsburgh entstand das „amerikanische Ruhrgebiet". In den weiten Wäldern fällten die Holzhauer wertvolle eisenharte Hölzer und schickten sie in Riesenflößen zu den Mündungen der Flüsse. Die unübersehbaren Felder, besonders im Mississippigebiet, brachten den Farmern reiche Ernten an Weizen und Mais. Im wärmeren

Süden bauten die Pflanzer auf ihren ausgedehnten Plantagen auch Baumwolle, Tabak, Zuckerrohr und Reis an. Kein Wunder, daß es in einem solchen „Land der unbegrenzten Möglichkeiten" jeder zu etwas bringen konnte, der gesund, ausdauernd und unternehmungslustig war. Vom Tellerwäscher brachte es der eine zum Großhotelier; vom Stiefelputzer wurde ein anderer zuverlässiger Sekretär und dann selbständiger Fabrikant. *Johann Jakob Astor* aus Walldorf bei Heidelberg erwarb im Pelzhandel mit den Indianern ein Riesenvermögen. Der Schotte *Andrew Carnegie*, der mit seinem Vater in die Staaten ausgewandert war, fing als Laufbursche an, war dann Telegrafist, besaß 10 Jahre später eine Eisenbahnschienenfabrik, nach weiteren 2 Jahren eine Lokomotivenfabrik in Pittsburgh. Als hundertfacher Millionär legte er sein Vermögen in Stiftungen für Forschungs- und Bildungszwecke an. Er war arm gewesen und hatte sich kaum Bücher kaufen können. Seine Stiftungen sollten daher jungen Leuten in ähnlicher Lage helfen. In der gleichen Zeit um 1860 brachte es *J. D. Rockefeller* vom kleinen Petroleumhändler zum reichsten Mann der Welt, zum Dollarmilliardär und zum Beherrscher der Weltmacht Öl. Sehr viele versagten auch im rauhen Daseinskampf der Wagemutigen oder hatten Unglück und gingen unter. Aber das Beispiel der Glücklichen lockte immer neue Einwandererströme aus Europa und bald auch aus Asien an. Aus den 13 Kolonien mit etwa 3 Millionen Einwohnern im Jahre 1776 waren um 1860 schon 40 Vereinigte Staaten mit rund 32 Millionen Menschen geworden. Um 1900 zählte die Union 40 Millionen Einwohner, darunter 6 Millionen deutsche Auswanderer. Die meisten der Einwanderer ließen sich wegen des Klimas in den Nordstaaten nieder (etwa 20 Millionen Einwohner). Für die schwere Arbeit auf den Plantagen der Südstaaten hatte man schon bald Negersklaven aus Afrika hergeholt. Ein Matrose eines Sklavenschiffes berichtet über Sklavenjagd und -transport:

um 1860

„Wir näherten uns offen dem Dorfe und gaben dem Häuptling zu verstehen, daß wir ein Tauschgeschäft machen wollten. Inzwischen umkreisten wir den Dorfplatz, auf dem jung und alt versammelt und, so schien es uns, bereits dem Trunk des süßen Palmweins erlegen war. Als nach einem Kriegstanze die Männer ihre Speere und Keulen abgelegt hatten, hielten wir die Zeit für gekommen, und der Kapitän gab uns durch einen Pistolenschuß das Zeichen. In dem folgenden Durcheinander drängten wir mit Waffengewalt die Frauen von den Männern, von denen nur wenige in den Wald entkamen, oder, wenn sie sich zur Wehr setzten, getötet wurden. Die meisten wurden nun mit den Ketten belastet und an den Füßen zu zweien aneinandergefesselt. Die Frauen, deren viele nicht wichen, wurden ebenfalls mitgeschleppt und an Deck gebracht. Unser Schiff war klein, und der sogenannte „Schwarze Strich", das Ladezeichen jedes Sklavenschiffes, bis zu dem es belastet werden konnte, war schon ziemlich unter der Wasserlinie, als wir bei frischem Wind vom Lande abhielten. Binnen kurzem war es unmöglich, sich auch nur auf zehn Schritte der Ladeluke des Sklavenbehälters zu nähern, ein solch fürchterlicher Gestank von unten drang daraus hervor. Es war auch kein Wunder: Niemand durfte bei Gefahr des Lebens während der Reise aus diesem Behälter, in dem die Schwarzen tatsächlich wie Heringe aufeinander lagen, ob Seekrankheit, Durst oder andere Bedürfnisse dazu auch zwingen wollten. Jeden Tag rollte ein Fäßchen Wasser auf die Köpfe der beinahe Verschmachtenden, und ein Korb mit halbverfaulten Fischen war die einzige Nahrung. Das Stöhnen und Rufen der Kranken und Sterbenden drang Tag und Nacht aus der Kajüte, und gegen Ende unserer Reise war beinahe die Hälfte unserer schwarzen Ware tot. Mit der anderen Hälfte aber war die Reise reichlich bezahlt und auch für uns Matrosen gab es einen schönen Anteil an der Beute."

Qu

Als erstes hatte ein holländisches Schiff im Jahre 1619 seine Fracht von „schwarzem Elfenbein" in Jamestown in Virginia ans Land gebracht. Die Schwarzen wurden dann auf den Sklavenmärkten von den Händlern an den Meistbietenden verkauft. Um 1860 zahlte man

Negersklaven werden in den Südstaaten öffentlich ausgeboten und versteigert (Kolorierter Holzstich um 1850). Ein Käufer prüft an den Zähnen eines Sklaven, ob dieser gesund ist.

für einen kräftigen Neger zwischen 1 300 und 2 000 Dollar. Kleinere Pflanzer hielten ungefähr 20, mittlere bis 150, größere annähernd 300 Negersklaven. Um dieselbe Zeit war ihre Zahl bereits auf mehr als 4 Millionen angewachsen. Sie waren vor allem zur Arbeit auf den Baumwollpflanzungen in der glühenden Sonnenhitze bestimmt, wo sie von weißen oder schwarzen Aufsehern häufig mit Peitschen zur Arbeit angetrieben wurden.
Manche Sklavenhalter achteten darauf, daß ihre Arbeiter gesund blieben. Es gab aber auch Plantagenbesitzer, die unmenschlich grausame Behandlung duldeten und verächtlich jede körperliche Betätigung als „Niggerarbeit" bezeichneten. Schon bald nach der Einführung der Sklaverei forderten Menschenfreunde ihre Abschaffung. Vor allem das Buch „Onkel Toms Hütte" (1852) von der Lehrerin *Harriet Beecher-Stowe* wies auf die Leiden der versklavten Menschen hin und übte große Wirkung aus. Die Engländer und Franzosen hatten schon vor 1848 die Sklavenhaltung in ihren Kolonien verboten. So wurde auch in den USA die Bewegung immer stärker, welche die Abschaffung der Menschensklaverei verlangte.

Der Streit um die Sklavenbefreiung gefährdet die Union der Vereinigten Staaten

Die Besitzer der großen Baumwollpflanzungen in den Südstaaten, wo etwa 6 Millionen Menschen lebten, glaubten, daß ihre Plantagenwirtschaft ohne Negersklaven zugrunde gehen müsse. Sie erklärten, nach der Verfassung könne jeder Staat für sich entscheiden, ob er die Sklaverei abschaffen wolle oder nicht. Ihre Befürworter schlossen sich in der Demokratischen Partei zusammen und vertraten die Ansicht:

Qu „Der Neger ist nur ein erwachsenes Kind und will als solches beherrscht werden ... Der Herr nimmt ihm gegenüber die Stelle des Vaters oder Vormunds ein ... Die Negerrasse ist minderwertig gegenüber der weißen, und die Neger, wenn sie inmitten der Weißen leben, würden in der Hetze der freien Konkurrenz bei weitem überholt oder überlistet. Allmähliche, aber sichere Vernichtung wäre ihr Los ... Wir möchten die, die das Sklaventum des Negers bedauern und bemitleiden, daran erinnern, daß diese Sklaverei ihn befreit von einer weit grausameren Sklaverei in Afrika oder von Götzendienst und Menschenfresserei und allen brutalen Lastern und Verbrechen, welche die Menschheit schänden können; und daß sie ihn christianisiert, beschützt, erhält und zivilisiert; daß sie ihn weit besser regiert, als die weißen Arbeiter im Norden regiert werden ..."

Der Gouverneur von Süd-Carolina faßte die Ansicht der Südstaatler zusammen:

„Keine menschliche Einrichtung entspricht nach meiner Meinung deutlicher dem Willen Gottes als häusliche Sklaverei ... Häusliche Sklaverei ist daher kein politisches Übel, sondern der Eckstein unseres republikanischen Gebäudes."

Die weitaus größte Zahl der Bewohner der Nordstaaten, die von mittlerer Landwirtschaft, vom Handwerk und der Industrie lebten, waren für die Abschaffung der Sklaverei. Die Anti-Sklavereibewegung schloß sich in der Republikanischen Partei zusammen. Für sie trat auch der aus Deutschland geflüchtete *Karl Schurz* ein, vor allem aber der aus einfachen Verhältnissen stammende Rechtsanwalt und Politiker *Abraham Lincoln*. Er rief seinen Landsleuten zu:

„Es kann nicht der eine Teil des Volkes frei, der andere versklavt sein. Die Menschenrechte der Freiheit gelten auch für die Neger ... Die Republikanische Partei hält die Sklaverei für etwas Unrechtes, wir stehen auf dem Standpunkt, daß sie ein moralisches, ein soziales und ein politisches Unrecht ist."

Streit erhob sich nicht nur wegen der Sklavenfrage. Es gab auch wirtschaftliche Gegensätze, da im Norden der USA Industrie, im Süden Plantagenwirtschaft vorherrschte.

Im Bürgerkrieg fällt die Entscheidung

Die Gegensätze verschärften sich, als im Jahre 1860 zum ersten Male ein Republikaner, Abraham Lincoln, zum Präsidenten der Union gewählt wurde. Elf Südstaaten traten aus dem Staatsverband aus. Sie gründeten einen eigenen Bund und wählten einen neuen Präsidenten. Lincoln aber erklärte:

„Ich halte fest, daß nach allgemein gültigem Recht und nach der Verfassung die Union dieser Staaten (der USA) immerwährend ist ... Daraus folgt, daß sich kein Staat auf seinen eigenen Antrag hin gesetzlich von der Union lösen kann."

1861 bis 1865

Die Südstaaten beugten sich der Entscheidung des Präsidenten nicht und waren siegessicher. Im Jahre 1861 begann ein vierjähriger blutiger Bürgerkrieg, der mehr als 600 000 Opfer kostete. Zuerst erfochten die Südstaaten einige Siege, aber schließlich mußten sie sich der überlegenen Macht der Nordstaaten beugen und zur Union zurückkehren.

Durch eine Erklärung des Präsidenten Lincoln wurde die Sklaverei in den Vereinigten Staaten abgeschafft. Er trat für rasche Beendigung des blutigen Krieges und seiner Folgen ein, wurde aber 1865 von einem fanatischen Südstaatler ermordet.

Im Widerspruch zur Verfassung sind bis heute die Probleme der völligen Gleichberechtigung der weißen und schwarzen Bevölkerung in den USA noch nicht gelöst.

Abraham Lincoln

Fragen — Vorschläge — Anregungen

1. Erkläre nach der Karte, warum man Rußlands Landfläche mit einem Rock mit zugeknöpften Ärmeln verglichen hat!
2. Hat die russische Politik heute ihre früheren Ziele erreicht? Wie weit reicht in der Gegenwart der russische Einfluß auf dem Balkan?
3. Vergleiche die Lage der Bauern in Deutschland und Rußland vor der Aufhebung der Leibeigenschaft!
4. Aus welchen Gründen wirkte sich die Abschaffung in Rußland kaum zum Nutzen der betroffenen Bauern aus?
5. Vergleiche die staatlichen Verhältnisse (Kleinstaaten) in Deutschland und Italien vor der nationalen Einigung!
6. Durch welche Schritte wurde das Ziel: „Italien frei bis zur Adria" verwirklicht? (Karte!)
7. Welche Beweggründe waren für Henri Dunant bei der Gründung des Roten Kreuzes maßgebend?
8. Welche verschiedenen Möglichkeiten des Einsatzes des Roten Kreuzes hast du in der Gegenwart kennengelernt?
9. Verfolge die Ausdehnung der USA von Ozean zu Ozean auf der untenstehenden Karte! Aus wieviel Staaten besteht die Union heute?
10. Welche Unterschiede in der Wirtschaft bestanden zwischen den Nord- und den Südstaaten vor der Sklavenbefreiung?
11. Welche Gründe führten zu den Negerunruhen, von denen du oft in den Zeitungen liest?

Damals und heute

Die Großmacht Rußland wollte ihren Einfluß auf den Balkan ausdehnen. England und Frankreich hinderten sie daran. Innere Reformversuche in Rußland blieben erfolglos und schufen dauernde Unruheherde im Zarenreich. Italien erreichte 1861 mit französischer Hilfe durch einen Krieg gegen Österreich seine nationale Einigung. Die Eindrücke von den Leiden der Verwundeten in diesem Krieg veranlaßten Henri Dunant zur Gründung des Roten Kreuzes.

Die Vereinigten Staaten von Nordamerika dehnten sich im 19. Jahrhundert nach Westen bis zum Pazifik aus. Ein Bürgerkrieg zwischen Nord- und Südstaaten (1861—1865) begann unter Präsident Lincoln. Er endete mit dem Sieg des Nordens. Die Einheit der Nation wurde erhalten, die Negersklaverei abgeschafft. Noch heute ist jedoch das Problem völliger Gleichstellung des schwarzen Bevölkerungsanteils in den USA nicht gelöst.

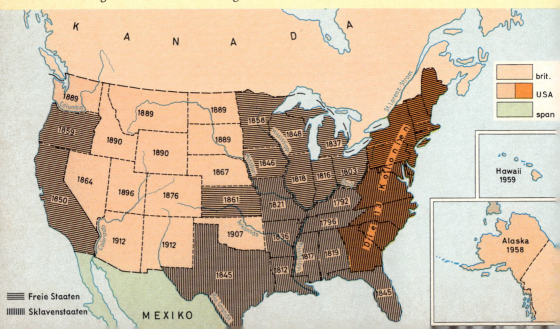

Die Gründung des kleindeutschen Reiches

Schwierigkeiten für den Zusammenschluß der Deutschen in einem Nationalstaat

Die vom deutschen Volk gewählten Vertreter in der Frankfurter Nationalversammlung hatten kein einheitliches Deutsches Reich unter einer freiheitlichen Regierung erreicht. Die Fürsten hatten mit Hilfe ihrer Soldaten die Revolution niedergeschlagen. Sie schickten wieder *ihre* Vertreter in den neu einberufenen Deutschen Bundestag nach Frankfurt. Hier stritten sich die beiden größten Mächte Österreich und Preußen um den Vorrang. Die 30 übrigen deutschen Fürsten waren uneinig, hielten teils zu Preußen, teils zu Österreich oder wollten gar keine Einigung. Es hatte sich auch gezeigt, daß die großen europäischen Mächte Frankreich und Rußland bei der Lösung der deutschen Frage ein Wort mitsprechen wollten. So schien Deutschland weiter als je von der Einigung in einem Nationalstaat entfernt.
Als den Italienern die Einigung gelungen war, stiegen auch die Erwartungen der Deutschen wieder. In Turn-, Schützen- und Gesangvereinen pflegten sie das Bewußtsein der nationalen Zusammengehörigkeit, trotzdem sie die Farben der Einheit, schwarz-rot-gold, nicht zeigen durften. Im Jahre 1859 wurde der Deutsche Nationalverein gegründet. Er setzte sich für die Einigung Deutschlands unter Preußens Führung ein.

1859

In diesem Staate war 1861 *Wilhelm I.* König geworden. Er berief liberale Minister und erweckte neue Hoffnungen auf mehr Freiheit, während der österreichische Kaiser ganz selbstherrlich wie vor der Revolution regierte. Doch gleich nach Beginn der Regierung Wilhelms I. brach ein heftiger Streit zwischen dem König und den Abgeordneten seines Landtages aus.

Der Konflikt zwischen König und Landtag in Preußen

Der preußische König wollte sein Heer vergrößern. Seit den Befreiungskriegen war nämlich die Zahl der Einwohner seines Landes von 11 auf 18 Millionen gestiegen, aber immer noch wurde dieselbe Rekrutenzahl zum Militärdienst eingezogen. So hätten im Falle einer Mobilmachung viele ältere Jahrgänge noch einberufen werden müssen, während jüngere nicht erfaßt worden wären. Daher sollten künftig statt 40 000 jährlich 63 000 junge Leute Soldat werden. Damit waren auch die Abgeordneten des preußischen Landtages einverstanden.
Außerdem wünschte König Wilhelm, daß künftig alle Soldaten nicht wie bisher zwei, sondern drei Jahre dienen sollten. Nach dem Plane seines Kriegsministers *von Roon* sollten sie in dieser Zeit von adligen Offizieren gedrillt und ganz zu Soldaten des Königs erzogen werden.
Roon war den Liberalen als Vertreter des adligen Kastengeistes bekannt. Er hatte die revolutionäre Bewegung von 1848 als „Treiben bezahlter und betrunkener Handwerksburschen", die Paulskirche als „politische Menagerie*" bezeichnet. Die Liberalen im Landtag waren daher gegen die dreijährige Dienstzeit. Ein solches königstreues Heer konnte die Macht des Monarchen steigern und hätte wie 1848 auch gegen das Volk eingesetzt werden können. Die Abgeordneten wünschten daher ein Volksheer und das Mitspracherecht des

4/97

Parlaments auch in militärischen Fragen. Sie verlangten die Beibehaltung der zweijährigen Dienstzeit.

Der König wollte sich jedoch in militärische Angelegenheiten nicht dreinreden lassen, er fühlte sich trotz der Verfassung als „König von Gottes Gnaden", entließ seine liberalen Minister und ordnete Neuwahlen zum Landtag an.

Die Wahlen aber brachten eine noch größere Mehrheit für die Gegner der dreijährigen Dienstzeit und vor allem für den linken Flügel der Liberalen, die Fortschrittspartei. So lehnte der neue Landtag in den Beratungen über den Staatshaushalt (Etat) die Bewilligung der Kosten für die Heeresvermehrung ab. Die Regierung war ratlos. Der König hatte inzwischen schon neue Regimenter aufstellen und neue Kasernen bauen lassen. Einige Minister rieten ihm nachzugeben. Über die Entwicklung tief enttäuscht, sah der König keinen Ausweg mehr und wollte abdanken. Da riet ihm sein Kriegsminister, er solle den Herrn *von Bismarck-Schönhausen* zum Ministerpräsidenten berufen, dieser würde eine Lösung des Konfliktes finden.

Bismarck wird preußischer Ministerpräsident

Der König folgte dem Rat seines Kriegsministers nicht gern. Bei früheren Gelegenheiten hatte er es abgelehnt, Bismarck zum Minister zu ernennen und von dem als Draufgänger bekannten Junker gesagt: „Das fehlt jetzt gerade noch, daß ein Mann das Ministerium übernimmt, der alles auf den Kopf stellen wird."

Das altmärkische Geschlecht der Bismarcks lebte schon seit Jahrhunderten auf dem Rittergut Schönhausen an der Elbe. Dort wurde *Otto von Bismarck* 1815 geboren. Er studierte Rechtswissenschaft, liebte es aber nicht, sich als Beamter im Staatsdienst unterzuordnen. Er meinte: „Die Wirksamkeit des einzelnen Beamten ist bei uns wenig selbständig, auch die des höchsten ... ich aber will Musik machen, wie ich sie für gut erkenne oder gar keine." So schied er aus dem Staatsdienst aus und verwaltete seine Güter als tüchtiger Landwirt.

Während der Revolution 1848 hatte sich der Junker Bismarck als erbitterter Feind der Freiheitskämpfer gezeigt. Er trat für die Vorrechte der Adelsklasse ein und wollte seine bewaffneten Bauern zum Schutze des Königs nach Berlin führen.

Dieser ernannte ihn 1851 zum Gesandten Preußens beim Bundestag in Frankfurt. Hier stellte Bismarck mit Erbitterung fest, das Österreich Preußen nicht als gleichberechtigte Macht in Deutschland neben sich gelten lassen wollte. Bismarck aber nutzte jede Gelegenheit, um zu zeigen, daß sein Land nicht hinter dem Kaiserstaat zurückstehen werde. Einmal berichtete er nach Berlin: „Ich glaube nicht, daß die Österreicher zu einem ehrlichen Bunde mit uns gelangen. In Deutschland ist nicht für beide Mächte Platz." Dem König war diese Haltung unangenehm. Er schickte Bismarck als preußischen Gesandten 1859 nach Petersburg und 1862 nach Paris. Hier in Paris erhielt Bismarck das Telegramm des Kriegsministers Roon: „Gefahr im Verzug! Beeilen Sie sich!" Sofort reiste Bismarck nach Berlin. Niedergeschlagen und erregt empfing ihn sein König mit den Worten:

Qu „Ich will nicht regieren, wenn ich es nicht vermag, wie ich es vor Gott, meinem Gewissen und meinen Untertanen verantworten kann. Das kann ich aber nicht, wenn ich nach dem Willen der heutigen Mehrheit des Landtags regieren soll, und ich finde keine Minister mehr, die bereit wären, meine Regierung zu führen, ohne sich und mich der parlamentarischen Mehrheit zu unterwefen. Ich habe mich deshalb entschlossen, die Regierung niederzulegen ..."

Otto von Bismarck (Zeitgenössische Fotografie).

Dabei zeigte er auf die vor ihm liegende Abdankungsurkunde.

Bismarck erklärte sich sofort bereit, als Minister des Königs für die Heeresreform einzutreten. „Auch gegen die Mehrheit des Landtags und deren Beschlüsse?" fragte der König. Bismarcks Antwort:

„In dieser Lage werde ich, selbst wenn Ew. Majestät mir Dinge befehlen sollten, die ich nicht für richtig hielte, Ihnen zwar diese meine Meinung offen entwickeln, aber wenn Sie auf der Ihrigen schließlich beharren, lieber mit dem König untergehen, als Ew. Majestät im Kampfe mit der Parlamentsherrschaft im Stiche lassen." Qu

Daraufhin zerriß der König sein Abdankungsschreiben und ernannte Bismarck zum preußischen Ministerpräsidenten.

Bismarck mißachtet die preußische Verfassung und regiert ohne den Landtag

Die Ratgeber des Königs sowie der Kronprinz und die Königin bestürmten den Monarchen, sich von diesem „verabscheuten" Menschen (Bismarck) loszusagen, sonst werde der König noch auf dem Blutgerüst enden wie Karl I. von England oder Ludwig XVI. von Frankreich. Eine Wiener Prophezeiung lautete: „In Berlin wird Bismarck ‚schön hausen'.!" Erst recht mißtrauten ihm die Abgeordneten des preußischen Landtages. Hatte er doch zur Entrüstung aller freiheit- und friedensliebenden Preußen kurz nach seiner Ernennung in einer Rede erklärt:

„Preußen muß seine ganze Kraft zusammenfassen und zusammenhalten auf den günstigen Augenblick, der schon einige Male verpaßt ist. Preußens Grenzen nach den Wiener Verträgen sind einem gesunden Staatsleben nicht günstig. Nicht durch Reden und Mehrheitsbeschlüsse werden die großen Fragen der Zeit entschieden — das ist der große Fehler von 1848—1849 gewesen — sondern durch Eisen und Blut." Qu

Alle waren empört und befürchteten von diesem Ministerpräsidenten eine abenteuerliche Gewaltpolitik.

Daher verweigerte das Abgeordnetenhaus die Bewilligung der Ausgaben für die Heeresreform jetzt erst recht. Bismarck rief den Abgeordneten zu:

„Meine Herren! Sie bilden sich ein, in England zu sein, und ich sei der Minister des Parlaments, aber Sie sind in Preußen, und ich bin der Minister des Königs." Qu

Er vertagte den Landtag. Drei Jahre lang erhob er Steuern, ohne die Abgeordneten zu fragen. Er unterdrückte jeden Widerspruch, verhängte harte Strafen, entließ widerstrebende Beamte und verbot freiheitsliebende Zeitungen. „Das ist Verfassungsbruch!" riefen die erbitterten Gegner. Bismarck wurde in weiten Kreisen Preußens zum bestgehaßten Mann.

Im Krieg gegen Dänemark versorgt zum erstenmal das „Rote Kreuz" verwundete Soldaten. Die Verwundeten werden zum Verbandsplatz transportiert. Die freiwilligen Helfer tragen die weiße Armbinde mit dem roten Kreuz.

Er kümmerte sich nicht darum. Ein allgemeiner Volksaufstand brach nicht aus, die Masse der Kleinbürger und Arbeiter war wegen des Dreiklassenwahlrechts* ohne jeden Einfluß in der Volksvertretung. Der Ministerpräsident wandte sich neuen außenpolitischen Problemen zu. Er hoffte, durch Erfolge auf diesem Gebiet die unhaltbare Lage im Inneren zu beenden.

Bismarck verdrängt Österreich aus dem Deutschen Bund

Die schleswig-holsteinische Frage führt zum Streit zwischen Preußen und Österreich

Schon die ersten außenpolitischen Schritte Bismarcks enttäuschten alle national und freiheitlich denkenden Deutschen. Im Jahre 1863 erhoben sich die Polen gegen die russische Gewaltherrschaft. Die liberale Bewegung in den europäischen Staaten stellte sich auf die Seite der Unterdrückten. Doch Bismarck sagte zur allgemeinen Entrüstung dem Zaren Unterstützung bei der Niederschlagung des Aufstandes zu. Er befürchtete, daß die polnische Erhebung auch auf die preußischen Gebiete übergreifen könnte, in denen Polen wohnten. Durch seine Haltung gewann er die Freundschaft des Zaren.
Eine weitere Unruhe entstand durch die Ereignisse um *Schleswig-Holstein*. Hier bestanden schon seit dem Revolutionsjahr 1848 Gegensätze, weil Dänemark versuchte, diese Herzogtümer sich einzugliedern. Daraufhin hatten sich die Dänen im *Londoner Protokoll** gegenüber Frankreich, Österreich, Rußland, Preußen und England verpflichten müssen, die beiden Herzogtümer ungeteilt zu lassen und nicht in ihren Staat einzuverleiben. Trotzdem erklärte 1864 die dänische Regierung, ihre neue Verfassung gelte auch für Schleswig. Darüber empörte sich die deutsche Öffentlichkeit und forderte vom Deutschen Bund, er sollte ein neues Herzogtum Schleswig-Holstein errichten. Bismarck erstrebte jedoch, die „up ewig Ungedeelten" dem preußischen Staat einzugliedern. Er glaubte, durch die Herrschaft über ganz Norddeutschland könne Preußen leichter alle deutschen Staaten einigen. Der preußische König und seine Minister waren gegen einen solchen Eroberungsplan.
Offiziell verlangte Bismarck von den Dänen nur die Einhaltung des Londoner Protokolls.

So mußte auch Österreich mit ihm gehen, und die übrigen europäischen Großmächte hatten keinen Grund, sich einzumischen. Wie Bismarck vorausgesehen hatte, gaben die Dänen nicht nach. Preußen und Österreicher marschierten 1864 ein und zwangen Dänemark, Schleswig-Holstein abzutreten. Im *Vertrag von Gastein* wurde festgelegt, daß Österreich das Gebiet Holstein, Preußen das Gebiet Schleswig verwalten sollte.

1864

Im Bruderkrieg drängt Preußen Österreich aus Deutschland hinaus

Trotz der Teilung der Verwaltung hörten die Streitigkeiten zwischen Österreich und Preußen nicht auf. Bismarck beschwerte sich darüber, daß Österreich in Holstein antipreußische Agitation* dulde. Wien wies jede preußische Einmischung zurück. Bei den Auseinandersetzungen im Bundestag wurde deutlich, daß es um die Führung in Deutschland ging. Beide Staaten bereiteten sich auf die Möglichkeit einer bewaffneten Auseinandersetzung vor und begannen zu rüsten. Bismarck hoffte auf freundschaftliche Haltung des Zaren, mit Italien schloß er einen Kriegsbund. Napoleon III. von Frankreich verhandelte mit beiden deutschen Staaten. Er hoffte, Schiedsrichter spielen und Landgewinn im Westen Deutschlands machen zu können.

Um den Streit wegen Schleswig-Holstein zu beenden, stellte Österreich den Antrag, der Deutsche Bundestag solle die Frage regeln. Dies erklärte Preußen als Bruch des Gasteiner Vertrages und ließ Truppen in Holstein einmarschieren. Bismarck stellte jetzt überraschend im Deutschen Bundestag den Antrag, ein deutsches Parlament auf Grund allgemeiner, gleicher Wahlen einzuberufen. Damit wollte er die Öffentlichkeit für seine Politik gewinnen. Die deutschen Mittelstaaten und die Liberalen trauten Bismarck nicht und glaubten, einen solchen Vorschlag nicht ernst nehmen zu können. Ein Berliner Witzblatt kündete an, es werde sein Erscheinen einstellen, denn niemand könne einen besseren Witz machen als der Herr von Bismarck.

Die Wiener Regierung beschuldigte Preußen, mit seinem Vorschlag den Frieden gebrochen zu haben und schlug vor, man solle das Bundesheer mobil machen. Mit 9 : 6 Stimmen traten die Abgeordneten dafür ein. Preußen erklärte daraufhin den Deutschen Bund für aufgelöst. Damit war der Bruderkrieg zwischen den beiden deutschen Staaten nicht mehr aufzuhalten.

Die süddeutschen und die größeren norddeutschen Staaten stellten sich auf die Seite Österreichs. Durch den Kriegsplan des preußischen Generals *Moltke* wurden sie nach kurzer Zeit ausgeschaltet. Die österreichische Armee wurde in der Entscheidungsschlacht bei *Königgrätz* (1866) geschlagen. Schon nach vier Wochen erklärten der preußische König und seine Generäle: „Wir wollen als Sieger in Wien einziehen. Österreich muß bestraft werden und Land abtreten." Bismarck aber dachte an die Zukunft und vertrat die Ansicht:

1866

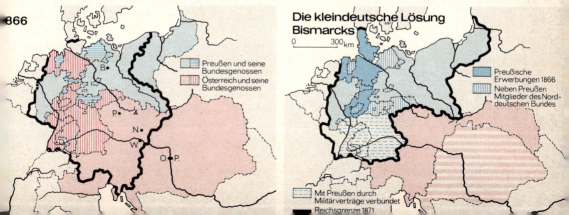

Nach dem Sieg bei Königgrätz verhandelt Bismarck auf Schloß Nikolsburg in Mähren mit den Österreichern über den Frieden. Rechts neben Bismarck sitzt König Wilhelm von Preußen, links der Generalstabschef Moltke. Die österreichischen Unterhändler tragen weiße Uniformen.

Qu „Wir dürfen Österreich nicht durch Landverlust verbittern und demütigen. Es muß aus dem Deutschen Bund austreten, soll aber einen milden Frieden erhalten, damit es in Zukunft unser Freund werden kann. Wir müssen schnell Frieden schließen. Außerdem wütet in unserem Heer die Pest."

Nach schwerem Ringen erst beugte sich der preußische König dem politischen Weitblick seines Ministerpräsidenten.

Der *Friede von Prag* bestimmte: Österreich scheidet ohne Gebietsverluste aus dem Deutschen Bund aus. Es ist damit einverstanden, daß ein Norddeutscher Bund unter Preußens Führung errichtet wird. Die norddeutschen Staaten Hannover, Kurhessen, Nassau, Schleswig-Holstein und die Reichsstadt Frankfurt werden mit Preußen vereinigt. Die übrigen deutschen Mittelstaaten bleiben in ihrem alten Umfang erhalten.

Die Einigung Norddeutschlands unter Preußens Führung im Norddeutschen Bund

Zweiundzwanzig deutsche Staaten nördlich des Mains schlossen sich zum *Norddeutschen Bund* zusammen. An seiner Spitze stand der preußische König als erblicher Bundespräsident und Bismarck als Bundeskanzler. Der König von Preußen war oberster Befehlshaber des Bundesheeres und hatte die Leitung der Außenpolitik. Die Vertreter der einzelnen Länderfürsten bildeten den Bundesrat. Nach allgemeinem, gleichem und direktem Wahlrecht wurde ein Reichstag gewählt. Bundestag und Reichstag bestimmten zusammen über den Staatshaushalt und die Gesetzgebung. Die Bundesfarben waren schwarz-weiß-rot.

Mit diesem Anfang eines deutschen Einheitsstaates beschränkte sich Bismarck auf Deutschland nördlich des Mains; er nahm dabei Rücksicht auf das noch lebendige Unabhängigkeitsgefühl der süddeutschen Staaten. Vor allem aber wußte er, daß Frankreich einem Anschluß Süddeutschlands nie zugestimmt hätte. Napoleon war zudem tief enttäuscht, weil Bismarck abgelehnt hatte, pfälzisches oder rheinhessisches Gebiet an Frankreich abzutreten. Diese Wünsche des französischen Kaisers hatte Bismarck insgeheim den süddeutschen Fürsten mitgeteilt. Daraufhin schlossen Bayern, Baden und Württemberg Schutz- und Trutzbündnisse mit Preußen zur gegenseitigen Hilfe bei einem französischen Angriff. Auch durch den Zollverein wurden Nord und Süd enger zusammengeschlossen. Durch diesen Erfolg in der deutschen Einigung fand sich im preußischen Landtag nun eine Mehrheit von Abgeordneten, die nachträglich die Ausgaben für die Heeresreform bewilligten. So wurde der

Konflikt zwischen Regierung und Landtag in Preußen beendet. Die nationalliberale Partei unterstützte die Politik Bismarcks. Wie sich die Einstellung gegenüber Bismarck in ganz kurzer Zeit gewandelt hatte, zeigen zwei Briefe eines liberalen Rechtsgelehrten:

„Gießen, *1. Mai 1866* ... Mit einer solchen Schamlosigkeit, einer solchen grauenhaften Frivolität ist vielleicht nie ein Krieg angezettelt worden wie der, den Bismarck gegenwärtig gegen Österreich zu erheben sucht. Das innerste Gefühl empört sich über einen solchen Frevel an allen Grundsätzen des Rechts und der Moral ... Man fragt sich staunend: ist es denn wahr, daß Lügen, welche die ganze Welt als solche anerkennt, von oben herab als Tatsache verkündet werden können? Österreich soll gegen Preußen rüsten? Jedes Kind weiß hier das Gegenteil ... welche grauenhafte Zukunft steht uns bevor ... Deutsche gegen Deutsche bewaffnet, ein Bürgerkrieg ... ohne allen Schein des Rechtes, ohne Anteil des Volkes, rein von einigen Diplomaten ins Leben gerufen ...!"

„Gießen, *19. August 1866.* Welches Stück Geschichte liegt zwischen meinem letzten Briefe und dem gegenwärtigen ... Wie habe ich seit Jahren die Italiener beneidet, daß ihnen gelungen, was uns das Geschick noch auf eine ferne Zukunft hinaus zu versagen schien, wie habe ich den deutschen Cavour und Garibaldi ... herbeigewünscht. Und über Nacht ist er uns erstanden in dem vielgeschmähten Bismarck. Soll man nicht glauben zu träumen, wenn das Unmögliche möglich wird ? ... Ich beuge mich vor dem Genie eines Bismarck ... Wie wunderbar hat der Mann alle Fäden des großartigen Gewebes gesponnen, wie fest und sicher, daß keiner derselben riß, wie genau hat er alle Hebel und Mittel gekannt und benutzt — seinen König, Napoleon, sein Heer, die Verwaltung, Österreich und seine Kräfte — kurz ein Meisterstück der Berechnung! ... was uns Uneingeweihten als freventlicher Übermut erschien, es hat sich hinterher herausgestellt als unerläßliches Mittel zum Ziel ... Ich gebe für einen solchen Mann der Tat ... hundert Männer der liberalen Gesinnung, der machtlosen Ehrlichkeit."

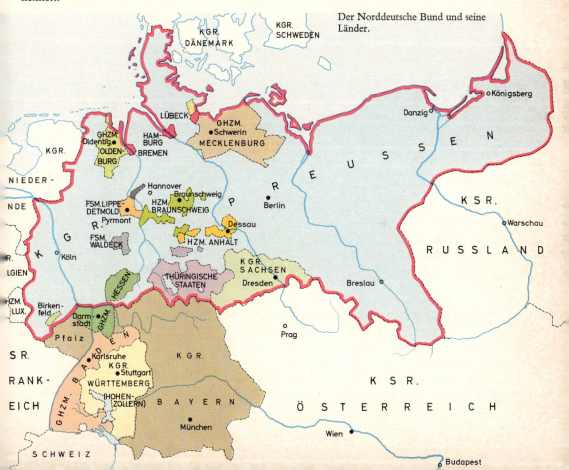

Der Norddeutsche Bund und seine Länder.

Im Krieg gegen Frankreich gründet Bismarck das Deutsche Kaiserreich

Die Spannung zwischen Preußen und Frankreich nimmt zu

Nach dem Krieg gegen Österreich war Preußens Macht in Europa bedeutend gestiegen. Napoleon III. wollte jedoch die Vormachtstellung Frankreichs und seine Schiedsrichterrolle erhalten. Er hatte gehofft, linksrheinische deutsche Gebiete, dann aber auch belgische oder luxemburgische zu gewinnen. Immer hatte Bismarcks Politik dies zu verhindern verstanden. So fühlte sich der Franzosenkaiser hintergangen. Seine Mißerfolge schadeten seinem Ansehen bei den Franzosen. Sie empfanden es als Schmach, daß ihr Kaiser die preußischen Erfolge nicht verhindert hatte, sahen in der österreichischen Niederlage eine eigene und riefen: „Rache für Sadowa!" (Sadowa ist ein Dorf bei Königgrätz.) In Frankreich wuchs eine Opposition gegen den Kaiser, welche die Einführung einer Republik wünschte. So glaubte Napoleon auf keinen Fall eine weitere Stärkung Preußens oder die Einigung Deutschlands über die Mainlinie* hinaus zugestehen zu können.

Da das besiegte Österreich dasselbe politische Ziel hatte, versuchte Napoleon, die Österreicher und dann auch die Italiener als Verbündete gegen eine weitere Machtausdehnung Preußens zu gewinnen.

Auch in manchen Kreisen der süddeutschen Staaten hatte sich eine Abneigung gegen jeden engeren Anschluß an Preußen herausgebildet. Damals urteilte Bismarck über die Aussichten eines nationalen Zusammenschlusses der Deutschen:

Qu „Es ist eine Gnade, wenn seine Vollendung noch in diesem Jahrhundert stattfindet ... Wir können die Uhren vorstellen, die Zeit geht aber deshalb nicht rascher. Die Fähigkeit zu warten, während die Verhältnisse sich entwickeln, ist eine Vorbedingung praktischer Politik."

Doch trieben die Ereignisse schneller als erwartet zu einer neuen Entscheidung.

Der Deutsch-Französische Krieg bricht aus

Als die Spanier 1869 ihre leichtfertige Königin vertrieben hatten, boten sie ihre Königskrone einem Hohenzollernprinzen aus Sigmaringen an. Bismarck förderte die Kandidatur, wollte sie aber als streng geheime Familiensache des Hohenzollernhauses behandelt sehen. Doch kam die Angelegenheit frühzeitig an die Öffentlichkeit. Die französische Erregung darüber war ungeheuer. Napoleons Minister drohte: „Niemals wird Frankreich dulden, daß eine fremde Macht einen ihrer Prinzen auf den Thron Karls V. setzt und dadurch Frankreichs Ehre und Interesse gefährdet!" Der König von Preußen riet dem Hohenzollernprinzen, die Krone nicht anzunehmen. Dieser verzichtete.

Das war ein Mißerfolg für die Diplomatie Bismarcks. Die französische Presse triumphierte: „Preußen duckt sich!". Bismarck befürchtete, dadurch könne das preußische Ansehen bei den süddeutschen Fürsten leiden; er dachte an seine Abdankung. Doch die Regierung in Paris gab sich mit dem erreichten Verzicht des Prinzen nicht zufrieden. Sie schickte ihren Botschafter *Benedetti* nach Bad Ems, wo König Wilhelm zur Kur weilte. Der Botschafter sprach den König auf einem Spaziergange an und verlangte, er solle für alle Zeiten verbieten, daß ein Hohenzoller den spanischen Königsthron annehme. Beleidigt wies der König diese ungeheure Zumutung zurück. In einem Schreiben, der sogenannten *Emser Depesche*, berichtete er die Vorgänge an seinen Ministerpräsidenten nach Berlin. Darin hieß es:

„... Seine Majestät haben beschlossen, den Grafen Benedetti nicht mehr zu empfangen, sondern ihm durch seinen Adjutanten sagen zu lassen, daß S. M. die Bestätigung der Nachricht erhalten, die Benedetti aus Paris schon gehabt, und dem Botschafter nichts weiter zu sagen habe." **Qu**

Bismarck war zunächst niedergeschlagen über diese Entwicklung der Angelegenheit, doch dann kürzte er das Telegramm, so daß der Schluß lautete:

„S. M. der König hat es daraufhin abgelehnt, den französischen Botschafter nochmals zu empfangen, und demselben durch den Adjutanten vom Dienst sagen lassen, daß S. M. dem Botschafter nichts weiter mitzuteilen habe." **Qu**

In dieser Form trat die Zurückweisung der Forderung Frankreichs besonders schroff hervor und konnte den Eindruck erwecken, als ob Benedetti recht ungnädig verabschiedet worden sei. So wurde die Depesche der Weltöffentlichkeit mitgeteilt. Frankreich empfand sie als eine nationale Kränkung, für die man damals besonders empfindlich war. Die erregten Volksmassen in Paris riefen: „Krieg! Krieg! Auf nach Berlin! Der Rhein ist für Frankreichs Sicherheit unentbehrlich!" Unter dem Eindruck dieser Stimmung erklärte Napoleon am 19. 7. 1870 den Krieg an den Norddeutschen Bund. Später sagte er darüber: „Diesen Krieg habe ich nicht gewollt; ich bin von der öffentlichen Meinung dazu gezwungen worden" und „Ich erkenne an, daß wir die Angreifer sind." **1870**

Der Krieg gegen Kaiserreich und Republik Frankreich

Die Forderungen und das Vorgehen Frankreichs wurden in ganz Deutschland und in Teilen Europas mit Entrüstung aufgenommen. Dazu ließ Bismarck in der englischen Zeitung „Times" die Absichten Napoleons auf Belgien veröffentlichen. So war England verstimmt gegen Frankreich, Rußland blieb preußenfreundlich. Österreich und Italien verhielten sich abwartend. Die süddeutschen Staaten schlossen sich Preußen an, Napoleon blieb ohne Verbündete.

Unter Moltkes Oberbefehl überschritten die deutschen Heere Frankreichs Grenze und schlossen ein großes französisches Heer in *Metz* ein. Napoleon eilte mit starken Kräften herbei, wurde aber samt 100 000 Franzosen in *Sedan* eingeschlossen und gefangengenommen. Daraufhin setzten die Franzosen den Kaiser ab und riefen die Republik aus. Die neuen Führer Frankreichs erklärten: „Wir werden keinen Fußbreit unseres Bodens hergeben." Der Krieg ging weiter, aber auch die republikanischen Heere wurden geschlagen. Paris wurde eingeschlossen. Die tapfer verteidigte Stadt erlag Ende Januar 1871 dem Hunger.

In Frankfurt a. M. wurde der Friede geschlossen. Aus Gründen militärischer Sicherheit verlangte Deutschland die Abtretung *Elsaß-Lothringens* mit den Festungen *Straßburg* und *Metz*. Frankreich mußte fünf Milliarden Franken Kriegsentschädigung bezahlen. Schon nach drei Jahren war diese Schuld beglichen; die deutsche Besatzung verließ das Land. Der Verlust von Elsaß-Lothringen aber war für die Franzosen Symbol einer nationalen Niederlage, der Ruf nach Rache wollte nicht verstummen.

König Wilhelm I. von Preußen wird im Spiegelsaal des Schlosses von Versailles zum deutschen Kaiser ausgerufen (Gemälde von A. v. Werner). Links von Wilhelm I. der Kronprinz, rechts Großherzog Friedrich von Baden. Bismarck wurde vom Maler in weißer Kürassieruniform dargestellt, während er in Wirklichkeit bei der Kaiserproklamation einen blauen Waffenrock trug. Rechts neben Bismarck Feldmarschall Moltke.

In Versailles wird das kleindeutsche Reich gegründet

Nach dem deutschen Sieg war ein französischer Widerstand gegen den Anschluß der süddeutschen Staaten an den Norddeutschen Bund nicht mehr zu befürchten. Durch den gemeinsamen Kampf aller Deutschen war der Wille zum Zusammenschluß erstarkt. Dies wollte Bismarck ausnützen und begann nach der Schlacht bei Sedan, mit den Südstaaten zu verhandeln. Doch tauchten große Schwierigkeiten auf. Vor allem die Könige von Bayern und Württemberg versuchten, möglichst wenig von ihrer Regierungsgewalt an eine deutsche Zentralregierung abzutreten. Sie stellten zeitweise sogar Gebietsforderungen.
Mit viel Geduld und diplomatischem Geschick verhandelte er getrennt mit den Vertretern der einzelnen Fürsten. Bayern und Württemberg wurden eine eigene Post- und Eisenbahnverwaltung sowie andere Sonderrechte zugestanden. Nur ungern willigte der bayerische König Ludwig ein. Erst als Bismarck ihm eine großzügige Hilfe bei der Bezahlung seiner enormen Schulden versprochen hatte, schrieb Ludwig einen von Bismarck entworfenen Brief an den König von Preußen. Darin bat er diesen, und zwar im Namen der deutschen Fürsten, das Deutsche Reich und die Kaiserwürde wiederherzustellen.
Der preußische König war nur bereit, die Krone aus den Händen der deutschen Fürsten anzunehmen. Erst nach ihrer Einwilligung durfte auch eine Abordnung des norddeutschen Reichstages den König bitten, die ihm angetragene Kaiserkrone anzunehmen.
So wurde am 18. Januar 1871 im Spiegelsaal des Versailler Schlosses das *Deutsche Kaiserreich*

ausgerufen. Bei der Feier waren die deutschen Fürsten, ihre Vertreter und die hohen militärischen Führer anwesend.
Der von Bismarck nach langem Mühen geschaffene Bund der deutschen Fürsten schien den alten Wunsch der Deutschen nach Einheit erfüllt zu haben. Der damalige Geschichtsschreiber Heinrich von Sybel urteilte: „Was zwanzig Jahre der Inhalt alles Wünschens und Strebens gewesen, das ist nun in so unendlich herrlicher Weise erfüllt." Bei der Ausrufung des Kaiserreiches waren aber keine Vertreter des deutschen Volkes anwesend gewesen. Ob der alte Traum der Deutschen von der Mitwirkung des Volkes in einer freiheitlichen Staatsordnung in Erfüllung gehen würde, das mußte erst die neue Verfassung und ihre Auswirkung in der Zukunft zeigen.

Die neue Reichsverfassung begründet einen Bundesstaat

Die neue Reichsverfassung bestimmte:

„S. M. der König von Preußen im Namen des Norddeutschen Bundes, S. M. der König von Bayern, S. M. der König von Württemberg ... schließen einen ewigen Bund zum Schutze des Bundesgebietes und des innerhalb desselben gültigen Rechtes, sowie zur Pflege der Wohlfahrt des deutschen Volkes. Dieser Bund wird den Namen Deutsches Reich führen ..." **Qu**

Im Bunde zusammengeschlossen waren vier Königreiche, sechs Großherzogtümer, vier Herzogtümer, acht Fürstentümer, drei freie Städte und das Reichsland Elsaß-Lothringen mit zusammen 540 000 qkm und 41 Millionen Einwohnern. Jeder der 25 Einzelstaaten hatte eine eigene Regierung und ein eigenes Parlament, das Landesgesetze z. B. über Steuern, Polizei und Schulen beschließen konnte.
Anstelle des Bundespräsidiums im Norddeutschen Bund stand jetzt der Kaiser, dessen Stellung erblich war, an der Spitze des Reiches. Er war im Krieg oberster Feldherr des Heeres und schloß Verträge mit fremden Staaten. Er allein ernannte oder entließ den höchsten Reichsbeamten, den Reichskanzler. Dieser war zugleich preußischer Ministerpräsident und Vorsitzender des Bundesrates, der aus Vertretern der 25 Einzelstaaten bestand. Zusammen übten sie die Hoheitsrechte aus.
Das deutsche Volk wählte nach allgemeinem, gleichem, direktem Wahlrecht einen Reichstag. Er hatte zusammen mit dem Bundesrat das Recht der Gesetzgebung und der Festsetzung der Reichsausgaben. Der Reichstag konnte aber bei der Ernennung oder Entlassung des Reichskanzlers oder der Staatssekretäre nicht mitsprechen. Da zeigte sich, daß das neue Reich ein Obrigkeitsstaat war, ein von Bismarck und den deutschen Fürsten geschlossener Bund und nicht ein von der Volksvertretung geschaffenes Deutsches Reich, wie es die Männer der Paulskirche im Jahre 1849 angestrebt hatten.

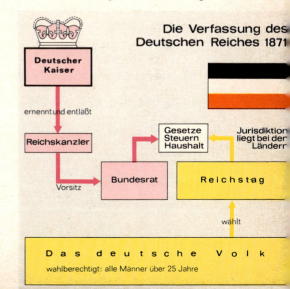

Fragen — Vorschläge — Anregungen

1. Nenne Hindernisse, die dem Zusammenschluß aller Deutschen in einem Reiche im Wege standen!
2. Welche Ursachen für den Konflikt zwischen König und Landtag in Preußen kannst du nennen?
3. Warum berief der preußische König den Herrn von Bismarck nur ungern zu seinem Ministerpräsidenten?
4. Aus welchen Worten Bismarcks, Roons und König Wilhelms in der Konfliktszeit kannst du Aufschluß über ihre Auffassung vom Regieren erhalten?
5. Was würde heute geschehen, wenn in einem deutschen Parlament die Mehrzahl der Abgeordneten gegen eine Gesetzesvorlage der Regierung stimmt?
6. Warum trat Bismarck für einen maßvollen Frieden mit Österreich ein?
7. Was bedeutete der Friede von Prag für Preußen? Was für Österreich (Karte S. 101)? Denke auch an den deutschen Dualismus!
8. Vergleiche die Beurteilung Bismarcks in den beiden Briefen Seite 103. Worin liegt der Grund für die Änderung?
9. Was hältst du für die wichtigsten Ursachen des Krieges zwischen Frankreich und Deutschland? Beachte auch die Stellung Napoleons in seinem eigenen Land!
10. Warum kämpften die süddeutschen Staaten an der Seite Preußens gegen Frankreich?
11. Welche Haltung nahmen die größeren europäischen Mächte ein?
12. Welche politische Veränderung fand während des Krieges in Frankreich statt?
13. Welche Friedensbedingung wirkte sich folgenreich für das deutsch-französische Verhältnis aus?
14. Beantworte die folgenden Fragen jeweils für die Verfassung von 1849 und von 1871:
    a) Wer bestimmte den Kaiser als Reichsoberhaupt?
    b) Durch welche Einrichtung war das Volk an der Regierung beteiligt?
    c) Wer vertrat die Fürsten der Einzelstaaten?
    d) Welche Rechte hatte der Kaiser, welche der Reichstag?
15. Nach welchen Zugeständnissen stimmten widerstrebende deutsche Fürsten der Einigung zu?
16. Wo lebten Deutsche in geschlossenen Gebieten außerhalb des Bismarckreiches?
17. Vergleiche die Befugnisse unsres Bundestages mit denjenigen des Reichstages im Bismarckreich! Woran kann man den Obrigkeitsstaat erkennen?
18. Was sagen folgende Daten über die Entwicklung eines deutschen Reiches: 925, 962, 1648, 1806, 1815, 1848, 1867, 1871, 1945?
19. Mache dir noch einmal die Bedeutung folgender Begriffe klar: Parlamentsherrschaft, Diktatur, liberal, nationalliberal, Junker, Staatenbund, Bundesstaat, Norddeutscher Bund, Kandidatur, Zentralregierung!

Damals und heute

Der Zusammenschluß der Deutschen in einem Nationalstaat wurde durch die Rivalität zwischen Preußen und Österreich und durch die Interessen der Einzelfürsten und ausländischen Mächte gehemmt. Im Kriege gegen Österreich 1866 zwang der preußische Ministerpräsident Bismarck die Kaisermacht Österreich zum Ausscheiden aus dem Deutschen Bund. Er schloß die Staaten nördlich des Maines im Norddeutschen Bund zusammen. Die Niederlage Frankreichs im Deutsch-Französischen Krieg 1870/71 ermöglichte es Bismarck, alle deutschen Fürsten in einem neuen Bund zusammenzufassen, dem deutschen Kaiserreich. Über dessen Regierung bestimmte der Kaiser und König von Preußen sowie die Fürsten der Einzelstaaten. Der Reichstag als Vertretung des Volkes konnte an der Gesetzgebung und Steuerbewilligung mitwirken.

Die von Bismarck geschaffene Reichseinheit überdauerte den Ersten Weltkrieg. Der Zusammenbruch des Hitlerregimes nach dem Zweiten Weltkrieg führte zur heutigen Zweiteilung in die Bundesrepublik Deutschland und die DDR.

Das Deutsche Reich unter der Kanzlerschaft Bismarcks

Die Reichseinheit wird im Innern gefestigt

Währung, Maße und Gewichte werden vereinheitlicht

Der Zollverein von 1834 hatte die deutschen Staaten außer Österreich wirtschaftlich zusammengeschlossen. 1871 war die politische Einigung in einem Reich Wirklichkeit geworden. Manche inneren Einrichtungen der Einzelstaaten waren aber noch geblieben und so verschieden, daß an ihren Grenzen das Ausland zu beginnen schien. Wenn z. B. ein Kaufmann von Stuttgart nach Hamburg reiste, verließ er die württembergische Hauptstadt mit Gulden und Kreuzern (1 fl. = 60 Kreuzer). In Braunschweig wechselte er sein Geld in Taler und Groschen (1 Taler = 30 Silbergroschen), in Hamburg in Mark und Schillinge um. In den einzelnen Bundesstaaten galten verschiedene Münzen. Es gab 108 unterschiedliche Banknoten und 42 Sorten staatlichen Papiergeldes. Diese Zustände behinderten Handel und Verkehr wie die verschiedenen Währungen in den heutigen europäischen Staaten.
Das neue Reich beseitigte diese Hindernisse. Vom Jahre 1872 an gab es in ganz Deutschland nur noch eine einheitliche, auf Gold beruhende Währung mit Mark und Pfennig. Um die Fürsten nicht zu verstimmen, prägte man die neuen Münzen auf der einen Seite mit dem Reichsadler, auf der andern mit dem Bildnis des Landesherrn.
Noch größere Unterschiede gab es bei den Maßen und Gewichten. Der Schreiner mußte das Brett mit dem „Fuß" messen (etwa 28 cm), der Händler den Stoff mit der „Elle" (etwa 60 cm). Der Wirt schenkte den Wein mit dem „Maß" (etwa 1,7 l) und mit dem „Schoppen" (0,5 l) aus. Der Bauer maß das Getreide mit dem „Scheffel" (etwa 175 l). Diese Maße hatten in den Bundesstaaten auch noch verschiedene Namen und waren ungleich groß. Künftig galt im Deutschen Reich das Meter als Längenmaß, das Liter als Hohlmaß und das Kilogramm als Gewichtsmaß.

Die Reichspost sorgt für einheitliche Postgebühren

Jeder deutsche Staat hatte vor 1871 eigene Postbestimmungen mit unzähligen Posttarifen. Generalpostmeister *Stephan*, der als Postschreiber die Mißstände aus eigener Anschauung kennengelernt hatte, bemühte sich um eine einheitliche Post mit gleichen Gebühren. Einheitliche Briefmarken wurden eingeführt; nur Bayern, Württemberg und Baden durften noch eigene herausgeben. Stephan führte auch die Postkarte ein und ließ in Berlin die erste öffentliche Fernsprechstelle einrichten. Er gab 1874 den Anstoß zur Gründung des *Weltpostvereins*. Seitdem kann man Post zu einheitlichen Gebühren und erschwinglichen Preisen auch in andere Länder schicken. Bismarck hätte gerne auch die Staatseisenbahnen zu einer Reichseisenbahn zusammengefaßt, wie es schon Friedrich List gefordert hatte. Der Plan scheiterte am Widerstand der Landesfürsten. Er konnte erst 1919 verwirklicht werden.

Gleiches Recht gilt im ganzen Reich

Vor 1871 urteilte der Richter in Hessen nach einem anderen Gesetzbuch als der preußische oder der württembergische. Ein Übeltäter konnte daher in einem deutschen Staate ins

Gefängnis gesteckt werden, während er in einem anderen für dasselbe Vergehen vielleicht mit einer Geldstrafe davonkam. Seit 1872 galt im ganzen Reich das *Reichsstrafgesetzbuch*. Nach langen Vorarbeiten wurde dann 1900 das *Bürgerliche Gesetzbuch* (*BGB*) abgeschlossen. Es bestimmt über Rechtsfragen des Handels, der Vereine, der Miete, des Besitzes usw.

Bismarck im Streit mit dem Zentrum und der katholischen Kirche

Bis 1806 hatte das katholische Haus der Habsburger die deutsche Kaiserkrone getragen; jetzt herrschte das protestantische Geschlecht der preußischen Hohenzollern. Unter hundert Deutschen im neuen Reich waren 63 Protestanten. Das neue Reich hatte der evangelische Reichskanzler Bismarck nur mit Hilfe der Nationalliberalen Partei gründen können. Mit dieser Partei stand aber die katholische Kirche auf Kriegsfuß. Die Liberalen wollten nämlich den Einfluß der Kirche auf den Staat abschaffen. Nach ihrer Überzeugung hatte allein der Staat die Aufgabe, das Zusammenleben der Menschen zu ordnen. Darin sah aber die katholische Kirche eine große Gefahr. Um die Kirche zu festigen, erklärte der Papst 1870 auf einem Konzil: „Alles, was der Papst als Haupt der katholischen Kirche in Sachen des Glaubens und der Sitte spricht, ist unfehlbar."

1870

Bald darauf schlossen sich katholische Abgeordnete zu einer Partei zusammen, um die Interessen der Katholiken in dem neuen Reich zu wahren. Weil die Abgeordneten dieser Partei ihren Platz in der Mitte des Sitzungssaales hatten, gaben sie sich den Namen *Zentrum*.

Schon bei der Eröffnung des ersten deutschen Reichstages am 21. 3. 1871 kam es zu einer Verstimmung über die neue Partei. Bismarck erklärte der Welt feierlich, daß das neue Deutsche Reich nach dem gewonnenen Krieg nichts sehnlicher wünsche als Frieden. Das Zentrum verlangte, Deutschland solle für die Wiederherstellung des päpstlichen Kirchenstaates eintreten. Dies betrachtete der Reichskanzler als eine Einmischung in die Angelegenheit der Italiener, die zu internationalen Schwierigkeiten führen könnte, und lehnte die Forderung des Zentrums ab.

Ein Teil der deutschen Katholiken erkannte den Anspruch des Papstes, unfehlbar zu sein, nicht an. Weil sie bei der bisherigen alten Lehre der Kirche blieben, nannten sie sich Altkatholiken und schlossen sich zusammen. Die katholische Kirche lehnte diese Widerstrebenden als Kirchendiener und Lehrer ab. Das Zentrum verlangte vom Staat, er möge solche Leute als Staatsdiener ihres Amtes entheben. Dies wurde zurückgewiesen, denn diese Beamten hatten ja nichts gegen den Staat getan. Als die Kirche solchen Lehrern jedoch die geistliche Lehrerlaubnis entzog und sie aus der Kirche ausschloß, stellte der Staat sich hinter diese Lehrer. Die Auseinandersetzungen wurden immer schärfer und führten zu einem Streit, den man *Kulturkampf* nannte. In seinem Verlauf erließ der Reichstag eine Reihe von neuen Gesetzen. Ihre wichtigsten Bestimmungen waren:

Qu Geistliche dürfen die Predigt auf der Kanzel nicht zu Angriffen gegen den Staat mißbrauchen.
Die Schulaufsicht wird durch staatliche Beamte ausgeübt, nicht mehr wie bisher durch Geistliche.
Ehen werden auf dem Standesamt geschlossen (Zivilehe); die kirchliche Trauung darf erst nach der standesamtlichen erfolgen. Geburten und Sterbefälle werden in das Standesamtsregister eingetragen. (Bisher wurden die Ehen nur von der Kirche geschlossen und ins Kirchenbuch eingetragen.)
Der Jesuitenorden und alle geistlichen Orden, welche nicht der Krankenpflege dienen, werden in Deutschland verboten.
Die Ausbildung und Anstellung der Priester erfolgt unter staatlicher Aufsicht.

Diese Maßnahmen wurden als ungerechte Eingriffe in kirchliche Angelegenheiten angesehen. Das katholische Volk stellte sich hinter seine Geistlichen; viele Katholiken, vor allem die Priester, widersetzten sich den Gesetzen. Immer mehr Geistliche kamen ins Gefängnis und immer mehr Gemeinden hatten keine Pfarrer. All dies löste Verbitterung und Haß aus. Ein katholischer Böttchergeselle versuchte ein Attentat auf Bismarck. Schließlich erklärte der Papst die ganze neue Kirchengesetzgebung des Staates für ungültig.

Den Kampf mit der katholischen Kirche hat Bismarck nicht gewollt. Im Gegensatz zu den Liberalen sah er in Religion und Kirche die Hauptträger des monarchischen Staates, der gegen die Sozialisten geschützt werden müsse. So war er froh, daß nach dem Tode des Papstes dessen Nachfolger die Hand zur Versöhnung bot. Als in einem Streit zwischen Deutschland und Spanien um die Karolinen-Inseln Bismarck dem Papst das Schiedsrichteramt antrug, fühlte sich der Papst so sehr geehrt, daß er Bismarck als höchste Auszeichnung des Vatikans den Christus-Orden verlieh.

Bismarck sah ein, daß er in Glaubens- und Gewissensfragen durch Polizei und Strafen nichts erreichen konnte. So schloß er mit dem Papst einen Kompromiß: Die Kirche erklärte sich bereit, Stellenbesetzungen nicht ohne oder gegen den Staat vorzunehmen, dafür setzte der Reichskanzler einen Teil der staatlichen Kirchengesetze wieder außer Kraft (1880). Die Einrichtung der Standesämter, die Zivilehe, das Jesuitengesetz und die staatliche Schulaufsicht blieben jedoch erhalten.

Die Arbeiterfrage führt im neuen Reich zu sozialen Spannungen

Der Unternehmer wird zum Herrn über Arbeiter und Maschinen

Im neuen Reich nahm die Wirtschaft einen mächtigen Aufschwung. Viele Unternehmer vergrößerten ihre Fabriken oder bauten neue Werke. Auch Handwerksmeister kauften moderne Maschinen für ihre Betriebe, stellten neue Arbeiter ein und legten den Grund zu späteren Großbetrieben. Der Geldzufluß durch die französische Kriegsentschädigung regte zu vielen Neugründungen an. Man hat diese Zeit daher auch die *Gründerjahre* genannt. Geldgier und Spekulation führten dabei aber auch zu gewagten Unternehmen, die oft wieder Bankrott machten.

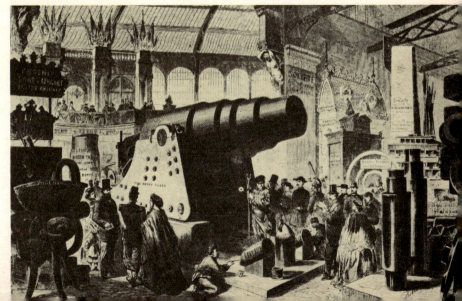

Krupps Riesenkanone auf der Pariser Weltausstellung 1867 (Zeitgenössischer Stich). Die Kruppschen Gußstahlgeschütze trugen im Krieg von 1870/71 wesentlich zum Sieg des preußisch-deutschen Heeres bei.

Der rasche Anbruch des Industriezeitalters wird an der Entwicklung der Firma Krupp in Essen deutlich. *Friedrich Krupp* hatte 1811 in seiner Schmiede mit 2 Arbeitern begonnen. 1850 beschäftigte die Firma 700, 1872 etwa 16 000 Arbeiter. Um die Jahrhundertwende war sie zum größten deutschen Stahlwerk mit 43 000 Arbeitern geworden. Es stellte vor allem Eisenbahnschienen, Stahlträger, Panzerplatten, Kanonen und andere Waffen her. Ein anderes Großwerk gründete *August Borsig* in Berlin. Aus seiner kleinen Schlosserei wurde schließlich eine Lokomotivenfabrik, die jährlich 600 Lokomotiven herstellte. Später schloß Borsig seinem Unternehmen Hüttenwerke und Kohlengruben an.

Der Bau von so geräumigen Fabriken mit teuren Maschinen erforderte hohe Geldsummen. Nur Großunternehmer konnten sie aufbringen. Häufig gaben viele einzelne Unternehmer (Geldgeber = Aktionäre) das Geld, indem sie Anteile (Aktien) erwarben. Dafür erhielten sie Anteil am Gewinn (Dividende). So entstanden viele Fabrikanlagen als *Aktiengesellschaften* (AG). In neuen Großbanken sammelten sich die Sparbeträge von vielen Tausenden und konnten als Kredit an die Industrie weitergegeben werden.

Riesige Kapitalien häuften sich in den Händen weniger Gesellschaften oder Großunternehmer, die über Tausende von Menschen und Maschinen in ihren Betrieben verfügen und große Gewinne erzielen konnten. Nur einzelne Fabrikanten kümmerten sich jedoch um das Wohl der Arbeiter. Krupp in Essen baute damals schon Wohnungen für seine Betriebsangehörigen und sorgte für kranke, invalide oder ausgediente Arbeiter. Die meisten Fabrikanten aber dachten nur an ihre Unternehmungen und ihr persönliches Risiko. Sie wollten möglichst hohe Gewinne erzielen, um weiteres Geld in neue Anlagen und Maschinen anlegen zu können (investieren). Daher wurden die Arbeiterlöhne möglichst niedrig gehalten. Wenn der Fabrikherr es für nötig hielt, konnte er Arbeiter entlassen und seinen Betrieb schließen. In dem hastigen wirtschaftlichen Aufschwung der Gründerzeit brachen auch viele Unternehmen zusammen. Die Leidtragenden waren dabei vor allem die Arbeiter, die dem Elend preisgegeben waren.

Not und Elend machen die Arbeiter unzufrieden

Als immer mehr Fabriken in den Industriestädten entstanden, verließen Tausende von Handwerkern und Bauern ihre Arbeitsstätten in den Agrargebieten, um in der Industrie ihr Glück zu versuchen. Besonders Berlin und das Ruhrgebiet zogen sie an. Im Jahre 1871 betrug die Zahl der Lohnarbeiter in Deutschland 600 000, 1895 schon 6 500 000. Die Städte konnten die Massen kaum aufnehmen. Man baute schlechte Mietswohnungen. Die Arbeiter mußten in Hinterhöfen, in Kellerräumen oder sogenannten Mietskasernen wohnen. Noch um 1900 lebten in Deutschland drei Viertel der Lohnarbeiter mit ihren Familien

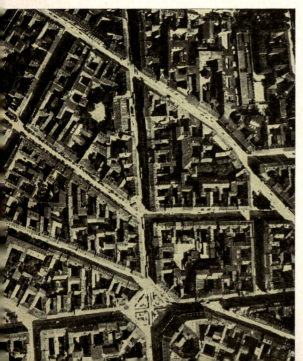

Luftaufnahme eines Berliner Arbeiterviertels mit Mietskasernen und enger Hinterhofbebauung.

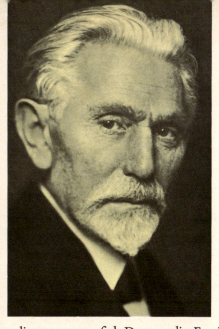

August Bebel

in nur einem einzigen Wohnraum. In Berlin hausten 91 000 Menschen in Kellerwohnungen. In 30 000 Wohnungen lebten mehr als 6 Personen in einem Raum oder mehr als 11 in zwei Zimmern. (Siehe auch S. 78 und 86 in diesem Band.)
Auch für solche Unterkünfte war die Miete für den Arbeiter oft nicht erschwinglich. In der Mitte der achtziger Jahre war für ungelernte Arbeiter ein Taglohn von 18 Groschen üblich, ein Pfund Mehl kostete damals 1,5 Groschen. Da es genügend Arbeiter gab, konnte der Fabrikherr die Löhne so niedrig halten.
Am größten wurde die Not, wenn durch Krankheit, Unfall oder Arbeitslosigkeit der karge Verdienst ganz ausfiel. Da war die Familie des Arbeiters auf Almosen angewiesen oder dem Hunger preisgegeben. Es war kein Wunder, wenn sich diese Menschen verlassen und heimatlos fühlten, wenn sie über die Arbeitgeber und den Staat, der solche Zustände duldete, erbittert waren und klagten: „Die Herren haben alles, wir haben nichts, wir sind Lohnsklaven." Wie konnte man dem Arbeiter helfen? Wie konnte man diesen neuen vierten Stand in die Gesellschaft eingliedern? Im neuen Deutschen Reich verlangte nun diese *soziale Frage* dringend nach einer Lösung.

Die Sozialdemokratische Partei Deutschlands erstrebt die marxistische Lösung

Einer der Arbeiterführer in der Zeit Bismarcks war *August Bebel*. Nach einer harten Jugend erlernte er das Drechslerhandwerk. Von morgens fünf bis abends sieben Uhr dauerte für ihn die Arbeitszeit. Nach der Lehrzeit ging er als Geselle auf die Wanderschaft. Dabei lernte er die weitverbreitete Not der Arbeiter kennen. Durch die Schriften von Karl Marx und Friedrich Engels wurde er zum Sozialisten. Auf vielen Versammlungen rief Bebel den Arbeitern zu: Schließt euch zusammen, untereinander und mit den Arbeitern anderer Länder, zum Kampf gegen die Ausbeutung durch die Kapitalisten! In der Masse seid ihr stark und könnt euch selbst helfen. Der jetzige Staat, die Kirche und das Bürgertum helfen euch nicht. Sie verachten euch und wollen euch unterdrücken! Auch der Arbeiter hat ein Recht auf ein menschenwürdiges Leben. Er kann seine Ziele erreichen, wenn das Proletariat (Klasse der Besitzlosen) die Macht an sich reißt, die Reichen enteignet und den sozialistischen Zukunftsstaat schafft. In diesem Staat werden dann alle in gleicher Weise teilhaben an den Gütern dieses Lebens.
Das waren die marxistischen Gedanken des internationalen Proletariats und des Klassenkampfes. Bebel tat sich mit anderen Arbeiterführern zusammen. Er erreichte, daß sich viele Arbeitervereine in der Sozialdemokratischen Partei Deutschlands (SPD) zusammenschlossen (1869). Die Partei erhielt 1871 im Reichstag mit 102 000 Stimmen einen Sitz. Schon 1877 wuchs sie auf 500 000 Stimmen mit 12 Abgeordneten an.

Die Sozialdemokratie wird bekämpft

Mit großer Besorgnis blickte Bismarck auf das Anwachsen der sozialistischen Bewegung. Er sah zwar die Notlage der Arbeiterklasse, aber er mißtraute den Bestrebungen der Sozialdemokratischen Partei. Diese wollte sich mit den Arbeitern anderer Länder zusammenschließen und erstrebte einen Umsturz der bestehenden Staatsordnung. Daher sah Bismarck in ihr einen Todfeind seines eben mit so viel Mühe gegründeten deutschen Nationalstaates. Er vermutete Zusammenhänge eines Mordanschlags auf den Kaiser mit russischen Anarchistenkreisen.* Als dann ein zweites Attentat auf den alten Kaiser verübt wurde, sah Bismarck in der „sozialistischen Verhetzung" die Ursache. Er nützte die allgemeine Empörung aus und setzte im Reichstag ein Sondergesetz „gegen die gemeingefährlichen Bestrebungen der Sozialdemokratie" durch (1878), obwohl dieser Partei

1878 keine Beteiligung an dem Attentat nachgewiesen werden konnte.

Durch dieses *Sozialistengesetz* wurden die SPD und alle sozialistischen Vereinigungen verboten. Die Polizei zog ihr Vermögen ein und beschlagnahmte ihre Schriften. Abgeordnete durften aber weiterhin in den Reichstag gewählt werden. August Bebel und viele Führer der Sozialisten wurden zeitweise ins Gefängnis geworfen, etwa 900 ausgewiesen. Trotzdem gelang es nicht, die SPD zu vernichten. Ihre Führer trafen sich im Ausland. Von dort wurden Zeitungen und Flugblätter nach Deutschland geschmuggelt und gingen von Hand zu Hand. Die Verfolgungen und Leiden schlossen die Partei nur enger zusammen; der Haß der Arbeiter gegen den Staat wuchs. Als 1890 die Ausnahmegesetze aufgehoben wurden, bekannten sich fast 1,5 Millionen Wähler zur SPD, 1898 mehr als zwei Millionen.

Der Staat soll dem Arbeiter helfen

Bismarck wollte die SPD ausschalten. Nach seiner Meinung sollte der Staat durch eine soziale Gesetzgebung dem Arbeiter helfen und ihn für sich gewinnen. Vor dem Reichstag forderte der Kanzler: „Geben Sie dem Arbeiter, solange er gesund ist, Arbeit, wenn er krank ist, Pflege, wenn er alt ist, Versorgung." Gegen Widerstand vieler liberaler Abgeordneter setzte er drei wichtige Gesetze durch, die in ihren Grundlagen noch heute gelten: 1883: Das *Krankenversicherungsgesetz* rief die Ortskrankenkassen ins Leben. Für einen erkrankten Arbeiter zahlte die Kasse die Arzt- und Arzneikosten sowie ein Krankengeld.

1883 Die Beiträge zur Krankenversicherung zahlte zu zwei Dritteln der Arbeitnehmer.
bis 1884: Das *Unfallversicherungsgesetz* sorgte dafür, daß bei Unfällen im Betrieb die Kosten der
1885 Behandlung, ein Tagegeld, und — wenn dauernde Schäden blieben — eine Unfall- oder Hinterbliebenenrente bezahlt wurden. Die Beiträge mußte der Unternehmer zahlen.

1885: Das *Invaliden- und Altersversicherungsgesetz* bestimmte, daß der Arbeiter eine Rente erhielt, wenn er alt oder dauernd erwerbsunfähig war. Die Beiträge wurden je zur Hälfte vom Arbeitgeber und vom Arbeitnehmer aufgebracht. Das Reich leistete einen Zuschuß.

Diese soziale Gesetzgebung hat für den Arbeiter in Zeiten der Not sehr segensreich gewirkt und ist bis heute immer wieder verbessert worden. Sie wurde zum Vorbild für die Gesetzgebung in vielen anderen Ländern. Doch wurde das Ziel Bismarcks, den Arbeiter für den neuen deutschen Staat zu gewinnen, nicht erreicht. Die Sozialdemokratie sah in den Fürsorgemaßnahmen nur ein Almosen für den Arbeiter. Dieser wollte aber als gleichberechtigter Staatsbürger anerkannt werden. Im Ausland konnten nämlich Sozialisten auch Bürgermeister und Minister werden; im damaligen Preußen aber war es unmöglich, daß auch nur eine Nachtwächterstelle mit einem Sozialdemokraten besetzt wurde. Hinzu kam, daß die Ausnahmegesetze, die vor allem eine andere politische Überzeugung bestraften, die Kluft zwischen Staat, besitzenden Schichten und dem vierten Stand vertieften.

Selbsthilfe durch Gewerkschaften und Genossenschaften

Die Sozialdemokratische Partei führte den Kampf für den vierten Stand weiter. Sie forderte das Verbot der Kinderarbeit, den Achtstundentag, allgemeines, gleiches, geheimes Wahlrecht in allen Einzelstaaten und Versammlungsfreiheit. Zugleich unterstützte sie den Zusammenschluß von Arbeitern eines Werkes oder des gleichen Berufes in Berufsvereinen. Daraus gingen, nach englischen Vorbildern geschaffen, die *Gewerkschaften* hervor. Sie führten künftig an Stelle einzelner Arbeiter den Kampf mit den Unternehmern um bessere Lebens- und Arbeitsbedingungen. Erfüllten die Unternehmer die Forderungen nicht, so konnte die Gewerkschaft zum Streik aufrufen. Jeder Streikende wurde, wenn er in Notlage kam, von der Gewerkschaft unterstützt.

Unter sozialdemokratischer Mitwirkung schlossen sich die einzelnen Gewerkschaften zur Organisation der *Freien Gewerkschaften* zusammen. 1913 hatten sie 2,5 Millionen Mitglieder. Daneben entstanden die *Christlichen Gewerkschaften* und andere Zusammenschlüsse.

Die Gewerkschaften rieten den Verbrauchern, gemeinsam einzukaufen und ohne Gewinn zu verkaufen. So entstanden die *Konsumvereine*. Kleinere Handwerker schlossen sich zu *Kreditgenossenschaften* zusammen. Die Mitglieder konnten nun Geld zu günstigem Zinsfuß für den Einkauf von Maschinen und Waren erhalten. Kleinlandwirte kauften gemeinsam Saatgut, Düngemittel und sonstige bäuerliche Anschaffungen ein. Aus solchen Zusammenschlüssen entwickelten sich die *Raiffeisengenossenschaften*, Darlehnskassenvereine, die Bezugs- und Absatzgenossenschaften und die Molkereigenossenschaften.

Bismarck und die Parteien im deutschen Reichstag

Während und nach dem Streit mit dem Zentrum und den Sozialdemokraten geriet Bismarck mit seiner Innenpolitik auch in Gegensatz zur Nationalliberalen Partei. Der Reichskanzler trat nach 1878 für die Einführung eines gemäßigten Schutzzolles ein. Die Liberalen aber waren für völlige wirtschaftliche Freiheit und Freihandel. Ihre Partei verlangte auch, daß der Reichstag stärkeren Einfluß auf die Regierungsgeschäfte bekommen und der Reichskanzler dem Parlament verantwortlich sein sollte. Das lehnte Bismarck ab. Er wollte die Entscheidungen allein fällen und fühlte sich nur dem Kaiser gegenüber verantwortlich. Den Reichstag nannte er einmal eine „Schwatzbude". Seine Meinung von den Parteien:

„Ich habe bestimmte positive, praktische Ziele, nach denen ich strebe, zu denen mir mitunter die Linke, mitunter die Rechte geholfen hat ... Ich gehe mit dem, der mit den Staats- und Landesinteressen nach meiner Überzeugung geht; die Fraktion, der er angehört, ist mir vollständig gleichgültig ..." **Qu**

So war im Reich und in den Einzelstaaten der Fürstenwille und nicht der Volkswille maßgeblich. Deutschland blieb ein Obrigkeitsstaat. Der Adel und die Großgrundbesitzer stellten die Offiziere und höchsten Beamten. Dadurch behielten sie vorherrschenden Einfluß und blieben im Bismarckreich durch eine Kluft von der Masse des Volkes getrennt.

Bismarck sichert das Deutsche Reich nach außen

Das deutsche Kaiserreich und die großen Mächte in Europa

Nach der Einigung der Deutschen in einem nationalen Staat war an die Stelle des machtlosen Deutschen Bundes ein starkes Kaiserreich getreten. Es baute die schlagkräftigste Armee in Europa auf. Die übrigen großen europäischen Staaten blickten besorgt auf diesen neuen Machtblock in ihrer Mitte. Bismarck erkannte die daraus entspringenden Gefahren. Er sagte einmal:

Qu „Wir haben drei Angriffsfronten und müssen in diesen Zeiten so stark sein, wie wir nur können ... Gott hat uns in eine Situation gesetzt, in welcher wir durch unsere Nachbarn daran gehindert werden, irgendwie in Trägheit oder Versumpfung zu geraten ... Die Hechte im europäischen Karpfenteich hindern uns, Karpfen zu werden."

Ein weiteres Ziel Bismarcks war, das Mißtrauen der übrigen Mächte durch seine Außenpolitik zu beseitigen. Daher erklärte er, daß nach der Einigung das Deutsche Reich „gesättigt" sei.

Qu „Unser Interesse ist, den Frieden zu erhalten, während unsere kontinentalen Nachbarn ohne Ausnahme Wünsche haben, geheime oder amtlich bekannte, die nur durch Krieg zu erfüllen sind. Dementsprechend müssen wir unsere Politik einrichten, das heißt, den Krieg nach Möglichkeit hindern oder einschränken."

Am gefährlichsten schien ihm das deutsch-französische Verhältnis zu sein. Er glaubte, daß trotz seiner Bemühungen die Franzosen ihre militärische Niederlage und den Verlust von Elsaß-Lothringen nicht verschmerzen und Rache fordern könnten. Als Ziel seiner Politik gegenüber Frankreich gab er dem deutschen Botschafter in Paris 1872 an:

Qu „Unser Bedürfnis ist, von Frankreich in Ruhe gelassen zu werden und zu verhüten, daß Frankreich, wenn es uns den Frieden nicht halten will, Bundesgenossen finde. Solange es solche nicht hat, ist uns Frankreich nicht gefährlich ..."

Dieses Ziel wollte Bismarck mit seiner Bündnispolitik erreichen.

Die Politik der Sicherung durch Bündnisse

Das *Dreikaiserabkommen* wurde 1872 zwischen den Kaisern von Rußland, Österreich und Deutschland abgeschlossen. Ziel war, „den in Europa herrschenden Frieden zu sichern und die Möglichkeit eines Krieges zu entfernen ..." **1872**

Das Verhältnis zwischen Österreich und Rußland wurde aber bald getrübt. Als ein russisches Heer in türkisches Gebiet auf dem Balkan vorstieß, fühlte sich Österreich bedroht; die Engländer schickten eine Kriegsflotte zur Hilfe der Türken nach Konstantinopel. Ein großer europäischer Krieg drohte auszubrechen.

Bismarck bemühte sich um die Erhaltung des Friedens und lud die beteiligten Großmächte zu einem Kongreß nach Berlin ein (1878). Auf diesem Berliner Kongreß übernahm er die schwierige Aufgabe, zwischen Rußland, Österreich, England und der Türkei zu vermitteln, als „ehrlicher Makler"*, der für Deutschland keinen Gewinn erstrebte. Die Türkei behielt noch Besitz in Europa, doch Serbien, Bulgarien, Rumänien und Montenegro wurden selbständige Staaten. England erhielt Cypern, Rußland Bessarabien und armenische Gebiete, Österreich das Besatzungs- und Verwaltungsrecht in Bosnien und der Herzegowina. Der Zar schob Bismarck die Schuld daran zu, daß er nicht seinen ganzen Gewinn hatte behalten können. So war das Dreikaiserabkommen zerbrochen. **1878**

Der *Zweibund* mit Österreich sollte Deutschland stärken, falls eine Annäherung Frankreichs an Rußland eintreten könnte. Dem deutschen Kaiser lag die Freundschaft mit seinem Neffen auf dem Zarenthron sehr am Herzen. Bismarck drohte mit seinem Rücktritt, um das Bündnis mit Österreich durchzusetzen. Der Vertrag bestimmte: Österreich und Deutschland unterstützen sich bei einem russischen Angriff auf eine der beiden Mächte, beim Angriff einer anderen Macht bleibt der nichtangegriffene der beiden Bündnispartner neutral (1879). **1879/ 1882**

Der Zweibund wurde durch den Beitritt Italiens zum *Dreibund* (1882). Italien war gegen Frankreich verstimmt, weil es in Nordafrika Tunis zur französischen Kolonie gemacht hatte. Dort hatten sich viele italienische Siedler niedergelassen. Im Bündnisvertrag sicherten sich die drei Mächte zu: Greift Frankreich Italien oder Deutschland an, so wollen alle drei Verbündeten dem Angreifer entgegentreten.

Der *Rückversicherungsvertrag* (1887) sollte nach Bismarcks Meinung das gute Verhältnis zwischen Deutschland und Rußland wiederherstellen. In dem geheimen Abkommen vereinbarten die beiden Partner: Greift Frankreich Deutschland an, so bleibt Rußland neutral. Greift Österreich Rußland an, so wahrt Deutschland Neutralität. **1887**

Bismarck hoffte, daß durch diese Bündnisse das Deutsche Reich gegen Angriffe von außen gesichert sei und der Frieden in Europa aufrechterhalten werde.

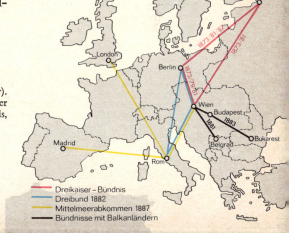

Links: Der Berliner Kongreß 1878 (Gemälde von A. v. Werner). Bismarck in der Mitte der vorderen Gruppe. Ganz links der Vertreter Österreich-Ungarns, sitzend der Vertreter Rußlands, vor diesem stehend der englische Ministerpräsident Disraeli.

Rechts: Das Bismarcksche Bündnissystem.

Fragen — Vorschläge — Anregungen

1. Durch welche Maßnahmen wurde die Reichseinheit im Innern gefördert?
2. Welche Vorteile brachten einheitliche Münzen, Maße und Gewichte für die Deutschen im Bismarckreich (beachte das Dezimalsystem!).
3. In welchem europäischen Land ging man zuletzt an die Einführung des Dezimalsystems?
4. Wie weit ist man in der Europäischen Gemeinschaft mit der Einführung einer einheitlichen Währung gekommen?
5. Gilt heute für die Deutschen eine einheitliche Währung und ein einheitliches Recht?
6. Sind Post und Bahn heute eine Einrichtung der Länder oder der Bundesrepublik?
7. Warum gründeten katholische Abgeordnete im deutschen Kaiserreich eine katholische Partei?
8. Aus welchen Ursachen entwickelte sich der Streit zwischen Bismarck und dem Zentrum?
9. Welche staatlichen Maßnahmen im Kulturkampf griffen einschneidend in kirchliche Belange ein? Warum erreichten sie ihr Ziel nicht?
10. a) Begründet die kirchliche Trauung heute eine bürgerlich rechtsgültige Ehe?
    b) Wer übt die Schulaufsicht in der Bundesrepublik aus?
    c) Kennst du Beispiele für einen Streit zwischen Staatsregierung und Kirche in früherer Zeit?
11. Warum begann das Industriezeitalter in England früher als in Deutschland? (Beachte auch die Gliederung in Kleinstaaten!)
12. Warum verschärften die „Gründerjahre" die Notlage der deutschen Industriearbeiter?
13. Welche Lösung der sozialen Frage erstrebten August Bebel und andere Arbeiterführer?
14. Vergleiche Bebels Auffassung mit der Lehre von Marx! Wer vertritt heute die Forderungen von Marx?
15. Warum sah Bismarck in der Sozialdemokratie eine Gefahr für seinen Staat?
16. Welche Einrichtungen der Sozialgesetzgebung Bismarcks sind heute noch wirksam?
17. An welchen Geschehnissen der Gegenwart ist dir das Wirken der Gewerkschaften sichtbar geworden? Welche Gewerkschaften und Genossenschaften der heutigen Zeit kennst du?
18. Zeige an den Friedensschlüssen Bismarcks bis 1871 und an seinen späteren politischen Zielen auf, daß er Aussöhnung mit dem Gegner und Wahrung des Friedens anstrebte!
19. Warum war es für Österreich gefährlich, wenn sich alle Slawen unter russische Führung stellten?
20. Wozu waren durch die Bündnisverträge um 1887 Rußland, Österreich und Italien verpflichtet, wenn Frankreich einen Angriffskrieg gegen Deutschland begonnen hätte?
21. Nenne Bündnisse, in denen heutige Mächte zusammengeschlossen sind!
22. Erkläre die Bedeutung folgender Begriffe: Währungseinheit, Reichsstrafgesetzbuch, BGB, Konzil, Kirchenstaat, Zentrum, sozialistisch, sozial, international, Schutzzoll, Aktionär, Dividende, investieren, AG, Anarchist, Attentat, Ministerverantwortlichkeit, Obrigkeitsstaat, Gewerkschaft, Genossenschaft.

Damals und heute

Die Reichseinheit wurde gefestigt durch die Vereinheitlichung der Währung, der Maße und der Gewichte, sowie des Post- und Rechtswesens. Im Innern führte die obrigkeitsstaatliche Regierungsweise Bismarcks zu Auseinandersetzungen mit den Parteien, vor allem mit dem Zentrum und der Sozialdemokratie. In letzterer sah der Kanzler eine Gefährdung für seinen Staat und bekämpfte sie durch das Sozialistengesetz. Trotz einer staatlichen Sozialgesetzgebung gelang es ihm nicht, den 4. Stand für seinen Staat zu gewinnen oder das stete Anwachsen der SPD aufzuhalten.

In der Außenpolitik versuchte Bismarck, das Reich durch Bündnisse zu sichern. Das Ziel seines Dreibundes zwischen Deutschland, Österreich und Italien war vor allem Sicherung gegen einen möglichen Angriff Frankreichs.

Heute bemüht sich die Bundesrepublik Deutschland zusammen mit Frankreich und den meisten demokratisch regierten Staaten Europas um wachsende wirtschaftliche und politische Einigung.

Naturwissenschaft, Technik und Industrie verändern die Welt

Umwälzende Neuerungen im Verkehrswesen

Die Dampfmaschine in Fabriken, Eisenbahnen und Schiffen

Im 18. Jahrhundert hatte das Maschinenzeitalter begonnen. Immer mehr Dampfmaschinen wurden in Spinnereien, Webereien, Möbelfabriken, Eisen- und Stahlwerken aufgestellt. Der Bau der *Eisenbahn* bewirkte eine völlige Neugestaltung des Verkehrswesens in der Welt. Die USA verbanden durch eine Eisenbahn den Atlantischen mit dem Stillen Ozean über einen ganzen Kontinent hinweg. Die eine der beauftragten Baugesellschaften begann im Westen, die andere im Osten mit dem Verlegen der Gleise. In den Gebirgen, in Schneestürmen und in der Wüstendürre mußten die Baukolonnen große Schwierigkeiten überwinden. Zeitweise stellten 20 000 Arbeiter täglich etwa 8 Meilen Bahnstrecke fertig. Am 10. Mai 1869 — nach 9 Jahren Bauzeit — trafen im Staate Utah die beiden Schienenstränge aufeinander und wurden unter großem Jubel mit einem goldenen Nagel zusammengefügt. Noch vor Ende des Jahrhunderts kamen drei weitere Transkontinentalbahnen* in den USA und eine in Kanada hinzu.
Die Russen stellten 1906 ihre *Transsibirische Eisenbahn* fertig. Durch Anschluß an das westeuropäische Netz waren Lissabon mit Wladiwostok, der Atlantik und das Japanische Meer über zwei Kontinente hinweg verbunden. So wuchs das Welteisenbahnnetz in km:

1840	1850	1860	1870	1880	1890	1910	1950
8 500	38 600	108 000	209 800	372 500	616 200	1 038 200	1 320 400

Ganz ähnlich verlief die Entwicklung nach dem Einsatz der Dampfmaschine im *Schiffsverkehr*. Die Zahl und die Größe der jetzt meist aus Stahl gebauten Schiffe wuchs. Der Dampfer verdrängte die von Wind und Wetter abhängigen Segler. Im Jahre 1872 betrug die Welthandelstonnage 18,1 Millionen Bruttoregistertonnen*, darunter nur 3,6 Millionen BRT Dampfschiffe. 1910 waren von 27,6 Millionen BRT schon 23,0 Millionen BRT Dampfschiffe. Um 1820 gab es erst 6 Dampfer, 1860 schon 820, um 1900 war ihre Zahl auf 12 889 angewachsen. Um 1850 gründeten auch in Deutschland Kaufleute zwei Schiffahrtsgesellschaften, die *Hamburg-Amerika-Linie* und den *Norddeutschen Lloyd*. Bald wurde ein regelmäßiger Schiffsverkehr über die Ozeane eingerichtet.

Schleppzug und Raddampfer auf der Fahrt durch den Suezkanal 1869 (Farbige Zeichnung von Riou).

1869 Durch den Bau von Kanälen beseitigte man Hindernisse für die Schiffahrt. Nach den Plänen des Österreichers *Negrelli* baute der französische Ingenieur *Lesseps* den *Suezkanal*, der 1869 eröffnet wurde. Der Kanal verbindet das Mittelmeer mit dem Indischen Ozean. Der Kanalweg verkürzte die Fahrt von Hamburg nach Bombay um 24 Tage. Der Weg von London um das Kap der Guten Hoffnung nach Bombay beträgt 20 140 km, der Kanalweg 11 350 km. Das bedeutete eine Wegersparnis von 43,5 %. Die Gebühren für die Durchfahrt betrugen je nach Schiffsgröße zwischen 8 000 und 40 000 Goldfrancs. Die Einnahmen der Suezkanalgesellschaft stiegen:

1870 für   486 durchfahrende Schiffe   9,6 Millionen Goldfrancs
1910 für   4 533 durchfahrende Schiffe   82,4 Millionen Goldfrancs
1950 für 11 157 durchfahrende Schiffe rd. 30 000,0 Millionen Goldfrancs

Im Jahre 1906 machten sich die USA an die Durchstechung der Landenge von Panama zwischen Nord- und Südamerika. Lesseps hatte es vergeblich versucht. Weil der Höhenunterschied zwischen den beiden Meeresspiegeln 26 m beträgt, mußten riesige Schleusenanlagen gebaut werden. In dem feucht-heißen Klima starben an Fieber insgesamt 50 000 Arbeiter. Die Bedeutung des Kanals für die USA mit ihrer Handels- und Kriegsflotte wird klar, wenn man bedenkt, daß der Seeweg von New York nach San Francisco um das Kap Hoorn 13 620, durch den Kanal aber nur 5 290 Seemeilen beträgt. Auch die Fahrt der Schiffe von europäischen Häfen zur Westküste Nord- und Mittelamerikas wird um zwei Drittel verkürzt.

In Europa hatte es schon lange Bestrebungen gegeben, um den Schiffsweg vom Atlantischen Ozean zu den östlichen Ländern Rußland, Finnland und Schweden zu verbessern, vor allem wegen der sturmreichen Seestraße um die dänischen Inseln. Erst 1898 konnte nach achtjähriger Bauzeit der *Nord-Ostsee-Kanal* fertiggestellt werden, damals Kaiser-Wilhelm-Kanal genannt. Er verkürzt die Fahrt von der Nord- zur Ostsee um 400 Seemeilen.

Die Erfindung des Verbrennungsmotors als Grundlage für den modernen Kraftwagenverkehr

Die plumpe und schwere Dampfmaschine war schlecht geeignet, Fahrzeuge auf der Landstraße fortzubewegen. Der Maschineningenieur *Gottlieb Daimler* aus Schorndorf in Württemberg aber wollte gerade zu diesem Zweck einen „Wagen ohne Pferde" bauen. Er arbeitete zunächst als technischer Leiter in der neu gegründeten Gasmotorenfabrik in Köln-Deutz. Hier hatte der Erfinder *Nikolaus Otto* einen Viertakt-Gasmotor, den seither sogenannten „Ottomotor" geschaffen (1876). Doch auch diese Maschine war zum Einbau in Fahrzeuge viel zu schwer, 660 kg Motorgewicht kamen auf 1 PS. Er lief höchstens 180 Umdrehungen in der Minute.

Daimler ging mit seinem Freund Maybach nach Cannstatt. In der kleinen Werkstatt im Garten seines Hauses wollte er einen leichten Benzinmotor konstruieren. Nach langwierigen Versuchen und vielen Schwierigkeiten gelang ihm die Konstruktion eines rasch laufenden Motors mit 800—900 Umdrehungen pro Minute. Auf ein PS kamen nur noch etwa 40 kg Motorgewicht. Diesen Antrieb baute er in ein billiges hölzernes Zweirad ein, das eiserne Reifen auf Holzrädern hatte.

1885 Am 10. Nov. 1885 gelang die erste Probefahrt zwischen Cannstatt und Untertürkheim. Dann baute Daimler seinen Benzinmotor in eine vierrädrige Kutsche ein. Dieses erste

Automobil (Selbstbeweger) erreichte eine Stundengeschwindigkeit von 18 km. Die staunende Bevölkerung traute dem „Teufelswagen" nicht. Daimler mußte zu weiteren Probefahrten den Motor in ein Boot einbauen. Auf dem Wasser könne man ungefährdet abwarten, bis der Fahrer mit seinem „stinkenden Kasten in die Luft fliege". Doch 1894 siegte ein Daimlerwagen beim ersten Autostraßenrennen in Paris mit einer Stundengeschwindigkeit von über 20 km. Da konnte man den Erfolg nicht mehr abstreiten.

Gleichzeitig, aber unabhängig von Daimler, konstruierte *Karl Benz* in seiner „Rheinischen Gasmotorenfabrik Benz & Cie" in Mannheim einen leichten Benzinmotor. Er leistete 1 PS und 300 Touren* in der Minute und wurde in ein Dreiradfahrgestell eingebaut. Sture Amtsvorschriften bereiteten Benz Schwierigkeiten. 6 km Stundengeschwindigkeit in der Stadt, 12 außerhalb sollte er nicht überschreiten. Um die Herren der Behörde von der Ungefährlichkeit und Betriebssicherheit seines Wagens zu überzeugen, lud Benz sie zu einer Fahrt mit seiner „Benzinchaise" ein. Er berichtet darüber:

„Die Herren kamen an und freuten sich zunächst wie Schneekönige über das behagliche langsame Dahinfahren des pferdelosen Wagens. Mit der Zeit kommt ihnen das ... Tempo doch etwas langweilig vor. Und als gar ein Milchfuhrmann mit seinem abgerackerten Gaul Miene macht, den Kraftwagen zu überholen, ruft einer der Ministerialräte dem guten Tum (Name des Fahrer) zu: ‚He, Sie! Können Sie denn nicht schneller fahren?' ‚Können tu ichs schon' sagte der Mann am Steuer, ‚aber ich darf nicht, es ist polizeilich verboten'. ‚Ei was, fahren Sie mal zu, sonst fährt uns ja jede Milchkutsche vor'. Damit wurde der Bann gebrochen ..."

Aus den Benzinkutschen entwickelte sich das Auto unserer Zeit

Zu dieser Entwicklung trug auch der Erfinder *Rudolf Diesel* bei. Er baute 1897 einen Motor, der mit billigerem Rohöl statt mit dem teuren Benzin betrieben wurde. Der Dieselmotor wird heute vorzugsweise in Lastwagen, Lokomotiven und Schiffen verwendet.

Oben: Werbeanzeige für den Benz-Motorwagen 1888 (Zeitgenössischer Stich). Er kostete damals 2750 Mark.
Rechts: Montage von Kraftwagen am Fließband in den Opelwerken Bochum 1962.

Entscheidende Bedeutung für die Verbesserung des Kraftwagens gewann die Erfindung des luftgefüllten Gummireifens durch den schottischen Tierarzt *Dunlop* (1888). Er benützte die mit Luft gefüllten Schläuche zuerst für sein Fahrrad.

Der Mechanikermeister *Robert Bosch* in Stuttgart konstruierte für die Kraftfahrzeugausrüstung den Magnetzündapparat, die Zündkerze, die Scheinwerfer, den Anlasser, das Boschhorn; später die Einspritzpumpe u. a. m.

Aus den kleinen Werkstätten von Daimler und Benz entwickelten sich große Fabriken, die heute in den Daimler-Benz-Werken zusammengeschlossen sind.

In der Fabrikation der Autos beschritt der Amerikaner *Henry Ford* neue Wege. Er wollte ein zuverlässiges Auto so billig herstellen, daß auch der amerikanische Arbeiter es kaufen und Ford selbst einen größeren Absatz erzielen konnte. Darum vereinfachte er die Herstellung und löste sie in viele einzelne kurze Arbeitsvorgänge auf. Das *Fließband* trug dem Arbeiter das Werkstück zu, so daß er sich nicht mehr umdrehen oder bücken mußte und nur noch einige bestimmte Handgriffe zu verrichten hatte. Über seine Neuerung schreibt er:

Qu „Ungefähr am ersten April 1913 machten wir den ersten Versuch mit einer Montagebahn. ... Im Jahre 1914 brachten wir die Bahn acht Zoll höher an. Dadurch wurde die Arbeitszeit von 10 auf 7 Sekunden verkürzt. Weitere Versuche über das Tempo der zu leistenden Arbeit setzten die Verrichtungszeit auf 5 Sekunden herab ... Die früher gleichfalls nur von einem Arbeiter verrichtete Zusammensetzung des Motors zerfällt heute in 48 Einzelverrichtungen — und die betreffenden Arbeiter leisten das Dreifache ..."

So wurde Ford damals zum erfolgreichsten Automobilhersteller der Welt, zum Automobilkönig. Bis zum Jahre 1927 verließen 15 Millionen Fordwagen seine Werke.

Die Anfänge des Luftverkehrs

Seit den ersten Ballonfahrten glaubte man, daß man nur mit Fahrzeugen fliegen könne, die nach dem Grundsatz „leichter als die Luft" gebaut seien. Nach diesem Grundsatz baute der württembergische Offizier *Graf Zeppelin* ein Luftschiff, indem er verschiedene einzelne Gaszellen in einer länglichen Hülle zusammenfaßte. Sein Flugkörper sollte aber nicht wie ein Ballon dem unberechenbaren Wind überlassen, sondern lenkbar sein und einen eigenen Antrieb haben. Daher versah er sein erstes flugtüchtiges 128 m langes Luftschiff mit zwei Daimlermotoren von je 15 PS (1899). Ständige Verbesserungen, besonders nach einigen schweren Unglücksfällen, führten zu beachtlichen Erfolgen der Luftschiffahrt. Im Jahre 1928 gelang dem LZ 125 der Flug über den Ozean vom Bodensee nach den USA in 3 Tagen. Vielbeachtete Flüge zum Nordpol und um den Erdball folgten. Doch hatte sich inzwischen, besonders im ersten Weltkrieg, erwiesen, daß die Luftfahrt mit Fahrzeugen „schwerer als Luft" erfolgversprechender war.

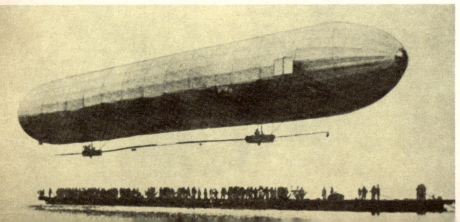

Das erste Luftschiff des Grafen Zeppelin an einem Floß auf dem Bodensee verankert (1900).

In dieser Richtung hatte der Berliner Ingenieur *Otto Lilienthal* als erster Segelflieger viele Versuche angestellt. Seit seiner Jugend träumte er vom Fliegen und beobachtete den Vogelflug. Um ihn nachzuahmen, baute er große Schwingen aus Weidenholz, überspannte sie mit Leinwand und befestigte sie an beweglichen Gelenken in einem Gerüst. Diesen Apparat brachte er auf einen etwa 15 m hohen Hügel, hängte sich unten hinein und nahm einen gewaltigen Anlauf gegen den Wind. Nach vielen Versuchen gelangen ihm Gleitflüge bis zu 400 m. Mehr als tausend solcher Versuche hatte er schon durchgeführt, als ihn eine Sturmbö zu Boden schmetterte. Die letzten Worte des Schwerverletzten waren: „Opfer müssen gebracht werden." (1896).

Angeregt von solchen Vorarbeiten bauten die Gebrüder *Wright* in den USA ein verbessertes Segelflugzeug, einen Doppeldecker mit Leitvorrichtungen an den Tragflächen, um die Balance halten zu können. Für ihren Flugapparat konstruierten sie einen leichten Benzinmotor mit 8 PS. Nach unermüdlichen Proben glückte ihnen ein Flug von 260 m in 59 Sekunden. Das war der Beginn des Motorfluges.

Die Flugmaschinen wurden immer größer, die Motoren stärker. Im Jahre 1909 überflog der Franzose *Louis Blériot* den 43 km breiten Ärmelkanal in 37 Minuten. Den ersten Flug über den Atlantischen Ozean wagte 1927 der Amerikaner *Charles Lindbergh*; er brauchte dafür $33\frac{1}{2}$ Stunden.

Heute spannt sich ein Netz von Fluglinien über den ganzen Erdball. Düsenflugzeuge lösen die Propellerflugzeuge ab und sind zum schnellen und bequemen Verkehrsmittel geworden. Der Raketenantrieb ermöglichte dem Menschen, über den Luftraum hinaus in den Weltraum vorzudringen. Nach vielen kühnen Raumfahrtunternehmungen der Russen und Amerikaner landeten im Juli 1969 zum ersten Male amerikanische Astronauten auf dem Mond.

Oben: Otto Lilienthal bei einem Gleitflugversuch.

Rechts: Wilbur Wright unmittelbar nach einer Landung mit seinem Flugapparat. Höhen- und Seitensteuer wurden damals noch im Liegen bedient, was beträchtliche Körperkräfte erforderte.

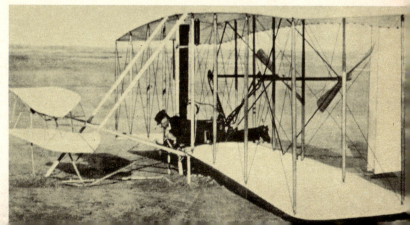

Die Entwicklung von Elektrotechnik und Nachrichtenwesen

Die beiden Forscher *Karl Friedrich Gauß* und *Wilhelm Eduard Weber* in Göttingen beschäftigten sich mit Problemen des Magnetismus. Sie arbeiteten in verschiedenen Gebäuden, wollten sich aber möglichst rasch verständigen. Daher legten sie eine Drahtleitung zwischen ihren Arbeitsplätzen und schickten Stromstöße hindurch. Je nach Dauer ließen diese einen Zeiger verschieden ausschlagen. Die verschiedenartigen Ausschläge bedeuteten für die Gelehrten die Zeichen der Buchstaben und Zahlen. So konnten sie sich durch diesen Nadel- oder Zeigertelegraphen über eine größere Entfernung verständigen (1833).
Der Amerikaner *Samuel Morse* schuf eine bessere Verständigungsmöglichkeit durch die Erfindung des Morsetelegraphen. Er verband die 65 km voneinander entfernten Städte Washington und Baltimore durch die erste Telegraphenleitung (um 1840).
Werner von Siemens vervollkommnete Telegraphenapparate und Läutwerke. Zusammen mit dem Mechaniker *Halske* gründete er die Telegraphenbauanstalt *Siemens und Halske* in Berlin, die sich zu einer Weltfirma entwickelte. Sie baute die ersten deutschen Telegraphenleitungen, verlegte auch Unterseekabel und errang Weltruhm, als sie in zwei Jahren mühevoller Arbeit die Telegraphenlinie London—Emden—Berlin—Warschau—Odessa—Kertsch—Tiflis—Teheran—Kalkutta fertigstellte (1870).
Der Naturkundelehrer *Philipp Reis* in Frankfurt am Main wollte nicht nur Zeichen, sondern die menschliche Stimme direkt durch die Elektrizität übertragen lassen und durch eine Membran wieder hörbar machen. Im Jahre 1861 waren die Vorbereitungen für den ersten Versuch abgeschlossen. Das Gerät bekam den Namen Telephon von griechisch tele = fern und phon = Ton. Es wurde dann durch den amerikanischen Taubstummenlehrer *Graham Bell* verbessert und praktisch verwendbar gemacht (1876). Man konnte nun mit dem Bau von Telephonleitungen beginnen.
Inzwischen hatte der Physiker *Heinrich Hertz* aus Hamburg durch seine Untersuchungen bewiesen, daß sich elektromagnetische Wellen oder Schwingungen durch die Luft fortpflanzen. Auf dieser Entdeckung baute der Italiener *Guglielmo Marconi* seine Versuche auf, Morsezeichen von einem Sender zu einem Empfangsgerät ohne Draht zu übertragen. Seine Versuche hatten Erfolg, 1901 wurden durch diese drahtlose Telegraphie die ersten Morsezeichen von Europa nach Amerika gesendet.
Für die Verbindung der Menschen untereinander waren durch diese Forschungsergebnisse ganz neu Möglichkeiten geschaffen. Früher wurden durch Trommel-, Feuer-, Rauch- und Flaggensignale, durch Boten zu Fuß oder zu Pferd Nachrichten übermittelt, wobei man zur Überwindung verhältnismäßig geringer Entfernungen oft lange brauchte. Jetzt trugen elektrische Wellen Zeichen, Worte und bald auch Bilder in wenigen Minuten oder Sekunden um den ganzen Erdball. Damit waren die wichtigsten Vorarbeiten für Rundfunk und Fernsehen geleistet.
Die neuentdeckten Kräfte der Elektrizität konnten erst richtig nutzbar gemacht werden, nachdem es Werner von Siemens 1867 gelungen war, Starkstrom in großer Menge herzustellen. Dazu hatte er nach vielen Versuchen eine kleine elektromagnetische Maschine, den *Dynamo*, konstruiert, den er von einer Dampfmaschine antreiben ließ. Wenig später erfand er die Umkehrung dazu, nämlich den *Elektromotor*, der vom elektrischen Strom angetrieben wird und seinerseits dann wieder Arbeitsmaschinen in Bewegung setzen kann. Auf der Weltausstellung in Berlin 1879 konnten die Besucher die erste von Siemens gebaute elektrische Kleineisenbahn bewundern. Die Nachfrage nach solchen elektrischen Maschinen

wurde immer größer. Siemens baute Werk auf Werk. Im Nordosten von Berlin entstand Siemensstadt, ein ganzer Ort aus Fabriken und Wohnsiedlungen.

Die Wunder der Elektrizität hatten den Amerikaner *Thomas Alva Edison* schon als Zeitungsjungen bezaubert. Sie ließen ihn nicht mehr los. Er verbesserte den Telephonapparat und machte verschiedene Erfindungen. Beim Anblick einer elektrischen Bogenlampe fesselte ihn der Gedanke, mit Hilfe der Elektrizität die Nacht taghell zu erleuchten. Edison ließ der Presse mitteilen, er werde in zwei Jahren die elektrische Beleuchtung möglich machen, und zwar eine viel bessere als die unbequeme und viel zu teure Bogenlampe:

„Eines Tages werden wir die Dampfkraft zur Herstellung der Elektrizität benützen ... Ein paar elektrische Kraftwerke werden ausreichen, um in einer großen Stadt jedes einzelne Heim und jede Fabrik zu beleuchten. Eine einfache Schraube wird das Licht in unseren Häusern andrehen, und dieses Licht wird weißer, gleichmäßiger und ungefährlicher sein als das aller bis jetzt bekannten Lampen. Es wird weder unangenehme Dünste abgeben noch rauchen, keine Zimmerdecken und Möbel schwärzen und sich als eine der gesündesten Beleuchtungsarten erweisen."

Edison kaufte eine Dynamomaschine und begann mit 40—50 Mitarbeitern seine Versuche. Er brauchte einen Stoff, den man durch elektrischen Strom so stark zum Glühen bringen konnte, daß Licht entstand, ohne daß der Stoff verglühte. Jeder nur greifbare Stoff wurde verkohlt, in eine luftleere Glaskugel gebracht und unter Strom gesetzt. Verkohltes Papier gab zwar gutes Licht, hielt aber nur wenige Sekunden. Man verkohlte Pappe, Kokosnußschalen, Ahornrinde, Kork, Haare usw., jedoch kein Stoff war brauchbar. Bald war ein Jahr vergangen, und die Geldgeber machten Schwierigkeiten.

Eines Nachts saß Edison gedankenverloren an seinem Schreibtisch und drehte an einem Knopf seiner Jacke. Plötzlich hielt er ihn in seiner Hand, und ein Stück Faden hing herunter. Edison sprang auf — Zwirnsfaden hatte man bei den Versuchen noch nicht probiert! Sofort mußten seine Mitarbeiter ein Stück davon verkohlen und in eine luftleer gemachte Glasbirne einsetzen. Als der Strom hindurchfloß, entstand ein angenehmes Glühlicht. Aber wie lange würde es halten? Sie schlossen Wetten über seine Dauer ab. Der aus gewöhnlichem Zwirn hergestellte Faden brannte und leuchtete länger als 40 Stunden.

Nach insgesamt 1 600 Versuchen stellte Edison aus verkohlten Bambusfasern bessere Glühfäden her. Er versah die Glasbirne mit einem Gewinde, erfand dazu auch die Fassung, stellte

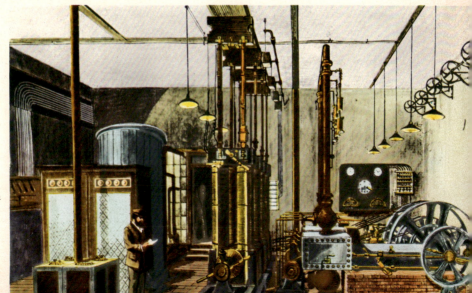

Erstes Elektrizitätswerk in Berlin 1884 (Kolorierter Holzstich).

einfache Schalter, Sicherungen, Zähler und Strommesser her. Im Jahre 1882 baute er in New York das erste öffentliche Kraftwerk, das Strom für die Beleuchtung eines ganzen Stadtteils mit Tausenden von *Glühbirnen* lieferte. Dabei wußte Edison damals nicht, daß schon 1854 der deutsch-amerikanische Uhrmacher *Heinrich Göbel* in New York seinen Laden durch elektrische Lampen mit Kohlefäden aus Bambusfasern beleuchtet hatte, ohne daß man dieser Erfindung Beachtung geschenkt hätte.
Der unermüdliche Erfinder Edison hatte bis zu seinem Tode im Jahre 1931 im ganzen 2 500 amerikanische und ausländische Patente angemeldet, darunter Erfindungen wie das *Grammophon* und den *Akkumulator*.
Der deutsche Ingenieur Emil Rathenau lernte auf einer Amerikareise die Erfindungen Edisons kennen. Er erwarb die Lizenzen (Genehmigung zur Nutzung eines Patents) und baute in Berlin ein Elektrizitätswerk. Daraus entwickelte sich die *Allgemeine Elektricitäts Gesellschaft*, die *AEG*, die alles herstellte, was die Elektroindustrie benötigte.
Bald gelang es, den elektrischen Strom mit Hilfe von Hochspannungsleitungen und Umspannwerken über weite Entfernungen bis in die Häuser zu leiten. Der Bedarf an elektrischer Energie stieg stark an. In der Nähe der Kohlenlager, an Flüssen und den von Menschen angelegten Stauseen, Talsperren und Schleusen entstanden große Kraftwerke. Die Elektrizität, die „weiße Kohle", trat ihren Siegeszug an. Das Zeitalter der Elektrizität hatte begonnen.

Umwälzende Erfindungen und Entdeckungen der Chemiker

Der Chemiker Friedrich Ferdinand Runge entdeckt das Anilin und wandelt Teer in Farben um

Runge macht in seinem chemischen Laboratorium (Arbeitsraum) in Berlin Versuche mit Teer, welcher bei der Herstellung von Leuchtgas aus Steinkohle anfiel. Nach vielen Versuchen gewann er ein farbloses Öl, das *Anilin* (1834), aus dem er Kernseife herstellte und auch Paraffinkerzen, welche reiner und heller brannten als die bisher gebrauchten.
Als er das Anilin einmal mit einer Chlorkalklösung zusammenbrachte, entstand eine leuchtend blaue Farbe. Das wies Runge einen neuen Weg zur Gewinnung von allerlei Farben über chemische Verfahren. Bisher hatte man aus pflanzlichen und tierischen Stoffen wenige und sehr teure Farben hergestellt. Die Färber jener Zeit sperrten sich zunächst gegen die künstlichen Farben Runges. Doch während 1 kg künstlicher Indigo 1895 nur ca. 12 Mark kostete, mußte man für 1 kg derselben Naturfarbe 1200 Mark bezahlen.
In England und in Deutschland entstanden große chemische Fabriken, z. B. die *Badische Anilin- und Sodafabrik* (BASF) in Ludwigshafen (1845), die Farbfabriken *Bayer* in Elberfeld und Leverkusen (1856) und die *Farbwerke Höchst* (1862). Später schlossen sich einzelne Werke zu einer Interessengemeinschaft zusammen, zur *IG-Farbenindustrie*. Mit der Zeit stellte die Industrie Benzin aus Kohle, Kautschuk aus Kohle und Kalk, Stickstoff aus der Luft, und viele Kunstfasern und Kunststoffe aus Altpapier, Lumpen und Holz her.

Rechts: Das Liebigsche Laboratorium in Gießen war das erste moderne chemische Laboratorium (Aquarellierte Zeichnung von W. Trautschold 1842).

Albrecht Thaer und Justus Liebig entwickeln eine Ackerbauchemie

Die chemischen Werke wurden im Laufe des 19. Jahrhunderts besonders wichtig, weil auch in der Landwirtschaft ein revolutionärer Wandel eingetreten war. Um 1800 ackerte, säte und erntete der Bauer noch fast genauso wie seine Vorfahren vor 1000 Jahren. Ein Drittel seiner Felder bebaute er mit Winterfrucht, ein Drittel mit Sommerfrucht, ein Drittel lag brach, damit sich der Boden erholen konnte. Diese *Dreifelderwirtschaft* hatte sich seit der Zeit Karls des Großen kaum geändert.

Nach der Bauernbefreiung hatte der Landwirt ein größeres Interesse an der Erhöhung seiner Erträge. Die wachsende Bevölkerung brauchte auch mehr Nahrungsmittel. Man bemühte sich um eine Steigerung der Agrarproduktion. Der Arzt *Albrecht Thaer* aus Celle schlug damals den Landwirten vor: „Niemals dürfen auf demselben Acker hintereinander Halmfrüchte wie Roggen, Weizen, Gerste und Hafer folgen." Das erschöpfe den Boden. Der Bauer müsse mit Halm- und Hackfrüchten abwechseln, dann erhalte er immer gute Ernten. Auch könne er das Brachfeld bebauen, wenn er die Äcker mit Mist, Asche, Mergel oder Schlamm dünge. Nach und nach gaben die Bauern die Dreifelderwirtschaft auf und ersetzen sie durch die *Fruchtwechselwirtschaft*. Sie ließen kein Feld mehr brach liegen und vermehrten dadurch die Anbaufläche. Die neuen Einsichten erweiterte der 21jährige Chemieprofessor *Justus Liebig*. Durch viele Versuche mit Pflanzen und ihrem Nährboden stellte er fest, welche Stoffe die Pflanzen zum Wachsen dem Boden entnehmen und welche neuen Stoffe sie mit Hilfe des Sonnenlichtes daraus bereiten. In seinem Buch über die Ackerbauchemie schreibt er:

„Als Grundlage des Ackerbaues muß angesehen werden, daß der Boden in vollem Maße wieder erhalten muß, was ihm genommen wird; in welcher Form dies Wiedergeben geschieht, ob in der Form von Stallmist oder von Asche und Knochen, dies ist wohl ziemlich gleichgültig. Es wird die Zeit kommen, wo man jede Pflanze, die man darauf erzielen will, mit dem ihr zukommenden Dünger versieht, den man in chemischen Fabriken bereitet." **Qu**

Nur sehr langsam setzte sich die künstliche Düngung neben der natürlichen durch. Die chemischen Fabriken lieferten immer mehr Kunstdünger, den sie aus Kali und Phosphaten aus den Bergwerken, aus Thomasschlacke, die bei der Stahlgewinnung anfiel, aus Salpeter und aus dem Stickstoff der Luft bereiteten.

Viele Forscher arbeiteten an der Züchtung neuer Fruchtsorten und wertvoller Haustiere; z. B. wurde ein Weizen gezüchtet, der gegen Frost weniger empfindlich war und in 100 Tagen reifte. Solches Getreide konnte auch in Ländern mit kürzerem Sommer angebaut werden.

Dazu stellt die Technik dem Landwirt immer bessere Maschinen zur Verfügung. So stiegen die Durchschnittserträge. Sie betrugen in Deutschland je Hektar in Doppelzentner:

	Weizen	Kartoffeln
1879	12,2	80
1936	21,2	166
1969	38,5	243

Ein Bauer ernährte in Deutschland um 1800 außer seiner Familie zusätzlich einen Menschen, um 1970 18 Menschen. Eine Kuh lieferte im Mittelalter jährlich 500 l Milch; heute 5500 l Milch.

Alfred Nobel stellt das Dynamit her

Die Erfindung und Anwendung des Schießpulvers hatte seinerzeit große Veränderungen im Leben der Menschen im Mittelalter eingeleitet. Das Schwarzpulver genügte als Sprengmittel dem fortgeschrittenen Bergbau im 19. Jahrhundert jedoch nicht mehr. Man kannte zwar ein Sprengöl, das Nitroglyzerin; man vermochte aber seine Explosivwirkung damals nicht zu berechnen, daher war seine Verwendung äußerst gefährlich. Der schwedische Forscher *Alfred Nobel* arbeitete mit seinem Vater und seinen Brüdern zusammen und wollte einen Weg finden, das Öl auf ungefährliche Weise zur Explosion zu bringen. Er glaubte schon am Ziel zu sein, da traf ihn ein furchtbares Unglück: seine Fabrik flog in die Luft, sein jüngster Bruder wurde dabei getötet, sein Vater auf Lebenszeit gelähmt.

Nobel hatte die gefährliche Wirkung von Explosivstoffen erfahren, gab aber seine Versuche nicht auf. Er setzte sich jetzt das Ziel, einen Stoff von so furchtbarer Explosionskraft herzustellen, daß durch seine abschreckende Wirkung kein Staatsmann und kein Volk in Zukunft mehr einen Krieg wagen würden.

Das Ergebnis vieler weiterer Versuche war ein aus Nitroglyzerin und Kieselgur hergestellter fester Stoff, das *Dynamit*, das trotz hoher Explosivkraft weniger gefährlich zu handhaben war (1866). Als Sprengmittel im Bergbau, im Straßen-, Kanal- und Tunnelbau war es bald sehr begehrt. Nobel gründete Fabriken in vielen Ländern. Vor seinem Tode bildete er aus seinem großen Vermögen von über 30 Millionen Schwedenkronen eine Stiftung und bestimmte in seinem Testament:

Qu „Die Zinsen sind in fünf gleiche Teile zu teilen und folgendermaßen zu vergeben: einen Teil erhält derjenige, welcher die wichtigste Entdeckung oder Erfindung auf dem Gebiete der Physik gemacht hat; einen Teil erhält derjenige, welcher die wichtigste chemische Erfindung oder Verbesserung gemacht hat; einen Teil derjenige, welcher die wichtigste Entdeckung im Bereiche der Physiologie* oder Medizin gemacht hat; einen Teil derjenige, welcher das Vorzüglichste in idealistischer Richtung auf dem Gebiete der Literatur geleistet hat und einen Teil derjenige, welcher am meisten oder am besten für die Verbrüderung der Völker und die Abschaffung oder Verminderung der stehenden Heere sowie für die Veranstaltung und Förderung von Friedenskongressen gewirkt hat ..."

Der Verfügung gemäß wird der *Nobelpreis* für Wissenschaft und Literatur jedes Jahr in Stockholm als hohe Auszeichnung verliehen; der Friedensnobelpreis wird in Oslo überreicht.

Erfolge der Naturforscher und Ärzte im Kampf gegen Krankheit und Tod

Seit uralten Zeiten kämpften die Menschen gegen Krankheit und Tod. Vor allem bei verheerenden Seuchen zeigte sich immer wieder, wie machtlos ihr Bemühen war. Im 14. Jahrhundert starben in Europa innerhalb von drei Jahren 25 Millionen Menschen an der Pest; das war ein Viertel der damaligen Bevölkerung. Noch Ende des 19. Jahrhunderts erlagen in Indien 12 Millionen Menschen dieser Seuche. Im Kriege 1870/71 starben mehr Soldaten an ansteckenden Krankheiten als durch Waffeneinwirkung. Besonders hoch war die Zahl der Säuglinge und Kinder, die bei Seuchen und Hungersnöten hinweggerafft wurden. Zu Beginn des 19. Jahrhunderts starben von hundert Neugeborenen im ersten Lebensjahr 25 Kinder. Der Kampf gegen Krankheiten und verheerende Seuchen war so erfolglos, weil die Ärzte ihre Ursachen nicht kannten.

Bei der Suche nach den Erregern der Krankheiten half der von dem Holländer *Antoni Leeuwenhoek* verbesserte Vergrößerungsapparat (Mikroskop) (um 1700). Jetzt erst konnte man kleinste Lebewesen sichtbar machen, die das menschliche Auge nicht mehr wahrnimmt. Mit einem weiter vervollkommneten Mikroskop entdeckte der französische Chemiker *Louis Pasteur* um 1862 kleinste stabförmige Lebewesen, *Bakterien* (Spaltpilze, Bazillen) genannt. Er erkannte, daß sie z. B. den Gärungsvorgang verursachten und daß diese Keime durch Erhitzen abgetötet werden konnten. So werden heute Nahrungsmittel und Flüssigkeiten durch Erhitzen keimfrei gemacht = pasteurisiert. Pasteur vermutete, daß solche Bakterien die Erreger von Krankheiten seien.

Von diesen Versuchen hörte auch der deutsche Arzt *Robert Koch* in Wollstein in Posen. Er selbst untersuchte unter anderem das Blut von Tieren, die an Milzbrand verendet waren. Darin entdeckte er winzige lebende Stäbchen, die im Blut gesunder Tiere nicht vorkamen. Doch starben diese gesunden Tiere ebenso, wenn er diese Bakterien in ihr Blut brachte. Er beobachtete ferner, wie sich die Bakterien in einer Nährflüssigkeit ungeheuer rasch vermehrten und neue Tiere töten konnten. Damit hatte er bewiesen, daß diese Stäbchen die Erreger der Milzbrandseuche waren (1876).

Robert Koch machte nach dieser Entdeckung Forschungsreisen in die Seuchengebiete von Indien und Afrika. In wagemutigem, oft lebensgefährlichem Einsatz erforschte er die Malaria, die Pest und die Schlafkrankheit und entdeckte die Erreger von Tuberkulose und

Links: Louis Pasteur in seinem Arbeitsraum (Gemälde von Edelfelt). *Rechts:* Robert Koch bei der Arbeit am Mikroskop.

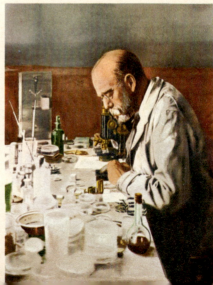

Cholera. Nach ihm fanden andere Forscher mit verbesserten Untersuchungsmethoden die Erreger von Diphterie und Scharlach, von Typhus, Masern, Pest und anderen ansteckenden Krankheiten.

Durch die Entdeckung der Erreger war es nun leichter geworden, auch Maßnahmen zur Bekämpfung dieser Krankheiten zu ergreifen. Der österreichische Frauenarzt *Ignaz Semmelweis* (gest. 1865) beobachtete in seiner Klinik, daß etwa ein Drittel der jungen Mütter am Kindbettfieber gestorben waren. Er vermutete, daß die Erreger von Krankheiten leicht durch Wunden in das Blut eindringen könnten. Daher verlangte er in seiner Klinik äußerste Reinlichkeit, stets gereinigte Wäsche und frische Verbandstoffe. Wenn seine Ärzte Kranke behandelten, mußten sie ihre Hände gründlich mit Chlorwasser waschen, ehe sie zu anderen Kranken gingen. Bald zeigte sich, daß in den Semmelweisschen Abteilungen weniger Kranke starben als in anderen. Die Kollegen, die anfänglich über ihn gespottet hatten, mußten dem Arzt recht geben.

Durch die Untersuchungen Pasteurs wurde der englische Chirurg *Joseph Lister* angeregt (gest. 1912). Er entdeckte, daß nach Operationen die in die Wunde eingedrungenen Bakterien die Ursache von Eiterungen und Wundfieber waren. Daher ließ er die Hände der behandelnden Ärzte und die Instrumente mit Karbolsäure keimfrei machen. Dies führte damals zu bahnbrechenden Neuerungen auf dem Gebiete der *Hygiene* (Gesundheitspflege). Erst jetzt wurden Reinlichkeit, keimfreie Hände, Instrumente und Verbandsstoffe selbstverständliche Voraussetzung jeder erfolgreichen Operation.

Zur gleichen Zeit fanden Chemiker und Ärzte auch neue Heilmittel und Abwehrstoffe gegen die entdeckten Krankheitserreger. Der deutsche Arzt *Emil Behring* impfte Schafe mit Diphteriebazillen. Die Tiere erkrankten, überwanden aber die Krankheit rasch. Behring vermutete, daß sich in ihrem Blut Abwehrstoffe gegen die Bakterien gebildet hatten, welche letztere töteten. Aus diesem Blut gewann er einen Impfstoff, mit dem er die diphteriekranken Kinder seiner Klinik impfen wollte. Doch die Gesundheitsbehörden verboten ihm, Menschen mit diesem „teuflischen" Stoff zu behandeln. Trotzdem wandte Behring am Weihnachtsfeste 1891 in seiner Klinik heimlich das Mittel bei den mit dem Tode ringenden Kindern an: sie wurden nach kurzer Zeit gesund.

Später wurde in den Behring-Werken das Heilserum gegen Diphterie hergestellt und stand nun der ganzen Menschheit zur Verfügung. Auch gegen andere Ansteckungskrankheiten fanden ärztliche Forscher Seren* und Impfstoffe. Viele Staaten ordneten Impfungen gegen Pocken, Scharlach und Diphterie an (Impfgesetz für das Deutsche Reich, 1874). Seither blieb Europa vor großen Seuchen verschont.

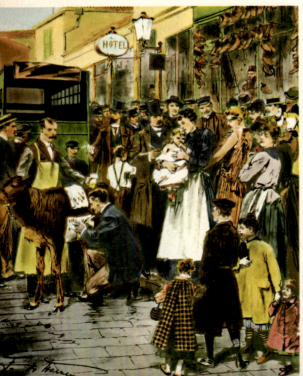

Pockenimpfung in den Straßen von Paris um 1890 (Zeitgenössische Zeichnung).

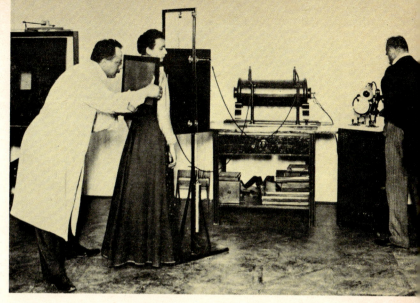

Röntgendurchleuchtung im Jahre 1904. Die Röntgenröhre befindet sich in dem schwarzen Kasten, der in einem Gestell aufgehängt ist. Die Strahlen treten durch ein Pappfenster aus. Der Assistent im weißen Kittel beobachtet die Lunge des Mädchens auf einem Leuchtschirm.

Die Chemiker gewannen zusammen mit den Anilinfarben aus dem Steinkohlenteer auch neue Arzneimittel. Bis zum ersten Weltkrieg hatte man das Fiebermittel *Chinin* aus der Rinde eines Baumes hergestellt (Chinarinde). Jetzt konnte es durch künstliche Mittel wie *Atebrin* ersetzt werden. Diese Mittel ermöglichten erst den Europäern, in die malariaverseuchten Gebiete tropischer Erdteile einzudringen.

Im Jahre 1895 machte der Physiker *Konrad Röntgen* eine für die Medizin besonders wichtige Entdeckung. Er wollte elektrische Entladungs- und Lichterscheinungen in luftleer gemachten Glasröhren untersuchen. Als der elektrische Strom durch die Röhre floß, leuchtete sie auf, aber in dem verdunkelten Zimmer zeigte sich auch auf einem in der Nähe aufgestellten Wandschirm ein fahles grünliches Licht. Röntgen hielt ein Buch und dann seine Hand zwischen Röhre und Schirm, doch das Leuchten blieb. Auf dem Schirm zeichnete sich seine Hand als Knochenhand ab, die Knochen traten dunkel aus dem helleren Schatten des Fleisches hervor. Es mußten also Strahlen von der Röhre durch das Buch und durch seine Hand hindurch zum Schirm gedrungen sein. Mit ihnen konnte man den menschlichen Körper durchleuchten. So wurde es möglich, Knochenbrüche und Krankheiten im Innern des Körpers sichtbar zu machen. Die Strahlen nannte man nach ihrem Entdecker *Röntgenstrahlen*. Der Forscher erhielt 1901 als erster Physiker den Nobelpreis.

Drei Jahre später entdeckte das Forscherehepaar *Marie* und *Pierre Curie* in Paris einen neuen Grundstoff, der unsichtbare Strahlen aussandte. Nach mühevoller zwölfjähriger Forschungsarbeit gewannen die beiden Wissenschaftler aus acht Tonnen Pechblende (dunkles, glänzendes Erz, uranhaltig, zuerst im Erzgebirge gefunden) ein Gramm dieses neuen Stoffes, den sie *Radium* (das Strahlende) nannten. Seine Strahlen konnten Gewebe des menschlichen Körpers zerstören. Das nutzten die Ärzte aus, um bösartige Geschwüre im Innern des Körpers zu bekämpfen. Nach dem Tode von Marie Curie stellte es sich heraus, daß ihr Körper durch jahrzehntelange Einwirkung der neuentdeckten Strahlen zerstört worden war.

Naturforscher und Ärzte aus aller Welt haben mit Fleiß und Ausdauer, oft unter Einsatz ihres Lebens, einen erfolgreichen Kampf gegen Krankheiten aller Art geführt. Oft haben sie Heilmittel an sich selbst ausprobiert, und mancher Arzt ist ein Opfer seines Berufes geworden.

Die Stadt Essen im Jahre 1870.

Auswirkung der wissenschaftlichen und technischen Entwicklung

Mit den fortschrittlichen hygienischen Maßnahmen, mit den neuen, besseren Methoden und Heilmitteln errangen Naturforscher und Ärzte ungeahnte Erfolge. Das zeigte sich besonders in den westlichen Ländern. Es starben weniger Menschen, und die durchschnittliche Lebensdauer der Menschen stieg an. Der medizinische Fortschritt ist ein Grund für die starke Bevölkerungszunahme in der ganzen Welt. Als Folge davon wuchs die Zahl der Menschen zwischen 1830 bis 1930 von 1075 Millionen auf 2410 Millionen und bis 1970 auf 3621 Millionen.

Die Sterblichkeitsrate auf 1000 Menschen in Deutschland betrug:

1850	1900	1930	1970
30	22	11	13

Von 100 Kindern in Deutschland starben:

1850	1900	1930	1970
25	20	10	3

Die durchschnittliche Lebensdauer der Menschen betrug in Europa:

um Christi Geburt	um 1800	um 1900	heute
22	35—40	50	70 Jahre

Die Bevölkerungszahl der Welt betrug in Millionen:

Land (Gebietsstand 1914)	1800	1870	1910	1930	1970
Deutschland		12	20	35	65	78
Frankreich	27	36	40	40	50
Großbritannien	11	26	41	45	56
Sowjetunion	39	72	131	138	243
USA mit Einwanderern	5	39	92	123	227
Indien	170			350	543
Japan	20	33	50	69	101
China	250			437	735

Man errechnete, daß die Erdbevölkerung in jeder Sekunde um mindestens ein bis zwei Menschen wächst. Bei einer jährlichen Zunahme von etwa 50 Millionen, darunter allein 25 Millionen Ostasiaten, zählt die Bevölkerung der Erde heute über 3 Milliarden. Um die Jahrtausendwende werden über 5 Milliarden Menschen auf der Erde leben. Diese *Bevölkerungsvermehrung* führte dazu, daß die Menschen besonders in den Industrieländern immer dichter zusammenrücken müssen. 1816 lebten in Deutschland auf 1 km² 55 Menschen, im Jahre 1900 waren es 120, 1935 schon 167, und heute sind es 245 (BRD ohne Berlin). Alle diese Menschen wollen essen, sich kleiden, wohnen und arbeiten. Jede Generation will besser leben als die vorhergehende und einen höheren Lebensstandard erreichen.

Die Volksdichte je km² in einzelnen Ländern 1970:

England	Belgien	Frankreich	BRD	Japan	China	USA	UdSSR
227	316	91	245	277	77	22	11

Das wurde teilweise durch die gesteigerte Produktion der Landwirtschaft ermöglicht (vgl. Seite 128). So konnte z. B. der nordamerikanische Kontinent um 1500 kaum eine Million Indianer ernähren, heute aber ernährt er 200 Millionen Amerikaner und noch viele Menschen außerhalb der USA.
Neue Arbeitsplätze konnte die Landwirtschaft allerdings nicht bieten. Im Gegenteil, heute kommt sie wegen ihrer technischen Hilfsmittel mit viel weniger Arbeitskräften aus. Um z. B. 90 dz Weizen von 3 ha Ackerfläche an einem Tag zu ernten, brauchte man:

Jahr	1840	1880	1910	1925	1951
Arbeitskräfte	126	32	21	18	3

Neue Beschäftigungsmöglichkeiten aber bot die wachsende Zahl der Fabriken. Überall, wo Kohlen oder Eisenerze im Boden lagerten, legte man Bergwerke, Hochöfen und Stahlwerke an. Das kohlenreiche Ruhrgebiet wurde zu einer ausgedehnten *Industrielandschaft*. In den Häfen entstanden Werften für Schiffe und weiträumige Lagerhallen für die Güter. An den Strömen und an den Verkehrsknotenpunkten gründete man Fabriken. Um diese siedelten sich Menschen an. In einem Menschenalter entwickelten sich oft Dörfer, Klein- und Mittelstädte zu Großstädten mit 100 000 und mehr Einwohnern. Essen z. B. hatte 1840 etwa 7000 Einwohner, 1937 waren es 668 000. Berlin wuchs in derselben Zeit von 323 000 Einwohnern auf über 4 Millionen an. 1870 gab es in Deutschland 8 Großstädte, 1925 waren es 45, 10 Jahre später 54, heute in den Grenzen von 1937 sogar weit über 70. Ähnlich verlief diese Verstädterung auch in anderen Staaten: in England entstanden 70, in den USA 106 Großstädte. So leben heute in England 45%, in den USA nahezu 30% und in Deutschland mehr als 60% der Bewohner in Großstädten.
Am Beginn der Industrialisierung entschlossen sich auch viele der Arbeit und Brot suchenden Menschen zur *Auswanderung*. In Übersee — Australien und ganz Amerika — gab es Land im Überfluß. Aus England, Irland, Frankreich, Spanien, Skandinavien, Polen und Deutschland, später auch aus Italien, ergoß sich ein Strom von Menschen in die Vereinigten Staaten: von 1820—1920 zusammen 34 Millionen Einwanderer. Aus dem früheren Deutschen Reich kamen etwa 6 Millionen. Seit 1885 nahm die Auswanderung aus Deutschland ab, weil jetzt viele Arbeiter in der deutschen Industrie Beschäftigung finden konnten.

um 1850

Die Menschen rücken aber auch noch in anderer Weise näher zusammen: Früher hatte man Wochen und Monate gebraucht, um ans Ziel einer Reise zu kommen oder um Nachrichten zu überbringen. Jetzt dauert es nur noch Tage oder Stunden, ja Minuten. Das kleinste Dorf steht durch Rundfunk und Fernsehen in Fühlung mit der ganzen Welt. Die Entwicklung der Verkehrs- und Nachrichtenmittel ließ die Entfernungen zusammenschrumpfen, der Erdball scheint kleiner geworden zu sein. Europäer, Amerikaner, Afrikaner und Asiaten studieren und arbeiten in allen Erdteilen und können miteinander in Verbindung treten; unsere Lebensweise ist so immer internationaler geworden.
Da die Bewohner der verschiedenen Erdteile zu Nachbarn wurden, sind sie viel mehr als früher aufeinander angewiesen. Die Industrie benötigt Rohstoffe aus fremden Ländern und Abnehmer für ihre Produkte. Ereignisse in fernen Gebieten wirken in unser privates Leben hinein und können uns nicht mehr so gleichgültig sein wie früher.

Fragen — Vorschläge — Anregungen

1. Welche Vorteile für den Warenverkehr brachte die Eisenbahn und das Dampfschiff gegenüber dem seitherigen Gütertransport?
2. Welche Vorteile und welche Nachteile hat das Auto im Vergleich mit der Eisenbahn?
3. Warum ist es berechtigt, heute wieder für das „Verkehrsmittel Eisenbahn" zu werben?
4. Welches waren die schwierigsten Probleme für die Erfinder des Kraftwagens?
5. Mit wieviel kg pro PS wird bei heutigen Kraftwagen in den verschiedenen Klassen gerechnet? (Kleinwagen, mittlere Wagen, große Wagen.)
6. Lies den Text der Werbeanzeige der Firma Benz & Co. (S. 121) und vergleiche ihn mit Angaben der heutigen Autowerbung! Mit welchen Gründen wurde damals für den neuen „Patent-Motorwagen" geworben? Welche Gesichtspunkte würde man heute nicht mehr anführen, welche sind heute noch maßgeblich?
7. Welche nachteiligen Folgen der Motorisierung des Straßenverkehrs werfen heute Probleme auf?
8. Zeige die wichtigsten Schritte vom Gleitflug zur Raumfahrt auf!
9. Weise nach, wie die Fortschritte in der Luftfahrt auf den vorausgehenden Leistungen aufbauten!
10. Zeige Vor- und Nachteile des Luftverkehrs gegenüber dem Bodenverkehr!
11. Welche Vorteile bot und bietet der Elektromotor gegenüber Dampfmaschine und Benzinmotor?
12. Worin liegt der Fortschritt des elektrischen Lichtes gegenüber den früheren Beleuchtungsmitteln?
13. Auf welchen Schritten der ersten Elektrotechnik baut unser Rundfunk- und Fernsehwesen auf?
14. a) Welche Haushaltsmaschinen würde es ohne Elektrizität nicht mehr geben? (Denke an einen Katastrophenfall mit Störung der Elektrizitätszufuhr.)
    b) Welche Berufe würde es ohne die Erfindungen von Edison und Siemens nicht geben?
15. Woher bezieht deine Heimatgemeinde Licht- und Kraftstrom?
16. Welche Kraftquellen benützt man heute zur Stromerzeugung?
17. Überlege, durch welche technischen Einrichtungen die Elektrizität für Wohnung, Ernährung, Gesundheitswesen, Verkehrs- und Nachrichtenwesen ausgenützt wird und auf welche Erfindungen dies jeweils zurückgeht!
18. Aus welchen Stoffen gewann man früher Farben und Heilmittel?
19. Kannst du dir erklären, warum Purpur früher die Farbe besonders vornehmer Kleidung war?
20. Nenne Gebrauchsartikel des täglichen Lebens aus Kunststoff (in der Wohnungseinrichtung, im Hausbau, in der Bekleidung)!
21. Warum hatte der Landwirt nach 1810 z. B. in Preußen mehr Interesse an der Steigerung seiner Erzeugung als vorher? Wodurch wurde die Produktion im 19. Jh. gesteigert?

Die Wandlung des Ruhrgebietes von 1820 bis 1967

22. Welche Auswirkungen hatte die landwirtschaftliche Produktionssteigerung?
23. Kann sich die Bundesrepublik Deutschland heute aus eigenem Boden ernähren?
24. Mit welchen Problemen müssen sich die Landwirtschaftsminister der EWG-Staaten häufig beschäftigen?
25. Was kannst du über den Wunsch Nobels sagen, sein Sprengstoff solle den Krieg verhindern?
26. Wie ist der Mensch in der Geschichte seither den Vernichtungswaffen entgegengetreten? (Denke an Schießpulver, Giftgas, A-Bombe, Fernraketen.)
27. Weißt du etwas von der Verleihung des Nobelpreises?
28. Wie versuchte man früher, Lebensmittel zur Aufbewahrung haltbar zu machen?
29. Welche Erfindung auf dem Gebiete der Physik war Voraussetzung für die Entdeckung der Krankheitserreger?
30. Auf welchen Gebieten sind heute der Hygiene ganz neue Aufgaben erwachsen?
31. Wo fordern Seuchen immer noch viele Opfer? Wie versucht man, sie bei uns zu verhüten?
32. Kennst du gefährliche Krankheiten, die man auch heute noch nicht erfolgreich bekämpfen kann?
33. Auf S. 132 sind die Bevölkerungszahlen der Welt angegeben. Drücke die Bevölkerungszunahme von 1800—1970 (S. 130) in Prozenten aus!
34. Betrachte auf der nebenstehenden Seite die Kartenausschnitte aus dem Ruhrgebiet! Inwiefern kann man aus ihnen die Bevölkerungszunahme ersehen? Kannst du anhand dieser Karten den Begriff „industrielles Ballungsgebiet" erklären?
35. Was hat zur Erhöhung der Lebenserwartung des Menschen beigetragen?
36. Überlege, welche Folgen diese Erhöhung auf den verschiedensten Lebensgebieten hatte (z. B. Schule, Wohnungswesen, Wasserversorgung, Müll, Abwässer usw.)!
37. Womit hängt es zusammen, daß die Lebenserwartung bei uns heute 65—70 Jahre, in indischen Gebieten aber nur 45—50 Jahre beträgt?
38. Welche Probleme bringt die Bevölkerungszunahme in manchen Ländern mit sich?
39. Durch welche technischen Errungenschaften wurde das „Zusammenrücken" der Menschen besonders gefördert?
40. Ist das Zeitalter der Erfindungen und Entdeckungen abgeschlossen?
41. Erkläre folgende Begriffe: Transkontinentalbahnen, Ottomotor, Dieselmotor, Automobil, Fließband, Doppeldecker, Telegraph, Telephon, Morsealphabet, Dynamo, Elektromotor, Patent, Lizenz, Talsperre, Anilin, Dynamit, Nitroglyzerin, Nobelpreis, Dreifelderwirtschaft, Fruchtwechselwirtschaft, Bakterien, ansteckende Krankheit und Erbkrankheit, Heilserum, Hygiene, Röntgenstrahlen, Radium, Lebenserwartung des Menschen, Industrialisierung, Verstädterung, Chinin, pasteurisieren, Narkose.

Damals und heute

Dampfmaschine, Benzinmotor (Benz, Daimler, Ford) und neue Luftfahrzeuge (Lilienthal, Gebrüder Wright, Zeppelin) leiteten im Maschinenzeitalter einen Wandel des gesamten Verkehrswesens ein. Die Entwicklung der Elektrotechnik (Gauß und Weber, Morse, Reis, Edison, Siemens) ermöglichte die schnelle Nachrichtenübermittlung über die ganze Erde. Chemiker (Runge, Thaer) fanden Stoffe zur Herstellung besserer Farben, Dünge- und Arzneimittel. Der Physiker Röntgen entdeckte die Röntgenstrahlen, das Ehepaar Curie das Radium. Naturwissenschaftler und Ärzte erforschten die Erreger der Krankheiten und fanden neue Wege zur Heilung (Pasteur, Koch, Semmelweis, Behring). Das Ergebnis des wissenschaftlichen und technischen Fortschritts: rasche Entwicklung der Industrie und des Welthandels, große Vermehrung der Bevölkerung der Erde.

Auf diesen Erkenntnissen baut nicht nur die Atomforschung und die Eroberung des Weltraumes in der heutigen Zeit auf. Auch die Übervölkerung in vielen Teilen der Erde, die furchtbaren Vernichtungswaffen und die lebenbedrohende Umweltverschmutzung sind ihre Auswirkungen, mit denen sich die Menschen heute befassen müssen.

Die Aufteilung der Welt unter die großen Industriestaaten: Imperialismus

Die Industriestaaten sichern sich Rohstoffgebiete und Absatzmärkte

Die wissenschaftliche und technische Entwicklung im Industriezeitalter veränderte nicht nur einzelne Staaten, sondern wirkte sich auch auf die ganze Welt aus. Die großen Fabriken in den einzelnen Ländern erzeugten viel mehr Güter — Maschinen, Textilwaren, chemische Artikel — als man im eigenen Lande verbrauchen konnte. So waren die Hersteller gezwungen, nach neuen Absatzmärkten für die überschüssigen Produkte zu suchen. Das war um so wichtiger, als sich viele große Industrienationen durch Schutzzölle abkapselten, die den Handel zwischen ihnen erschwerten. Außerdem brauchten die wachsenden Industrieunternehmen immer mehr Rohstoffe, zuerst vor allem Kohle und Erze. Sie befürchteten, ihre eigenen Gruben und Bergwerke könnten bald versiegen. Auch benötigten sie viele Rohstoffe, die im eigenen Lande nicht erzeugt werden konnten, wie Baumwolle, Gummi, Öl, Kaffee, Palmöl usw. So wurde es bedeutungsvoll, daß gerade um diese Zeit Forscher wertvolle Informationen über bisher unbekannte Gebiete Afrikas und Asiens lieferten. *David Livingstone*, *Henry Morton Stanley*, *Heinrich Barth* u. a. berichteten vom „Dunklen Erdteil" Afrika, *Sven Hedin* erforschte Innerasien, *Fridtjof Nansen* und *Robert Peary*, *Roald Amundsen* und *Robert F. Scott* wagten sich in der Arktis und in der Antarktis bis zum Nord- und bis zum Südpol vor.

Durch Eisenbahn und Dampfschiff konnten Massengüter über weite Entfernungen transportiert werden. Seit den 70er und 80er Jahren des 19. Jahrhunderts wurden mit Kühlwagen und Kühlschiffen sogar Fleisch und andere verderbliche Waren aus fernen Ländern in die großen Städte nach Europa geschafft. In England trug die gesteigerte Einfuhr von landwirtschaftlichen Produkten wesentlich zum wirtschaftlichen Niedergang der Bauern bei. Die Entwicklung zum Welthandel hatte begonnen.

Um die Rohstoffe zu gewinnen, mußte man in den überseeischen Gebieten Bergwerke und Öltürme, Eisenbahnen und Häfen bauen sowie Baumwoll- und Kautschukplantagen anlegen. Das war für die europäischen und amerikanischen Unternehmer und Bankleute

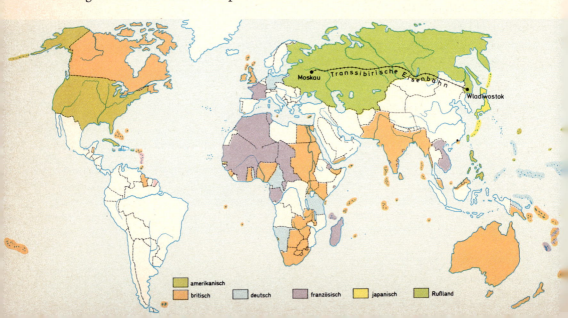

eine günstige Gelegenheit, Kapital in diesen Unternehmungen anzulegen (zu investieren). So konnte man nicht nur günstig Rohstoffe beziehen, sondern auch reiche Gewinne erzielen. Englische Geldgeber hatten um 1880 in dieser Weise schon 30 Milliarden, französische 12—15 Milliarden, deutsche 4—5 Milliarden Mark investiert. Diese Unternehmer hielten nun aber ihre Rohstoffquellen und Kapitalerträge erst dann für gesichert, wenn ihre eigene Regierung die Gebiete kontrollierte oder ganz beherrschte. So strebten die großen Mächte danach, möglichst viele und möglichst reiche Länder der Erde als Kolonien zu erwerben.

Die weißen Völker fühlen sich zur Herrschaft über die Farbigen berufen

Unter den weißen Völkern war in jener Zeit der Glaube weit verbreitet, sie seien zur Herrschaft über die farbigen Rassen berechtigt. Hatten nicht die Weißen allein die vielen neuen Erfindungen gemacht und die moderne Technik und Industrie geschaffen? Sie hatten das Gefühl: wir können alles, wir sind berufen, den „Primitiven" unsere Errungenschaften zu bringen und über sie zu herrschen. Dabei konnten sie sich auf den englischen Biologen *Charles Darwin* berufen, der um 1850 lehrte, das Leben in der Tier- und Pflanzenwelt sei ein Kampf ums Dasein, in welchem der Stärkere siege und überlebe. Weite Kreise in Europa glaubten, dies gelte auch für den Menschen und die Politik. Zu welchen Ansichten dies führen konnte, sollen einige Stimmen einflußreicher Angehöriger der weißen Nationen jener Zeit zeigen.
Der englische Kolonialgründer *Cecil Rhodes* schrieb um 1877:

„Ich behaupte, daß wir die erste Rasse in der Welt sind und daß es um so besser für die menschliche Rasse ist, je mehr von der Welt wir bewohnen ... Da (Gott) offenkundig die englisch sprechende Rasse zu seinem auserwählten Werkzeug formt, durch welches er einen Zustand der Gesellschaft hervorbringen will, der auf Gerechtigkeit, Freiheit und Frieden gegründet ist, muß er offensichtlich wünschen, daß ich tue, was ich kann, um jener Rasse so viel Spielraum und Macht zu geben wie möglich. Daher, wenn es einen Gott gibt, denke ich, daß das, was er gern von mir getan haben möchte, ist, so viel von der Karte von Afrika britisch rot zu malen als möglich und anderswo zu tun, was ich kann, um die Einheit zu fördern und den Einfluß der englisch sprechenden Rasse auszudehnen." **Qu**

Der russische Dichter *Fedor M. Dostojewski* sagte über die Berufung und Sendung des russischen Volkes:

„Jedes Volk, das lange leben will, glaubt und muß glauben, daß in ihm und nur in ihm allein das Heil der Welt ruhe, daß es nur dazu lebe, um an der Spitze der anderen Völker zu stehen ..." **Qu**

Den Sendungsauftrag Rußlands in Asien kennzeichnete ein Vertrauter des Zaren um 1900:

„Asien ist seinem ganzen Umfange nach im vollen Sinne des Wortes nichts anderes als ein Stück Rußlands." **Qu**

Ein französischer Ministerpräsident schrieb:

„Die überlegeneren Rassen haben ein Recht gegenüber den unterlegeneren Rassen, und in dieser Hinsicht sollte Frankreich sich nicht der Pflicht entziehen, die Völker zu zivilisieren, die mehr oder minder barbarisch geblieben sind ..." **Qu**

Ein amerikanischer Senator rief um 1898 seinen Landsleuten zu:

Qu „Mitamerikaner! Wir sind Gottes auserwähltes Volk ... Seine Hand hielt uns ... Seine großen Ziele werden in dem Vordringen der Flagge enthüllt, das über die Pläne der Kongresse und Kabinette hinausgeht ... es liegt an uns, der Welt ein Beispiel von Recht und Ehre zu geben. Wir können vor unseren Pflichten nicht entfliehen; es ist an uns, die Ziele einer Bestimmung zu erfüllen, die uns dazu getrieben hat, größer als unsere eigenen Absichten zu sein."

Kaiser Wilhelm II. stellte fest:

Qu „Der Ozean ist unentbehrlich für Deutschlands Größe. Aber der Ozean beweist auch, daß auf ihm in der Ferne, jenseits von ihm, ohne Deutschland und ohne den deutschen Kaiser keine große Entscheidung mehr fallen darf."

Um die Jahrhundertwende wurden auch in Deutschland Stimmen laut, die den Anspruch des jungen Reiches auf weltweiten Einfluß geltend machten. Der Staatssekretär des Auswärtigen, *von Bülow*, verlangte im Reichstag:

Qu „Wenn die Engländer von einem Greater Britain reden, wenn die Franzosen sprechen von einer Nouvelle France, wenn die Russen sich Asien erschließen, haben auch wir Anspruch auf ein größeres Deutschland (Bravo rechts, Heiterkeit links) nicht im Sinne der Eroberung, wohl aber im Sinne der friedlichen Ausdehnung unseres Handels und seiner Stützpunkte ... Wir müssen verlangen, daß der deutsche Missionar und der deutsche Unternehmer, die deutschen Waren, die deutsche Flagge und das deutsche Schiff in China geradeso geachtet werden wie diejenigen anderer Mächte ... Mit einem Worte: Wir wollen niemand in den Schatten stellen, aber wir verlangen auch unseren Platz an der Sonne."

Wie das Streben nach Rohstoff- und Absatzgebieten, trugen Ehrgeiz und Machtstreben der europäischen Nationen dazu bei, daß im letzten Drittel des 19. Jahrhunderts ein wahrer Wettlauf der großen Industrievölker um die Gebiete der Erde begann, auf welche noch keine andere Macht die Hand gelegt hatte.

England baut sein Weltreich aus

Die Briten beherrschen die Meere

England besaß schon lange ein großes Kolonialreich und war seit der Zeit Napoleons das erste Industrieland der Erde. Seine Fabriken erzeugten Maschinen, Stahlwaren, Tuche aus Wolle und Baumwollwaren; seine Werften bauten Schiffe. Kohlen, Erze und Stahl gewann es im eigenen Land, die anderen Rohstoffe bezog es aus seinen Kolonien: aus Indien die Baumwolle, aus Australien die Wolle, aus Kanada den Weizen. Auch die wichtigsten Nahrungsmittel für seine wachsende Bevölkerung holte es aus Übersee. Für den eigenen Handel wie für die Frachtgeschäfte der europäischen Länder unterhielt es eine riesige Handelsflotte. Die Seewege beherrschte England durch die Flottenstützpunkte Gibraltar, Malta, Aden, Kapland, Ceylon, Singapur und die Falklandinseln. Die englische Kriegsflotte besaß die Alleinherrschaft auf den Meeren. Sie konnte die Küsten und Häfen feindlicher Staaten sperren, wann sie wollte. So besaßen die Engländer zu Beginn des Industriezeitalters schon ein Weltreich. Sie nannten es das *British Empire*, von lat. Imperium. Man nennt danach das Streben nach Machtausdehnung über weite Teile der Erde *Imperialismus*. England besaß die besten Voraussetzungen dafür und wollte seinen Einfluß weiter ausdehnen.

England wird Herr über den Suezkanal und Ägypten

Beim Bau des Kanals hatten die Engländer lange daran gezweifelt, ob es dem französischen Ingenieur Lesseps gelingen würde, die Schwierigkeiten in der Sandwüste zu überwinden. In der Suezkanalgenossenschaft waren daher zunächst die Franzosen und der König von Ägypten die Hauptaktionäre. Große Einnahmen flossen in ihre Taschen, auch viel englisches Geld, weil die meisten der durchfahrenden Schiffe Engländern gehörten.
Durch überstürzten Reformeifer und Verschwendungssucht geriet der ägyptische König tief in Schulden. Bald ging das Gerücht um, er wolle seinen Anteil von 51% der Kanalaktien verkaufen. Paris zögerte mit dem Ankauf wegen des hohen Preises von rund 80 Millionen Goldmark. Da griff der englische Ministerpräsident *Disraeli* rasch zu und erwarb die Aktien, ohne sein Parlament zu fragen. Mit der Aktienmehrheit war England am Gewinn beteiligt und konnte maßgeblich über den Kanalweg vom Mittelmeer zu seiner reichen Kolonie Indien bestimmen (1875).
Der verschuldete ägyptische König aber mußte immer neue Anleihen zu hohen Zinsen bei europäischen Geldgebern aufnehmen. Diese wollten ihr Kapital sichern und baten ihre Regierungen um Schutz. Gegen den wachsenden fremden Einfluß jedoch lehnte sich der ägyptische Nationalstolz auf. Es kam zu Ausschreitungen gegen Europäer. Um seine Untertanen und seine finanziellen Interessen zu schützen, ließ England 1882 die ägyptische Hauptstadt Alexandria durch seine Kriegsflotte beschießen. Englische Soldaten besetzten Ägypten. Durch die Herrschaft über das Land konnten die Engländer jetzt auch die Durchfahrt durch den Kanal leichter kontrollieren.

Afrika vom Kap bis Kairo unter englischem Einfluß

Von Ägypten aus wollten die Engländer nach Süden durch den Sudan zu den Nilquellen vordringen. Gleichzeitig versuchten die Franzosen von Westen her bis zum Roten Meer zu gelangen. Bei *Faschoda* hatte ihr kleiner Trupp unter Hauptmann *Marchand* bereits die Trikolore aufgezogen, als der englische General *Kitchener* eintraf. Dieser zwang den Hauptmann, die französische Flagge einzuziehen. Die Welt erwartete einen großen Kampf der beiden Kolonialmächte. Doch wegen ihres Gegensatzes zu Deutschland gaben die Franzosen den Drohungen Englands nach. Sie überließen den Briten den Einfluß auf das Nilgebiet.

Englische Offiziere verlangen von Marchand, der von Westen her den Nil bei Faschoda erreicht hat, die Trikolore einzuziehen und zu weichen (Zeitgenössische Zeichnung).

Burenkrieger in einer befestigten Bergstellung.

Die Südspitze des afrikanischen Kontinents, das *Kapland*, war schon seit der Zeit Napoleons unter englischer Herrschaft. In zwei selbständigen Staaten nördlich davon lebten die Nachkommen der holländischen Einwanderer, die Buren. Sie waren Grundbesitzer und Viehzüchter. Da wurden in ihrem Lande Gold- und Diamantenvorkommen entdeckt. Scharen von abenteuerlustigen Goldgräbern strömten herbei. Der erfolgreichste unter ihnen war der Engländer *Cecil Rhodes* (s. S. 137). Durch riesige Landaufkäufe und rücksichtslose Spekulation wurde er ungeheuer reich. Das erworbene Land, größer als Mitteleuropa, stellte der Diamantenkönig, wie man ihn nannte, unter englische Herrschaft. Es wurde zur Kolonie Rhodesia. Cecil Rhodes träumte von einem großen englischen Kolonialreich, das sich vom Kap bis Kairo erstreckte. Da waren die kleinen Burenstaaten im Wege. Als englische Soldaten 1899 über sie herfielen, empörte sich die Welt über dieses Vorgehen. Um den tapferen Widerstand der Buren zu brechen, verbrannten die Engländer die Farmen und schleppten Frauen, Kinder und Greise in Konzentrationslager. England gliederte die Burenstaaten dann in die Südafrikanische Union ein und gewährte ihnen bald weitgehende Selbstverwaltungsrechte.

England gliedert Indien fester in sein Weltreich ein

Auch in seinen anderen Kolonien scheute England vor Gewaltanwendung nicht zurück. Eine Meuterei von indischen Soldaten schlugen die Briten blutig nieder. 1877 nahm die englische Königin *Victoria* den Titel Kaiserin von Indien an. Das große Land wurde ins englische Weltreich eingegliedert. Die Inder durften keine eigenen Spinnereien oder Webereien einrichten. Alle Rohstoffe Indiens sollten in englischen Fabriken verarbeitet und die Fertigwaren auf englischen Frachtern wieder nach Indien gebracht werden. So flossen reiche Einnahmen in die Taschen des Kolonialherrn.

Die Annahme des Titels „Kaiserin von Indien" wird in Delhi durch Herolde feierlich verkündet (Zeitgenössische Darstellung).

4/140

England sichert sich Ölquellen

Für den Betrieb der Motoren in Schiffen, Automobilen, Flugzeugen und Fabriken war auch Erdöl ein unentbehrlicher Rohstoff geworden. Politiker vertraten die Ansicht: „Armeen, Flotten, Gold und ganze Völker sind nichts gegen den, der das Öl beherrscht. Die Weltgeltung einer Nation wird von ihren Ölschätzen abhängen." Als um 1900 in Persien Erdöl entdeckt wurde, bauten die Engländer die Bohrtürme, die Ölleitungen und die Anlagen zur Verarbeitung des Öls. Die „Anglo-Persian Oil Company" gab das Geld. Die Mehrheit der Aktien gehörte der englischen Regierung. Auch Rußland und die USA sicherten sich später Rechte an den Ölquellen des Nahen Ostens.

So entwickelte sich die Weltmacht des Britischen Empire. Es umfaßte um 1900 rund 30 Millionen km² mit etwa 300 Millionen Einwohnern. Die wichtigsten Kolonien waren: Kanada, Südafrika, Indien, Australien, Neuseeland. Den ältesten und größten verlieh das Mutterland mit der Zeit das Recht selbständiger Verwaltung: Kanada 1867, Australien 1901, Südafrikanische Union 1910. Sie wurden dann *Dominions* genannt.

Frankreich erwirbt das zweitgrößte Kolonialreich

Im Siebenjährigen Krieg und in der Zeit Napoleons I. hatten die Franzosen ihre großen Kolonien in Amerika und Asien sowie ihre Seemachtstellung an England verloren. Im Verlauf des Industriezeitalters wollten sie sich neue Rohstoff- und Absatzgebiete vor allem in den benachbarten Teilen Afrikas sichern. Um 1830 begann die Eroberung Algeriens. Hier lockten die Lager an Eisenerz, Zink, Blei, Kupfer und der Reichtum an Ölfrüchten. Das französische Kolonialreich sollte von der Mündung des Senegal durch ganz Afrika hindurch bis zum Golf von Aden reichen. Das verhinderten die Engländer am Oberen Nil. Sie räumten dafür in einem Abkommen den Franzosen den vorwiegenden Einfluß auf die Saharagebiete und auf Marokko ein. In Hinterindien umfaßte Frankreichs neue Kolonie Indochina das Gebiet der heutigen Vietnam-Staaten, Laos und Kambodscha. So wurde Frankreich zur zweitgrößten Kolonialmacht der Erde.

Graf von Brazza nimmt den Mittelkongo für Frankreich in Besitz (Zeitgenössischer Stich).

Links: Verbannung in Sibirien. Neu angekommene politische Häftlinge werden in Ketten geschmiedet. Der Fotograf dieser später kolorierten Aufnahme ist der russische Dichter Tschechow, der sich 1890 auf der Insel Sachalin aufhielt.

Rechts unten: Die japanische Flotte beschießt die russische Festung Port Arthur 1904 (Japanischer Holzschnitt).

Rußland dehnt sich bis zum Stillen Ozean aus

Rußland war aus den napoleonischen Kriegen als die führende Macht auf dem europäischen Festland hervorgegangen. Die riesige Landfläche war damals fast noch reines Bauernland. Hinderlich für die Entwicklung von Handel und Industrie war der fehlende Zugang zu den Weltmeeren durch eisfreie Häfen.

Im Norden türmte sich vor der Küste das Eis des Polarmeeres. Selbst Kronstadt, der Hafen von Petersburg, bleibt alljährlich bis spät in das Frühjahr hinein zugefroren. Im Osten dehnten sich die Tundren und Waldsümpfe Sibiriens aus. Konstantinopel und die Meerengen der Dardanellen in türkischer Hand sperrten den Ausgang ins Mittelmeer. Auch nach zwei siegreichen Kriegen gegen die Türkei wurde er nicht geöffnet, weil die Engländer und ihre Verbündeten eifersüchtig über ihre Alleinherrschaft im Mittelmeer wachten.

Um so mehr wandte sich der russische Ausdehnungsdrang nach Osten und Südosten. Durch Verträge mit China und durch Eroberungen setzten sich die Russen in den Besitz des Amurgebietes. Die Regierung verbannte Hunderttausende von Verbrechern und Sträflingen, darunter viele Unschuldige, in den Fernen Osten. Als Pelzjäger, Holzfäller und Bergarbeiter mußten sie ihr Leben fristen. Sibirien wurde zum Schrecken für den russischen Menschen. Während die Briten und die Franzosen China zwangen, sich dem europäischen Handel zu öffnen, legte Rußland auf chinesischem Gebiet den Hafen *Wladiwostok* an. Der Name bedeutet: „Beherrsche den Osten" und zeigt das Ziel des Vorstoßes zum Stillen Ozean an.

Zu Beginn des zwanzigsten Jahrhunderts wurde durch den Bau der Sibirischen Eisenbahn eine bessere Verbindung mit Westrußland hergestellt. Jetzt erst konnte das unbewohnte Land mit seinen Natur- und Bodenschätzen für Industrie und Handel erschlossen werden. Neue Ströme von Einwanderern, darunter die Bewohner ganzer Bauerndörfer, suchten eine neue Heimat im fernen Osten. Der Handel mit China nahm zu. Da auch der Hafen Wladiwostok nicht immer eisfrei war, drangen die Russen weiter nach Süden vor und eigneten sich um 1900 die Mandschurei und den Hafen *Port Arthur* an. Rußland war asiatische Großmacht geworden. Als es seinen Einfluß auf Korea auszudehnen versuchte, stieß es auf den Widerstand der neuen asiatischen Macht Japan.

Japan wird die Großmacht in Ostasien

Bis zur Mitte des neunzehnten Jahrhunderts hatte kein Fremder die japanischen Inseln betreten und kein Japaner seine Heimat verlassen dürfen. 1854 erzwang eine Flotte der USA den Zugang und die Öffnung einiger Häfen für den Handel mit dem Ausland. Damals lernten die Japaner die Errungenschaften der westlichen Industriestaaten kennen. In wenigen Jahrzehnten holten sie deren Vorsprung in der Wissenschaft, in der Technik und im Militärwesen ein.

Japans Bevölkerung nahm jährlich um 2 Millionen zu. Es brauchte Land für seine Bauern und Rohstoffe für seine Industrie. Daher versuchten die Japaner im Kampf mit dem schwachen China, sich in Korea und in der Mandschurei festzusetzen. Dort stießen sie auf die Russen. Auch den Engländern schien die Machtausdehnung Rußlands im chinesischen Raum bedrohlich. Daher schlossen sie ein Bündnis mit Japan (1902). Das ermutigte die Japaner, die Großmacht Rußland anzugreifen. Sie eroberten Port Arthur. Die ganze Welt horchte auf, als die junge japanische Kriegsflotte die russischen Schlachtschiffe bei Tsushima in der Korea-Straße vernichtete.

Rußland mußte auf Port Arthur und die Besetzung der Mandschurei verzichten. Diese Gebiete sowie Korea kamen unter japanischen Einfluß. Zum ersten Mal war eine europäische Großmacht von einem asiatischen Volk geschlagen worden. Japan gewann dadurch die Vormacht in Ostasien.

Die Niederlage löste in Rußland eine Revolution aus, die blutig niedergeschlagen wurde; außerdem gab es Meutereien auf der Schwarzmeerflotte (1905). Die russische Ausdehnungspolitik wandte sich jetzt wieder mehr ihren alten Zielen auf dem Balkan zu.

Die Vereinigten Staaten von Nordamerika wenden sich der Weltpolitik zu

Die USA nahmen nach dem Bürgerkrieg (Seite 95) einen mächtigen wirtschaftlichen Aufschwung. Sie erzeugten

	Kohle	Eisen	Weizen	Baumwolle
1860	16 Mill. t	0,8 Mill. t	173 Mill. Scheffel	4,5 Mill. Ballen
1910	441 Mill. t	28,9 Mill. t	684 Mill. Scheffel	10,0 Mill. Ballen

Kein anderer Staat der Welt erreichte diese Produktionskraft. Riesenvermögen häuften sich an, große Konzerne wie „Standard Oil" oder „United States Steel Company" entstanden. Die Erschließung der eigenen Westgebiete bot zunächst noch große Möglichkeiten für Siedlungen und Kapitalanlage.

Doch begann auch bald die gebietsmäßige Ausdehnung. Die Russen boten das unfruchtbare Eisland *Alaska* zum Verkauf an. Ein amerikanischer Minister griff schnell zu und erwarb die Halbinsel für 7,2 Millionen Dollar. Man war zunächst verärgert über den Kauf der „scheußlichen Masse von Eis und Eisbergen". Doch bald war der Lachsfang in den Gewässern Alaskas in einer Saison so viel wert wie der Kaufpreis der Halbinsel. Dazu wurden reiche Lager an Kupfer, Platin, Zinn, Quecksilber und Eisen entdeckt. Weiterhin wurde der Besitz der Halbinsel wichtig als Ausgangspunkt für den Handel. Als Flotten- und Luftstützpunkt gewann Alaska eine besondere Bedeutung.

Einzelne Gebiete von Kalifornien und Texas wurden von Mexiko erworben. Um 1890 gab es keinen „Wilden Westen" mehr. Der ganze nordamerikanische Kontinent war erschlossen. Jetzt lockte die Amerikaner auch das Beispiel der europäischen Kolonialmächte. In einem viel beachteten Buch von 1897 heißt es:

Qu „Ob wir wollen oder nicht, die Amerikaner müssen jetzt nach außen zu schauen beginnen. Die wachsende Produktion des Landes fordert es. Die Stimmung der Öffentlichkeit fordert es in steigendem Maße. Die Lage der U. S. zwischen zwei alten Welten und zwei großen Ozeanen erhebt denselben Anspruch, der bald durch die Schaffung des neuen Bindegliedes gestärkt werden wird, das den Atlantik und den Pazifik verbindet."

Damit war der Panamakanal gemeint. Die Worte klingen recht imperialistisch.

In demselben Jahr begünstigten die Amerikaner einen Aufstand der Kubaner gegen die drückende spanische Herrschaft. Nach dem siegreichen Krieg gegen Spanien ließen sich die USA die Philippinen, Puerto Rico und Guam abtreten. Sie erwarben die Hawaii-Inseln, Teile der Samoa-Inseln und sicherten sich den Einfluß auf Kuba. Damit beherrschten sie das amerikanische Mittelmeer, waren in den Stillen Ozean vorgestoßen und begannen mit dem Bau einer starken Flotte. Jetzt gewann das Ziel eines „Bindegliedes" zwischen den beiden Ozeanen immer größere Bedeutung.

Durch Dollaranleihen gerieten mittel- und südamerikanische Staaten in Abhängigkeit von den USA. Der Staat Kolumbien zögerte aber mit der Überlassung eines Landstreifens zum Kanalbau. Agenten organisierten mit Hilfe amerikanischer Dollars eine kleine Revolution; sie führte zur Ausrufung einer selbständigen Republik Panama. Amerikanische Kriegsschiffe verhinderten das Eingreifen der Kolumbianer. Panama aber überließ gegen Zahlung von 10 Millionen Dollar einen Landstreifen an die USA. Durch dieses Gebiet wurde zwischen 1903 und 1914 der Panamakanal gebaut. Kolumbien wurde später noch mit einer Entschädigungssumme von 18 Millionen Dollar abgefunden.

Wohin der wirtschaftliche Imperialismus der Amerikaner zielte, zeigen die Worte eines Senators:

Qu „Die Philippinen gehören für immer uns, hinter ihnen aber liegen die unbegrenzten Märkte Chinas. Wir werden keines mehr aufgeben."

Auch der Weg zu den Millionen Menschen Indiens und Japans war für die Wirtschaft der USA geöffnet.

Deutschland und die Weltpolitik

Deutschland erwirbt Kolonien in Afrika und in der Südsee

Die großen europäischen Staaten hatten schon Kolonialbesitz, als die Deutschen noch von der Gründung ihres nationalen Einheitsstaates und seiner Festigung in Anspruch genommen waren. Nach 1870 wuchs die Industrie im neuen Reich. Nun begannen auch deutsche Unternehmer nach Rohstoffquellen und Absatzmärkten in anderen Erdteilen zu suchen. Reichskanzler Bismarck wollte nicht, daß sein Reich sich an kolonialen Erwerbungen beteiligte. Ihm war die Sicherheit seines von mißtrauischen Großmächten umgebenen Staates wichtiger. Er sagte, als ihm einmal ein Afrikaforscher eine Karte des Schwarzen Erdteils vorlegte:

Qu

„Ihre Karte von Afrika ist ja sehr schön. Aber meine Karte von Afrika ist in Europa. Hier Rußland, hier Frankreich, wir in der Mitte."

So beteiligten sich zunächst deutsche Forscher und Kaufleute auf eigene Faust an der Durchdringung des unbekannten Erdteils Afrika. Einer der wagemutigsten war der Bremer Kaufmann *Adolf Lüderitz*. Für 100 Pfund Sterling und 60 Gewehre handelte er Hottentottenhäuptlingen an der Westküste Afrikas ein großes Gebiet ab. Das war der Anfang der deutschen Kolonie *Deutsch-Südwestafrika* (1884). Etwa gleichzeitig erwarben Hamburger Unternehmer *Togo*, Kaufleute aus Bremen das Gebiet von *Kamerun*. Der deutsche Forschungsreisende *Karl Peters* kaufte 1885 von eingeborenen Häuptlingen einen großen Landstrich an der Ostküste Afrikas, das spätere *Deutsch-Ostafrika*. Andere deutsche Kaufleute setzten sich auf *Neuguinea* fest und erwarben verschiedene Inseln in der Südsee. Karl Peters nannte die Ziele der Männer, die sich für deutschen Kolonialbesitz einsetzten:

Qu

„Nun war nach dem Siege von Sedan Deutschland ein so starkes Reich geworden. Wenn ich aber auf die Landkarte blickte, so sah ich, daß von fast allen europäischen Staaten mein eigenes Vaterland ohne jeden Kolonialbesitz war. Als ich ins Ausland kam, mußte ich die Erfahrung machen, daß der Deutsche damals der am mindesten geachtete Angehörige eines europäischen Volkes war ... Ich aber wollte, daß mein Volk auch Achtung in der Welt genießen sollte ... Ich sah, was Deutschland jährlich wirtschaftlich verlor dadurch, daß es seinen Kaffee, Tee, Kakao, sein Gummi, seine Baumwolle,

Hissen der deutschen Reichskriegsflagge in Kamerun durch Gustav Nachtigal 1884 (Zeitgenössische Darstellung).

4/145

Faserstoffe und Felle aus dem Ausland beziehen mußte. Für den einzelnen Engländer aber war es von hohem Wert, in den Kolonien unabhängig zu werden und sich ein Vermögen zu erwerben. Diese Gesichtspunkte vor allem trieben mich zur Kolonialpolitik."

Alle diese unternehmungslustigen Männer erbaten vom Reich Hilfe und Schutz. Bismarck meinte aber:

Qu „... das Reich ist nicht stark genug zu helfen. Es würde das Übelwollen anderer Staaten auf sich ziehen. Es würde Nasenstüber bekommen, die es nicht vergelten könnte, weil es keine Flotte hat."

Die Kaufleute erhielten nur Schutzbriefe. Die erworbenen Gebiete sollten sie selber verwalten.
Bald aber stellte sich heraus, daß die Kaufleute ihren Besitz gegen die rivalisierenden fremden Mächte nicht aus eigener Kraft halten konnten. Inzwischen hatte man auch im deutschen Volk für Kolonien geworben, so z. B. durch den 1882 gegründeten *Kolonialverein*. Jetzt gab Bismarck sein Zögern auf. Er nutzte die Gelegenheit aus, als England und Rußland einerseits und England und Frankreich andererseits wegen ihrer Ausdehnung in Asien und Afrika in Streitigkeiten geraten und dort gebunden waren. Er nahm die kolonialen Gebiete in den Schutz und Besitz des Deutschen Reiches.

Der alte Kanzler und der junge Kaiser

Der 91jährige Kaiser Wilhelm I. und sein Sohn Friedrich III. starben in demselben Jahre 1888. Der Enkel des ersten Deutschen Kaisers, Wilhelm II., kam auf den Thron.
Der 29jährige geltungsbedürftige Herrscher wollte selbst regieren und sein „eigener Kanzler" sein. Das mußte die Zusammenarbeit mit dem 73jährigen erfahrenen Reichskanzler Bismarck schwierig gestalten. Dieser war gewohnt, daß die preußischen Minister nur über ihn mit dem Kaiser und König verhandelten. Wilhelm II. aber wollte seine Minister befragen, wann es ihm paßte. Er war recht erregt, als der Kanzler ohne sein Wissen mit einem Parteiführer sprach. Seine Meinung war: „Ich allein bin Herr im Reich, keinen anderen dulde ich." Bismarck sah hart und starrsinnig in der SPD weiterhin den Todfeind seines Staates und verlangte scharfes Vorgehen und Verlängerung des Sozialistengesetzes. Der Reichstag lehnte dies jedoch ab; der Kaiser wollte auch ein „Kaiser der Armen" sein und die soziale Gesetzgebung ausbauen. In der Außenpolitik wollte Bismarck das gute Verhältnis zu Rußland pflegen, Wilhelm II. neigte mehr zu Österreich und England. Durch solche Gegensätze häuften sich die Zerwürfnisse. Bismarck

Die Entlassung Bismarcks: „Der Lotse verläßt das Schiff." Karikatur aus der englischen Zeitschrift „Punch", 1890.

wurde schließlich schroff aufgefordert, sein Entlassungsgesuch einzureichen. Er schied 1890 grollend und in Sorge um die Zukunft des Reiches aus allen seinen Ämtern. Wilhelm II. telegraphierte an einen fürstlichen Verwandten:

„... Das Amt des wachhabenden Offiziers auf dem Staatsschiff ist jetzt mir zugefallen. Der Kurs bleibt der alte. Volldampf voraus! ..."

Der „neue Kurs" Wilhelms II.

Der Kurs blieb aber nicht der alte. In seiner Innenpolitik wollte der Kaiser zunächst die Arbeiter für sich gewinnen und zeigen, daß er „ein warmes Herz für sie habe". Das Sozialistengesetz wurde nicht mehr erneuert. Neue Arbeitsschutzgesetze bestimmten z. B., daß Frauenarbeit eingeschränkt und Kinder unter 13 Jahren nicht mehr in Fabriken beschäftigt werden sollten, außerdem sollte an Sonntagen nicht mehr gearbeitet werden. Teile des besitzenden Bürgertums sahen aber weiter auf den Arbeiterstand herab und wollten von mehr Reformen nichts wissen. Der Arbeiter verlangte volle Gleichberechtigung und bessere Entlohnung. Als die meisten Arbeiter wieder Sozialdemokraten in den Reichstag wählten, schlug die Stimmung des Kaisers schnell um. Er äußerte empört: „Die Arbeiter haben durch ihr Verhalten im krassen Undank sich nicht der Wohltaten würdig gezeigt." Er verlangte ein Gesetz, das jeden Arbeiter, der zum Streik aufforderte, mit Zuchthaus bedrohte. Weil sich deutsche Sozialdemokraten mit denen anderer Länder trafen, nannte er sie vaterlandslos und gebrauchte anmaßende Worte wie: „für mich ist jeder Sozialdemokrat gleichbedeutend mit Reichs- und Vaterlandsfeind" ... oder gegenüber seinen Rekruten der Garde:

„... ihr habt euch mir mit Leib und Seele ergeben; es gibt für euch nur einen Feind, und der ist mein Feind. Bei den jetzigen sozialistischen Umtrieben kann es vorkommen, daß Ich euch befehle, eure eigenen Verwandten, Brüder, ja Eltern niederzuschießen — was ja Gott verhüten möge — aber auch dann müßt ihr Meine Befehle ohne Murren befolgen."

Deutlich zeigte sich der neue Kurs Wilhelms II. auch in der deutschen Außenpolitik. Der 1890 abgelaufene Rückversicherungsvertrag mit Rußland wurde nicht erneuert. Das trug dazu bei, daß die von Frankreich erstrebte Annäherung an die Russen Erfolg hatte. Diese beiden Mächte schlossen 1904 ein Bündnis. Bei einem Angriff Österreichs oder Deutschlands wollten sie sich gegenseitig unterstützen. Eine gleichzeitige Bedrohung Deutschlands von Osten und Westen, die Bismarck befürchtet hatte, war jetzt möglich. Die Franzosen jubelten: „Nun sind wir nicht mehr allein."

Das deutsche Reich war in den beiden letzten Jahrzehnten des 19. Jahrhunderts ein großer Industriestaat geworden. Seine Bevölkerung hatte rasch zugenommen — von 45 Millionen Menschen im Jahre 1880 auf 56 Millionen im Jahre 1890 und auf 64 Millionen um 1910. Lebensmittel mußten aus dem Ausland eingeführt werden. Die deutsche Industrie brauchte in zunehmendem Maße Rohstoffe, wie Gummi, Wolle, Baumwolle, Häute, Erdöl und Erze. Um die Einfuhr bezahlen zu können, mußten Fertigwaren mindestens im gleichen Werte ausgeführt werden. Der deutsche Unternehmer, Bankier und Kaufmann bemühte sich daher um neue Absatzmärkte und ertragreiche Anlagemöglichkeiten. Dementsprechend war die deutsche Handelsflotte hinter der englischen zur zweitgrößten in der Welt herangewachsen. Die deutschen Unternehmer und Techniker in Übersee wünschten dringend mehr Schutz und Unterstützung durch die politische Macht des Reiches als zu Bismarcks

Zeit. Die Welt sei so gut wie aufgeteilt. Man dürfe nicht weiterhin zu spät kommen und sich alle wirtschaftlichen Vorteile entgehen lassen. Der junge ehrgeizige Kaiser Wilhelm II. wollte diesen Wünschen entsprechen. Aus seiner Feststellung, daß das Deutsche Reich ein Weltreich geworden sei, wollte er die Folgerungen ziehen. Seine Überzeugung war: „Deutschlands Zukunft liegt auf dem Wasser." So beauftragte der Kaiser den Admiral *Tirpitz*, eine Kriegsflotte zu bauen, von welcher dieser hoffte:

Qu „Was wir anstrebten, war, daß unsere Flotte nicht größer, aber auch nicht kleiner gehalten werden sollte, als nötig wäre, um auch der größten Seemacht den Angriff auf uns als ein gewagtes Unternehmen erscheinen zu lassen."

Konflikte unter den Kolonialmächten bahnen sich an

Wenn der deutsche Politiker von Bülow für Deutschland auch „einen Platz an der Sonne" verlangte, mußte die Frage auftauchen: Wo gab es noch freie Gebiete auf der Erde? Wohin sollte sich die deutsche Weltpolitik erstrecken? Das Deutsche Reich schaltete sich in den Wettlauf der großen Mächte Rußland, Japan, England, Frankreich, USA um Einflußgebiete in dem wehrlosen China ein. Wie diese Mächte die Chinesen zwangen, ihnen Häfen und Rechte zu überlassen, so ließ sich auch Deutschland den Flottenstützpunkt *Kiautschou* abtreten. Große deutsche Firmen erhielten Rechte, Niederlassungen zu errichten, Eisenbahnen, Bergwerke oder Häfen zu bauen. Der Fremdenhaß in China richtete sich jetzt auch gegen die Deutschen. Russen, Japaner und Engländer blickten mit Unwillen auf das Vorgehen der Deutschen und suchten um so mehr, ihren eigenen Einfluß auszudehnen.
Einige weniger wertvolle Gebiete in Südostasien, auf Neuguinea und auf verschiedenen Inselgruppen, konnte Deutschland noch erwerben. Das führte jedoch zu Streitigkeiten mit den USA, mit Japan und mit England.
Deutsche Banken liehen der Türkei das Geld zum Bau der *Bagdadbahn*, die von Konstantinopel bis zum Persischen Golf führen sollte. Das war ein Riesenauftrag in Höhe von 500 Millionen Goldmark. In gleicher Höhe mußten dafür die Türken von Deutschland

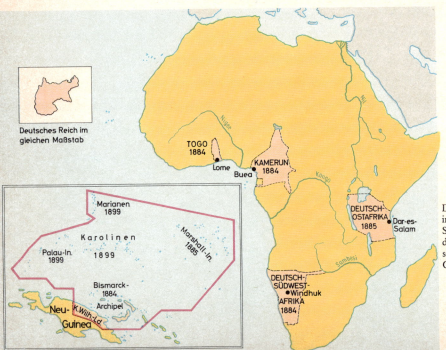

Die deutschen Kolonien in Afrika und in der Südsee. Im Vergleich dazu das deutsche Kaiserreich im selben Größenverhältnis.

4/148

Schienen, Lokomotiven, Eisenbahnen, Telefon- und Telegrafeneinrichtungen sowie Waffen für das türkische Heer kaufen. Rußland blickte mit Mißtrauen auf diese Ausdehnung deutschen Einflusses; England sah darüber hinaus seinen Weg nach Indien gefährdet. Das Mißfallen steigerte sich durch unbedachte und hochtrabende Reden Kaiser Wilhelms II. In Damaskus hatte er 1898 verkündet:

„Möge der Sultan und mögen die 300 Millionen Mohammedaner, die, auf der Erde zerstreut lebend, in ihm ihren Kalifen verehren, dessen versichert sein, daß zu allen Zeiten der deutsche Kaiser ihr Freund sein wird!"

Ungefähr 250 Millionen dieser Mohammedaner aber waren englische oder russische Untertanen.
Als die Buren in Südafrika einen englischen Einfall zurückgeschlagen hatten, schickte Kaiser Wilhelm II. an ihren Präsidenten *Krüger* das Telegramm:

„Ich spreche Ihnen meinen aufrichtigen Glückwunsch aus, daß es Ihnen, ohne an die Hilfe befreundeter Mächte zu appellieren, mit Ihrem Volke gelungen ist, in eigener Tatkraft gegenüber den bewaffneten Scharen, welche als Friedensstörer in ihr Land eingebrochen sind, den Frieden wiederherzustellen und die Unabhängigkeit des Landes gegen Angriffe von außen zu wahren."

Solche Äußerungen des Kaisers sowie sein aufreizendes Auftreten in militärischem Aufputz erregten im Ausland oft Anstoß, ja konnten den Verdacht kriegerischer Absichten wecken, obwohl Wilhelm II. ernstlich nie einen Krieg gewünscht hatte.
Zur politischen Beunruhigung über Deutschlands Teilnahme an der Weltpolitik trug auch die steigende Rivalität in der Wirtschaft und im Handel bei. Als England noch der Warenlieferant für die ganze Welt gewesen war, hatten die Briten verlangt, daß alle deutschen Waren, die nach England oder seine Kolonien gingen, gekennzeichnet sein mußten mit „Made in Germany". Der Käufer sollte dadurch vor diesen Waren gewarnt werden. Jetzt aber gingen Produkte von Siemens, AEG, IG Farben, Krupp u. a. in alle Teile der Welt und zeichneten sich durch ihre Güte aus. „Made in Germany" wurde so zur Empfehlung, und die deutschen Erzeugnisse und der deutsche Handel wurden von anderen Kaufleuten als lästige Konkurrenz empfunden.
Bedrohlich erschien das Wachstum der deutschen Wirtschaftskraft:

Kohleförderung in Mill. Tonnen	1875	1900	1913
in Deutschland	50	150	280
in England	150	220	290
Stahlproduktion in Mill. Tonnen	1890	1900	1913
in Deutschland	1,5	6,5	17,0
in England	4,0	5,0	7,0

Entsprechend stieg der Anteil am Welthandel zwischen 1885 und 1913 in Deutschland von 10% auf 13%, in England sank er von 19% auf 15%. Ein englischer Geschichtsschreiber wies auf die bedrohliche Konkurrenz hin: „Für Großbritannien stellte das Meer die elementarste Grundbedingung seiner Existenz dar, für Deutschland war es das nicht." Im Jahre 1897 stellte eine englische Zeitung sogar die drohende Frage:

„Auf die Länge beginnen auch in England die Leute einzusehen, daß es in Europa zwei große, unversöhnliche, entgegengesetzte Mächte gibt, zwei große Nationen, welche die ganze Welt zu ihrer

Domäne machen und von ihr den Handelstribut erheben möchten ... Überall, wo die Flagge der Bibel und der Handel der Flagge gefolgt ist, liegt ein deutscher Handlungsreisender mit dem englischen Hausierer im Streit. Gibt es irgendwo eine Mine auszubeuten, eine Eisenbahn zu bauen, einen Eingeborenen von der Brotfrucht zum Büchsenfleisch, von der Enthaltsamkeit zum Schnapshandel zu bekehren — ein Deutscher und ein Engländer streiten um den ersten Platz.
Eine Million geringfügiger Streitigkeiten schließen sich zum größten Kriegsgrund zusammen, welchen die Welt je gesehen hat. Wenn morgen Deutschland ausgelöscht würde, gäbe es übermorgen keinen Engländer in der Welt, der nicht um so reicher geworden wäre. Völker haben jahrelang um eine Stadt oder ein Erbfolgerecht gekämpft; müssen sie nicht um einen jährlichen Handel von 250 Millionen Pfund Krieg führen?"

Zwar war dies eine Einzelstimme, aber sie zeigt sehr deutlich, daß durch den Eintritt Deutschlands in die Weltpolitik die Konfliktmöglichkeiten zwischen den großen Kolonialmächten vermehrt worden waren.

Die Folgen der imperialistischen Politik der großen Mächte

Die Aufteilung der Welt in große Kolonialreiche (Imperien)

Um das Jahr 1900 hatte die Aufteilung nach Landflächen und Bevölkerungszahl folgenden Stand erreicht:

	Mutterland		abhängige Gebiete	
	km²	Bewohner	km²	Bewohner
England	314 800	45 000 000	29 500 000	349 000 000
Rußland	5 370 000	125 300 000	16 650 000	26 660 000
Frankreich	536 400	39 200 000	5 940 000	42 740 000
USA	9 420 000	85 800 000	306 000	8 650 000
Deutschland	540 000	60 600 000	2 657 000	12 400 000

Jede dieser Mächte wachte eifersüchtig über ihren Besitz und den allgemeinen Wettlauf der anderen um noch freie Einflußgebiete. Das wird besonders deutlich am Beispiel Chinas.

Auswirkungen auf die Kolonien und abhängigen Gebiete

Das zweitausendjährige chinesische Reich mit seinen 450 Millionen Menschen hatte sich noch um die Mitte des 19. Jahrhunderts fast ganz gegen fremde Missionare und Kaufleute abgeschlossen. Um 1840 verbot der Kaiser von China das gesundheitsschädliche Rauchen und den Verkauf von Opium. Englische Kaufleute aber wollten den gewinnbringenden Opiumhandel weiter betreiben. Im sogenannten Opiumkrieg erzwangen die Engländer die Abtretung des Hafens von Hongkong; andere Häfen mußten dem Handel der Weißen geöffnet werden.
Durch eine Revolution der unterdrückten Bauern wurde das chinesische Kaisertum geschwächt. Dies benutzten die weißen Mächte, sich weiteren Einfluß zu verschaffen. Frankreich hatte schon im alten chinesischen Bereich seine Kolonie Indochina erworben. England nahm sich Birma; die Russen zwangen die Chinesen, ihnen Gebiete in der Mandschurei zum Bau ihrer Eisenbahn zu überlassen. Die Engländer und Franzosen erlangten weitere

Peking um 1900. Die Straße führte zu dem kaiserlichen Palast, der in der Mitte der quadratisch angelegten Stadt lag. Das Chien-men-Tor im Hintergrund trennte den tatarischen von dem chinesischen Teil Pekings.

Rechte in Häfen und auf chinesischen Flüssen für ihren Handel. Die Japaner nahmen die Insel Formosa. Der deutsche Kaiser ließ wegen der Ermordung von zwei deutschen Missionaren das Gebiet um Kiautschou besetzen, Rußland folgte mit der Besetzung von Port Arthur, Engländer und Franzosen setzten sich daraufhin in weiteren Häfen fest. Im Jahre 1898 schrieb der Kaiser von China:

„Die westlichen Mächte verachten uns und gehen mit uns um wie mit Barbaren. Nachdem die Aufteilung Asiens beendet ist, reden sie von der Teilung Chinas. Ihre Zeitungen behandeln das Thema ganz offen, sogar mit genauen Teilungsplänen."   Qu

Der Haß gegen die fremden weißen Eindringlinge machte sich auch in Gewalttaten gegen ausländische Gesandte und in Plünderungen von Niederlassungen der Weißen Luft. So wurde z. B. der deutsche Gesandte von Ketteler ermordet. In einem Aufruf des chinesischen Geheimbundes der „Boxer" (Bund der starken Faust) heißt es um 1900:

„Fremde Teufel sind gekommen und haben durch ihre Lehre viele zu ihrem römischen oder protestantischen Glauben verleitet. Ihre Kirchen stehen außerhalb menschlicher Beziehungen: sie haben sich indessen mit viel Bosheit Ehrgeizige und Begierige zugeführt. Sie haben ohne Grenzen ihre Kraft mißbraucht, bis alle guten Beamten verdorben und ihre Diener geworden waren aus Begierde nach fremdem Reichtum. Der Telegraph und die Eisenbahnen sind eingerichtet worden, man hat Gewehr- und Geschützfabriken angelegt, und diese Anstalten verursachen den fremden Teufeln eine Freude, der Bosheit voll; ebenso ist es mit den Lokomotiven, den Ballons und den elektrischen Lampen, Erfindungen, die diese fremden Teufel für vorzüglich halten. Obwohl ihnen ihr Rang dieses Recht nicht gibt, lassen sie sich in Sänften tragen: China aber betrachtet sie doch als Barbaren, die Gott verdammen wolle ..."   Qu

Truppen der europäischen Mächte, darunter auch Deutsche, schlugen den Boxeraufstand blutig nieder. Kaiser Wilhelm II. erklärte bei der Verabschiedung der nach Ostasien gehenden Soldaten:

„Die Chinesen haben das Völkerrecht umgeworfen, sie haben in einer in der Weltgeschichte nicht erhörten Weise der Heiligkeit des Gesandten, der Pflicht des Gastrechts Hohn gesprochen. Es ist das um so empörender, als das Verbrechen begangen worden ist von einer Nation, die auf ihre uralte   Qu

Kultur stolz ist ... gebt an Manneszucht und Disziplin der Welt ein Beispiel ... führt eure Waffen so, daß auf tausend Jahre hinaus kein Chinese mehr es wagt, einen Deutschen scheel anzusehen ..."

Nun wurde ganz China in Interessengebiete der Kolonialmächte aufgeteilt. Sie bauten ihre Häfen auf chinesischem Grund zu Militär- und Flottenstützpunkten aus. Sie erzwangen weitere Handelsverträge zur Ausbeutung des Landes, von den Chinesen noch heute als die „Ungleichen Verträge" gehaßt. Sie drängten dem wehrlosen Volk hohe Anleihen auf, so daß die Staatsschulden ungeheuer anstiegen. Dies konnte dann von den ausländischen Kapitalgesellschaften zu weiteren Erpressungen ausgenützt werden.

In anderen kolonialen Gebieten wurde ähnlich verfahren. Von den grausamen Methoden der Gummigesellschaft „Abir" im Kongo wird berichtet:

Qu „Ein Minimum von 10 000 Eingeborenen war für die ‚Abir' ständig unterwegs, um Gummi zu sammeln, und ebensoviele Frauen und Kinder befanden sich in ihren ‚Geiselhäusern'. Das System war denkbar einfach: Die Bewaffneten der ‚Abir Company' überfielen die Dörfer, schleppten Frauen und Kinder weg. Wollten die Männer ihre Familien zurückhaben, so mußten sie eine bestimmte Menge Gummi abliefern — und zwar sehr schnell, sonst waren die Frauen inzwischen verhungert oder zu Tode geschunden oder — in elftausend nachgewiesenen Fällen — an arabische Händler verkauft, die sie als Sklaven ... verschacherten ... Zwischen 1899 und 1906 lieferte der Kongo für rund 14 Millionen Pfund Sterling Kautschuk, die Aktien der ‚Abir' stiegen von 4,5 Pfund binnen zwei Jahren auf 700, schließlich auf 1 000 Pfund."

Bei dieser Geldgier der Weißen war nichts übrig geblieben von den Hoffnungen, welche der Forscher und Entdecker Stanley 1878 in sein Tagebuch geschrieben hatte:

Qu „Als erster erforschte ich den Kongo und sollte nun der Welt als erster seine Bedeutung erweisen, friedliche Niederlassungen an seinen Ufern anlegen und sie in nationale Staaten umwandeln, in denen Gerechtigkeit, Gesetz und Ordnung herrschen und der grausame Sklavenhandel für immer aufhören sollte."

Auf der anderen Seite brachte die Herrschaft der Weißen auch manche wirkliche Fortschritte. In Ägypten schafften z. B. die Engländer die Sklaverei, die Fronarbeit und die Prügelstrafe ab. Straßen, Eisenbahnen, Häfen und Bewässerungsanlagen wurden gebaut. Durch die Tätigkeit der Missionare wurden Schulen eingerichtet und dem einheimischen Sklavenhandel entgegengearbeitet. Die weißen Missionsärzte begannen mit der Bekämpfung der verheerenden Tropenkrankheiten.

Kaiser Wilhelm II. in Tanger (1905). Sein Besuch beim Sultan von Marokko sollte deutsche Interessen anmelden und betonen.

Im ganzen aber überwogen die Schattenseiten der Kolonisation. Zu spät kamen Mahnungen wie die des Urwalddoktors Albert Schweitzer:

„Haben wir Weißen ein Recht, primitiven und halb primitiven Völkern ... unsere Herrschaft aufzuzwängen? Nein, wenn wir sie nur beherrschen und Vorteile aus ihrem Land ziehen wollen! Ja, wenn es uns Ernst damit ist, sie zu erziehen und zu Wohlstand gelangen zu lassen! ... Daß von denjenigen, die die Besitzergreifung der kolonialen Länder in unserem Auftrag und Namen betrieben, viele es an Ungerechtigkeit, Gewalttätigkeit und Grausamkeit den eingeborenen Häuptlingen gleichtaten und damit eine große Schuld auf uns geladen haben, ist nur zu wahr ... Zuletzt ist alles, was wir den Völkern der Kolonien Gutes erweisen, nicht Wohltat, sondern Sühne für das viele Leid, das wir Weiße von dem Tage an, da unsere Schiffe den Weg zu ihren Gestaden fanden, über sie gebracht haben."

Qu

Erinnerungen an solche Seiten der Kolonisation verbinden sich heute bei farbigen Völkern mit den Schlagworten Imperialismus, Kapitalismus und Kolonialismus, die — teilweise auch von neuen Unterdrückern — dazu benützt werden, um die Farbigen zu Gewalttaten unter sich und gegen Weiße aufzureizen.

Auswirkungen auf das Bündnissystem in Europa

Die Konflikte der Kolonialherren wirkten sich auch auf ihre Beziehungen in Europa aus. Beim Zusammenstoß der Engländer und Franzosen in Faschoda 1898 dachte man schon an einen Krieg zwischen den beiden Mächten. England versuchte um diese Zeit, enger mit Deutschland zusammenzugehen. Mehrjährige Verhandlungen führten jedoch zu keinem Erfolg. Keine Macht traute der anderen. Die deutschen Politiker meinten, wegen ihrer Gegensätze könnten sich die Briten sowieso nicht mit Frankreich oder Rußland verbünden, die Deutschen sollten nur als Festlandsdegen Englands dienen. Dieses aber schloß im Jahre 1904 ein Abkommen mit Frankreich. Dadurch erhielten die Engländer Ägypten als ihr Einflußgebiet, die Franzosen freie Hand in Marokko.
Der deutsche Kaiser verlangte „gleiches Recht für alle in Marokko" und erregte Aufsehen durch einen Besuch beim dortigen Sultan. Eine Konferenz der großen Mächte verhinderte einen ernsteren Konflikt. Sie zeigte aber auch, daß außer Österreich alle Staaten auf der Seite Frankreichs und Englands standen. Deutschland fühlte sich „eingekreist".
Diese Befürchtung steigerte sich, als im Jahre 1907 auch England und Rußland ein Abkommen schlossen. Die Russen sollten sich in Ostasien und Afghanistan nicht mehr einmischen, in Persien grenzten beide Mächte ihre Einflußgebiete gegeneinander ab. Durch diese Vereinbarungen hatte sich das Bündnissystem der europäischen Mächte aus der Zeit Bismarcks völlig gewandelt. Es standen sich auch nicht mehr rivalisierende Einzelmächte, sondern zwei Bündnisblöcke gegenüber. Vom alten Dreibund Bismarcks (Deutschland—Österreich—Italien) war aber Italien auch an England und Frankreich gebunden. Zu Deutschland hielt nur noch das vom inneren Zerfall bedrohte Österreich.

Kriegsangst und Wettrüsten überall

Neben den Konfliktmöglichkeiten in der Weltpolitik waren die europäischen Krisenherde bestehen geblieben. Frankreich dachte noch immer an Rückgewinnung von Elsaß-Lothringen. Rußland wollte sich auf dem Balkan ausdehnen und bedrohte Österreich-Ungarn, dessen slawische Völker sich mit Hilfe der Russen aus dem Habsburger Reich lösen wollten.

England war wegen der deutschen Flotten- und Handelsrivalität besorgt. Voller Mißtrauen gegeneinander glaubten so die großen Mächte, nicht mehr ohne starke Heere und möglichst auch Kriegsflotten auskommen zu können. Sie begannen, um die Wette zu rüsten.
Noch im Jahre 1905 hatte nur die englische Flotte 4 Großkampfschiffe besessen. Durch rasche Aufrüstung gab es 1908 schon 12 englische, 9 deutsche, 6 französische. Dabei war der Bau von modernen Kriegsschiffen besonders kostspielig. Als die Deutschen zu bauen begannen, bauten die Engländer noch mehr größere, stärker gepanzerte und schnellere Schiffe als bisher. Das englische Parlament sah sich veranlaßt, höhere Rüstungsausgaben zu bewilligen, welche die Masse der Steuerzahler aufbringen mußte. Die deutsche Regierung folgte. Ein englischer Politiker warnte Berlin. Kaiser Wilhelm II. beschwichtigte: die deutsche Flotte sei nur zur Verteidigung bestimmt und niemals so stark wie die englische. Der Engländer meinte sehr besorgt: „Sie müssen einhalten oder langsamer bauen." Der Kaiser erwiderte in überheblichem Herrscherbewußtsein: „Dann werden wir kämpfen, denn es ist eine Frage der nationalen Ehre und Würde." Obwohl Wilhelm II. nie an einen Angriff auf England dachte, fühlten sich die Engländer durch den deutschen Flottenbau bedroht. Ein englischer Geschichtsschreiber faßte die Ursachen der Spannungen so zusammen:

Qu „Der Zustand des europäischen Gleichgewichts gab wieder Grund zur Beunruhigung. Bevölkerung, Reichtum und Bildung Deutschlands stiegen unablässig, und darauf beruhten die nie dagewesenen Rüstungen, durch die dieser Staat nun allmählich ganz Europa überschattete; zu der stärksten Armee Europas kam nun auch eine Flotte, die mit der Absicht gebaut war, es mit unserer aufzunehmen ... Während der nächsten zehn Jahre rüsteten die Staaten zu Wasser und zu Land um die Wette. Es war ein Rennen, das nur den Krieg zum Ziele haben konnte ... Britannien bemühte sich wohl, mit Deutschland ein Übereinkommen über die Begrenzung der beiden Flotten zu treffen, aber alle Annäherungsversuche wurden zurückgewiesen. Denn die Militärpartei, die die Politik Kaiser Wilhelms II. beherrschte, war nun auch eine Flottenpartei geworden. So trieb Europa der Katastrophe zu, und diesmal riß es England mit."

Die Stärke der Landheere wuchs:

	1890	1914
in Deutschland von	2,8 Millionen Mann auf	3,82 Millionen Mann
in Frankreich von	3,2 Millionen Mann auf	3,78 Millionen Mann
in Rußland von	3,5 Millionen Mann auf	4,5 Millionen Mann

Im Jahre 1913 führte Frankreich für sein Heer die dreijährige Dienstpflicht ein. Rußland erhöhte erneut die Friedensstärke seiner Armee. England und Frankreich vereinbarten, die französische Flotte solle den Schutz des Mittelmeeres übernehmen, damit die ganze englische Flotte in den Gewässern um England zusammengezogen werden konnte. England, Belgien und Frankreich sprachen sich über das Zusammenwirken ihrer Landstreitkräfte ab. Daraufhin erhöhte Deutschland wieder seine Heeresstärke. Das Wettrüsten ging weiter; schließlich glaubten viele Menschen in Europa, daß nur noch ein Krieg die Spannung lösen könne, welche sich zwischen den großen Mächten gebildet hatte. In einer Reichstagsrede 1911 sagte der sozialdemokratische Parteiführer August Bebel:

Qu „Es kann auch kommen, wie es zwischen Japan und Rußland gekommen ist. Eines Tages kann die eine Seite sagen: das kann nicht so weitergehen. Sie kann auch sagen: Halt, wenn wir länger warten,

Parade von deutschen Kriegsschiffen (1905).

dann geht es uns schlecht, dann sind wir der Schwächere statt der Stärkere. Dann kommt die Katastrophe. Alsdann wird in Europa der große Generalmarsch geschlagen, auf den hin 16—18 Millionen Männer, die Blüte der verschiedenen Nationen, ausgerüstet mit den besten Mordwaffen, gegeneinander ins Feld rücken ... Hinter diesem Krieg steht der Massenbankerott, steht das Massenelend, steht die Massenarbeitslosigkeit, die große Hungersnot (Widerspruch von rechts). Das wollen Sie bestreiten? (Zuruf von rechts: Nach jedem Krieg wird es besser!)"

Abrüsten oder Fortsetzung des Wettrüstens?

Angesichts der drohenden Kriegsgefahr und der hohen Rüstungsausgaben schlugen einige besonnene Staatsmänner und Friedensfreunde vor, die Rüstungen zu beschränken oder abzurüsten. Auf zwei Friedenskonferenzen in Den Haag, 1899 und 1907, verhandelten die Vertreter der Mächte darüber. Man konnte sich einigen über das Verbot der Anwendung von Giftgas und über besseren Schutz des Roten Kreuzes. Ein *Internationaler Gerichtshof* wurde in Den Haag eingerichtet, der Streitigkeiten zwischen den Nationen schlichten sollte. Aber jeder Staat durfte selbst bestimmen, ob er den Schiedsspruch anerkennen wollte oder nicht. Das Mißtrauen der Mächte gegeneinander war so groß, daß in der entscheidenden Frage der Abrüstung nichts erreicht wurde. Die spätere Friedensnobelpreisträgerin (1905) *Bertha von Suttner*, die eine Gesellschaft der Friedensfreunde gegründet hatte, weilte zu dieser Zeit in Den Haag. Am 4. 7. 1899 schrieb sie in ihr Tagebuch:

„Schon am frühen Morgen heult ein heftiger Sturm, und Regen klatscht an die Fenster. Aus dem Toben der Elemente draußen vernehme ich die Sprache des Unglücks und des Hasses, des Todes und des Untergangs. Hätten die Menschen nicht genug zu tun, sich *dagegen* zur Wehr zu setzen, und hätten sie nicht genug des Unglücks, das diese mächtige und wuchtige Feindin, das die Natur über sie verhängt? Nein — da verfolgen sie sich noch gegenseitig, statt sich gegenseitig zu helfen ... Wahrlich, zur Traurigkeit Grund genug: diese Konferenz, die der leidbeladenen, gefahrbedrohten Menschheit einen Weg weisen sollte, des Leids und der Gefahren — die ihr, nicht von den Elementen, sondern von ihr selber kommen — endlich ledig zu werden; wie stößt die Arbeit dieser Konferenz in der Außenwelt und ihrer eigenen Mitte auf Unverständnis und auf Widerstand! Nirgendsher begeisterte Mithilfe — ja nicht einmal gespannte Neugier; und nirgends her von jenen, die die Macht in Händen haben, ein warmes Wort. Kalt, kalt sind alle die Herzen, kalt wie der Luftzug, der durch die gerüttelten Fenster hereinweht. Mich friert."

Qu

Fragen — Vorschläge — Anregungen

1. Versuche, aus den Abschnitten über Industrialisierung, Technik und Naturwissenschaft herauszufinden, welche neuen Rohstoffe vor allem benötigt wurden!
2. Welche dieser Rohstoffe wurden in Europa erzeugt, welche mußten ganz oder teilweise aus überseeischen Gebieten bezogen werden?
3. Wie konnte sich die billigere und raschere Einfuhr von Lebensmitteln auf die Landwirtschaft auswirken? Wie verhält es sich heute?
4. Zeige die verschiedenen Auswirkungen von Schutzzöllen auf die Produktion bei Industrie und Landwirtschaft!
5. Welche Vorteile erhofften sich die Unternehmer, wenn die Rohstoffgebiete und Absatzmärkte als Kolonien ihrer eigenen Landesregierung unterstellt wurden?
6. Welche Bedeutung haben die neu entdeckten Gebiete der Arktis und Antarktis heute? (Karte!)
7. Welche Begründung für den Herrschaftsanspruch der weißen Völker tritt in den Textstellen S. 137 und 138 am häufigsten auf?
8. Kannst du beim Vergleich des deutschen Anspruches auf Beteiligung an der Weltpolitik mit der Begründung anderer Staaten einen Unterschied herausfinden?
9. Wie denkst du über die Behauptung, daß einzelne Völker zur Herrschaft über andere berufen seien? (Vgl. das Wort Albert Schweitzers auf S. 153.)
10. Versuche dir vorzustellen, wie es auf der Welt aussähe, wenn im Leben der Menschen nur das Recht des Stärkeren entschiede.
11. Schlage in früheren Kapiteln deines Geschichtsbuches nach, warum Engländer ihr Mutterland verließen und wo sie Kolonien gründeten!
12. Zeige auf der Karte, wie die Engländer schon bei der Friedensregelung des Wiener Kongresses großen Wert auf Seestützpunkte legten!
13. Was kannst du über die heutige Bedeutung dieser Stützpunkte sagen?
14. Wodurch wurde der Aufstieg Englands zur ersten Industrie- und Handelsmacht im 19. Jahrhundert begünstigt?
15. Warum hatten die Engländer nach dem Bau des Suezkanals großes Interesse an dieser Wasserstraße? Vergleiche die Lage am Suezkanal damals und heute!
16. a) An welches Vorgehen der Kolonialmächte können die Ägypter heute erinnern, wenn sie von Widerstand gegen Kolonialismus, Imperialismus und Kapitalismus reden?
    b) Welche Vorteile hatte die englische Herrschaft für die ägyptische Bevölkerung?
17. Wie ist es heute um die Erdöllieferungen für europäische Industrieländer bestellt?
18. Zeige die einzelnen Teile des Britischen Weltreiches um 1900 auf der Karte S. 136 und überlege dir ihre Bedeutung für das Mutterland!
19. Weshalb war Bismarck gerne bereit, die koloniale Ausdehnung Frankreichs zu begünstigen?
20. Vergleiche die Karten Afrikas und Asiens zur Zeit des Imperialismus mit heute!
21. Suche auf der Karte die Möglichkeiten Rußlands für einen Zugang zum offenen Weltmeer!
22. Wie ist die Lage an den russischen Grenzen im Fernen Osten heute?
23. Welche Mächte stellten sich der Ausdehnung Rußlands nach Westen, Süden und Osten einst und heute entgegen?
24. Vergleiche die Einstellung Japans und Chinas westlichen Einflüssen gegenüber! Folgen?
25. Was mag die Anschauung mancher Amerikaner in der imperialistischen Zeit gefördert haben, daß sie „Gottes auserwähltes Volk" seien?
26. Welches sind die wichtigsten Einflußgebiete der USA in der Kolonialzeit und heute? (Karte)
27. Wodurch wurde die Entwicklung der USA zur Weltmacht begünstigt?
28. a) Was kannst du über die Einstellung Bismarcks zum Erwerb von Kolonien sagen?
    b) Welche Gründe dafür wurden damals in Deutschland aufgeführt (Quellen S. 138 und 145)?
29. Was hältst du für die Hauptgründe der Entlassung Bismarcks?

30. Welche Veränderungen in der deutschen Außenpolitik zeigten nach der Entlassung Bismarcks den „neuen Kurs" an?
31. Vergleiche die zitierten Worte Bismarcks (S. 146) und Kaiser Wilhelms II. (Seite 147) im Blick auf die Weltpolitik!
32. Warum kam es zu keinem besseren Einvernehmen zwischen England und Deutschland?
33. Hältst du den Flottenbauplan des Admirals v. Tirpitz (S. 148) für einen Beweis der Angriffslust Deutschlands?
34. a) Vergleiche die Aufteilung der Welt auf einer Karte um 1900 mit der heutigen!
    b) Vergleiche die Größe der abhängigen Gebiete mit der Landfläche des Mutterlandes (S. 150)!
35. Zeige an Beispielen, wie das Vorgehen der Weißen die Erbitterung und den Haß der Eingeborenen hervorrufen konnte!
36. In welchem Verhältnis stehen heute die modernen Industriemächte zu unterentwickelten Gebieten in Südamerika, Afrika und Asien?
37. Was bedeutet „Entwicklungshilfe"? Wozu kann sie manchmal ausgenützt werden?
38. Fasse die Vorteile und die Nachteile der Kolonisation für die eingeborenen Völker und für die Kolonialherren zusammen!
39. Zeichne mit Farbe auf zwei Karten das Bündnissystem in Europa zur Bismarckzeit und um 1907 und vergleiche! Was konnte die Veränderung für Deutschland bedeuten?
40. Zeige, daß die Befürchtung August Bebels (S. 154) begründet war!
41. Vergleiche die Gruppierung der großen Weltmächte heute mit früheren Bündnissystemen!
42. Auf welchen Gebieten und zwischen welchen Mächten haben heute wieder Wettrüsten, aber auch Bemühungen um Abrüstung eingesetzt?
43. Kannst du die Ansicht verstehen, daß ein Gleichgewicht der alles vernichtenden Kernwaffen einen großen Krieg leichter verhindert als einst der Besitz der konventionellen Waffen?
44. Aus welchen Gründen erreichten die Friedenskonferenzen 1899 und 1907 nichts Wesentliches für die Befriedung der Welt?
45. Gab es um 1900 schon überstaatliche Verpflichtungen, an welche sich die einzelnen Regierungen auch im Kriege halten mußten?
46. In welchem Maße hatte die Technik einen Einfluß auf die Entscheidung über Krieg und Frieden?
47. Erkläre folgende Begriffe: Imperialismus, Imperium, Kolonialismus, Weltpolitik, Kapitalismus, Dollarimperialismus, Arktis und Antarktis, Kampf ums Dasein und Recht des Stärkeren, Zivilisation, Berufung und Mission, Sendungsbewußtsein, Interessengebiete, internationales Schiedsgericht, überstaatliche Einrichtungen.

Damals und heute

Auf der Suche nach sicheren Rohstoffgebieten und Absatzmärkten und im Bewußtsein ihrer Überlegenheit und Macht versuchten die großen Mächte zwischen 1860 und 1914, möglichst viele und reiche Kolonien zu erwerben. England baute sein Empire aus durch die Herrschaft über den Suezkanal und Ägypten, Südafrika und Indien. Frankreich drang in Nordafrika und Indochina vor, Rußland nach Ostasien. Japan dehnte seinen Einfluß auf die Mandschurei und Korea aus, die USA auf Alaska, Kuba, Hawaii und die Philippinen. Das Deutsche Reich erwarb unter Bismarck kleine Kolonialgebiete in West- und Ostafrika. Kaiser Wilhelm II. betonte den Anspruch Deutschlands an der Weltpolitik. Wegen der Handelskonkurrenz und dem Bau einer Kriegsflotte kam es zu keiner Verständigung Deutschlands mit England. An die Stelle des Bismarckschen Bündnissystems trat eine Zusammenballung der großen Mächte in zwei Bündnisblöcke. Wettrüsten und Mißtrauen zwischen diesen Blöcken wuchs ständig.

Heute haben sich fast alle einstigen Kolonien von ihren imperialistischen Mutterländern gelöst. Der Aufbau und die Entwicklung selbständiger Staaten der farbigen Völker gehört zu den schwierigen Problemen der Gegenwart.

Zeittafel

Die große Revolution in Frankreich leitet eine neue Zeit ein

1789	Wegen der schlechten Finanzlage — hervorgerufen durch die Vorrechte des Adels und die Mißwirtschaft des Hofes — ruft Ludwig XVI. die Generalstände zusammen. Der 3. Stand erklärt sich zur Nationalversammlung. Schwur im Ballhaus, dem Lande eine Verfassung zu geben. Sturm auf die Bastille; die Revolution beginnt.
1791	Verkündung der Menschenrechte. Der König muß den Eid auf die neue Verfassung leisten. Frankreich ist damit eine konstitutionelle Monarchie. — Hinrichtung Ludwigs XVI. (1793). Die Schreckensherrschaft beginnt. Die Fürsten Europas bekämpfen die Revolution. — General Napoleon Bonaparte rettet die republikanische Regierung (1795).
1804	Napoleon I. krönt sich zum Kaiser, Ende der Revolution.

Kaiser Napoleon will seine Herrschaft über ganz Europa ausdehnen

1803	Reichsdeputationshauptschluß. Napoleon ordnet Neufestlegung der Grenzen der deutschen Staaten an. Er schließt die deutschen Staaten im Rheinbund zusammen.
1806	Franz II. legt die deutsche Kaiserkrone nieder und nennt sich Franz I., Kaiser von Österreich.
1808	Fürstentag in Erfurt, Höhepunkt der Macht Napoleons. Freiherr vom Stein befreit in Preußen die Bauern aus der Leibeigenschaft; die Städte erhalten die Selbstverwaltung.
1812	Napoleon zieht gegen Rußland. Die „Große Armee" geht zugrunde.
1813/15	Die Völker Europas befreien sich von der Herrschaft Napoleons. Die Verbündeten verbannen Napoleon nach St. Helena (1815).

Die Neuordnung Europas auf dem Wiener Kongreß 1814/15 und ihre Auswirkungen

1814/15	Auf dem Wiener Kongreß stellen die Vertreter der Fürsten ein neues Gleichgewicht der Mächte in Europa her; die Völker werden nicht gefragt. Die deutschen Fürsten schließen sich zum Deutschen Bund zusammen.
1817	Studenten aus ganz Deutschland versammeln sich auf der Wartburg und fordern Freiheit, Recht und Vaterland. Sie werden von den Fürsten als Demagogen verfolgt.
1834	Unter Preußens Führung schließen sich die Bundesstaaten im Deutschen Zollverein zusammen; es beginnt die wirtschaftliche Einigung Deutschlands.

Revolutionen in Europa 1848/49

1848/49	Überall in Europa wenden sich nationale und liberale Ideen gegen die Monarchien. In der Paulskirche in Frankfurt tritt die Nationalversammlung als erstes deutsches Parlament zusammen und wählt den preußischen König zum Kaiser; doch Friedrich Wilhelm IV. lehnt ab. — In Wien wird Metternich gestürzt. Das nationale Streben der Ungarn, Tschechen und Italiener bedroht den Vielvölkerstaat Österreich. — Nach blutigen Aufständen werden die Revolutionen in Europa mit Waffengewalt niedergeworfen. Die Frankfurter Nationalversammlung löst sich auf.

Die industrielle Revolution und die soziale Frage im 19. Jahrhundert

um 1700	Erste Antriebs- und Arbeitsmaschinen in England erfunden und aufgestellt. England wird zum Ursprungsland der „modernen" Industrie. 1766 erster Hochofen in England. 1769 erste „moderne" Fabrik mit wassergetriebener Spinnmaschine.
1821	Das Zeitalter der Postkutsche geht zu Ende. Erste Eisenbahnstrecke in England Stockton—Darlington (Stephenson).
1835	Erste Eisenbahn in Deutschland von Nürnberg nach Fürth.
	Kennzeichnend für die moderne Industrie wird die Arbeitsteilung und die Investition von Kapital (Adam Smith). — Eine neue soziale Schicht (Klasse) entsteht: der Industriearbeiter. Ihre Notlage zwingt die Arbeiter zu Selbsthilfe durch Gründung von Zusammenschlüssen: Gewerkschaften, Konsumvereine, politische Parteien.
1848	Kommunistisches Manifest von Karl Marx und Friedrich Engels.
1863	Ferdinand Lassalle gründet den „Allgemeinen deutschen Arbeiterverein" als politische Partei.
1869	Gründung der „Sozialdemokratischen Arbeiterpartei" (August Bebel, Wilhelm Liebknecht).

Kämpfe der großen Staaten um nationale Einigung und Ausdehnung ihrer Macht

1854—56	Kaiser Nikolaus I. von Rußland sucht seine Macht nach den Meerengen auszudehnen. Er scheitert im Krimkrieg und in Asien bis zur Grenze Chinas.
1861	Cavour einigt Italien. Nach der Schlacht von Solferino gründet H. Dunant das „Rote Kreuz". Die Vereinigten Staaten von Nordamerika dehnen sich bis zum Stillen Ozean aus. Ihre Stellung als Weltmacht bahnt sich an.
1861-65	Wegen der Neger-Sklaverei bricht ein Bürgerkrieg zwischen den Nordstaaten und den Südstaaten aus. Nach dem Sieg der Nordstaaten erhalten die Sklaven die Freiheit.

Die Gründung des kleindeutschen Reiches

	In Preußen führt der Streit wegen der dreijährigen Dienstzeit zur Berufung Bismarcks. Er regiert drei Jahre lang ohne Etat (1863).
1864	Die Schleswig-Holsteinische Frage führt zum Deutsch-Dänischen Krieg. Dänemark verzichtet auf die beiden Herzogtümer Schleswig und Holstein.
1866	Im Bruderkrieg wird Österreich aus Deutschland verdrängt. Schleswig-Holstein, Hannover und Hessen-Nassau werden preußische Provinzen. Gründung des Norddeutschen Bundes (1867).
1870/71	Deutsch-Französischer Krieg. Friede zu Frankfurt. Frankreich tritt Elsaß-Lothringen ab. — Bismarck gründet zusammen mit den deutschen Fürsten das (kleindeutsche) Deutsche Reich. König Wilhelm I. von Preußen wird Deutscher Kaiser (18. Januar 1871).

Das Deutsche Reich unter der Kanzlerschaft Bismarcks

1878	Streit mit der katholischen Zentrumspartei führt zum sog. Kulturkampf (1874—1880). Die soziale Notlage der Arbeiter schafft Unzufriedenheit. Anwachsen der Sozialdemokratie. Nach einem Attentat auf Kaiser Wilhelm I. werden Sozialistengesetze erlassen (1878—1890).
1883-85	Bismarck schafft eine Krankenversicherung (1883), eine Unfallversicherung (1884), eine Alters- und Invalidenversicherung (1885). Bismarck sichert seine Politik durch Bündnisse: 1872 Dreikaiserabkommen zwischen Rußland, Österreich und Deutschland; 1879 Zweibund mit Österreich; 1882 Dreibund zwischen Deutschland, Österreich und Italien; 1887 Rückversicherungsvertrag mit Rußland. Auf dem Berliner Kongreß vermittelt Bismarck zwischen Rußland, Österreich, England und der Türkei (1878). Deutschland erwirbt Kolonien in Afrika und in der Südsee (1883—1885).
1900	Post, Währung, Maße und Gewichte werden vereinheitlicht. Reichsstrafgesetzbuch und Bürgerliches Gesetzbuch treten in Kraft.

Naturwissenschaft, Technik und Industrie verändern die Welt

1898	Die Maschine dringt in der gewerblichen Produktion und im Verkehr immer weiter vor. Eisenbahnen durchqueren ganze Erdteile (Transsibirische Eisenbahn 1906). Kanäle verbinden Meere, so der Suezkanal (1869), der Nord-Ostsee-Kanal (1898), der Panama-Kanal (1914). — Daimler und Benz erfinden das Automobil (1885). — O. Lilienthal versucht als erster das Fliegen (1896); Graf Zeppelin erbaut das erste lenkbare Luftschiff (1899); die Brüder Wright statten ihr Segelflugzeug mit einem Benzinmotor aus (1903). Die Elektrizität verändert das Leben durch Telegraph, Telephon, elektrisches Licht, Elektromotor, Rundfunk und viele andere Geräte. Röntgen entdeckt die Röntgenstrahlen (1895), das Ehepaar Curie das Radium (1898). — Die Chemie stellt Farben, Arzneien, Kunstdünger u. a. her. — Ertragssteigerungen in der Landwirtschaft durch Kunstdünger. — Viele bisher gefürchteten Seuchen werden besiegt oder eingedämmt.

Die Aufteilung der Welt unter die großen Industriestaaten: Imperialismus

Europäische Mächte, die USA und Japan teilen weite Gebiete als Kolonien unter sich auf. — England sichert sich als wertvollste Kolonie das Kaiserreich Indien (1877). Es macht die Burenstaaten und Rhodesien zu englischen Kolonien (1899/1902), auch sichert es sich Ölquellen und wird zum Weltlieferanten für Kautschuk (1913). — Frankreich baut sein Kolonialreich in Asien und Afrika aus. Es muß den Sudan den Engländern überlassen (Faschoda, 1898), nimmt aber dafür Marokko. — Rußland drängt an das offene Meer. Es erbaut die Transsibirische Eisenbahn (1891—1903). Im Kampf gegen Japan unterliegt es (1904/05). — Die USA heben nach dem Krieg zwischen den Nord- und Südstaaten die Sklaverei auf (1865). Sie erwerben Alaska (1867), die Philippinen, Kuba (1898) und erbauen den Panamakanal (1914).

Worterklärungen

Agitation. Werbung für politische Ziele.
Akzise. Verbrauchszoll für bestimmte Waren.
Anarchist. Gegner jeder staatlichen Ordnung.
Aufklärung. Geistige Bewegung seit Ende des 17. Jh.
Barrikaden. Künstlich errichtetes Hindernis.
Bourgeoisie. Wohlhabendes Bürgertum; im Marxismus Bezeichnung für die bürgerliche Klasse.
Bruttoregistertonne (BRT). Raummaß für den gesamten Schiffsraum.
Dreiklassenwahlrecht. Die Wähler wurden nach dem Steueraufkommen in drei Klassen eingeteilt. Jede der Klassen wählte die gleiche Zahl Wahlmänner. Die Wahlmänner wählte den Abgeordneten. Die Reicheren hatten dadurch großen Einfluß, die Ärmeren den geringsten.
Elle. Altes Längenmaß (Länge wie Unterarmknochen).
Emanzipation. Befreiung von einem Abhängigkeitsverhältnis, Gleichstellung.
Emigranten. Auswanderer, bes. aus polit. Gründen.
Ew. Abkürzung für Euer.
Exzesse. Ausschreitungen.
Franken (hier = Franzosen). Im Orient früher für alle christlichen West- und Mitteleuropäer gebraucht.
Fuß. Altes Längenmaß, ca. 28 cm.
Guerillakrieg. (Span.) Kleinkrieg bewaffneter Banden oder Einzelkämpfer, nicht uniformiert.
Hieroglyphen. Schriftzeichen der altägyptischen Bilderschrift.
Hochfinanz. An wenigen Stellen zusammengeballtes Kapital, z. B. in Banken.
Imperator. (Lat. = Oberbefehlshaber, Feldherr.) Seit Kaiser Augustus Titel der römischen Kaiser.
Invasion. Feindlicher Einfall.
Kavallerie. Reitertruppe.
Ketzer. Anhänger einer in Glaubensdingen abweichenden Lehre.
Koblenz. In der Nähe von Koblenz versuchten auch die französischen Emigranten, Truppen gegen die Revolution zusammenzuziehen.
Kokarden. Farbige Abzeichen an Mütze oder Hut.
Kondukteur. Schaffner eines Omnibusses oder Bahn.
Konstitution. Verfassung.
Konstitutionelle Monarchie. Monarchie, in der eine Verfassung die Stellung des Herrschers begrenzt.
Kontrakt. Vertrag.
Kreuzer. Alte Münze. 60 Kr. = 1 Gulden. Nach 1871 durch die Mark- und Pfennigwährung ersetzt.
Livres. Alte französische Währung, 1796 durch den Franc ersetzt.
Londoner Protokoll. Vertrag über die staatsrechtliche Stellung von Schleswig und von Holstein zur dänischen Krone.
Mainlinie. Scheidelinie zwischen dem nördlichen und dem südlichen Deutschland.
Makler. Geschäftsvermittler.

Mamelukenreiter. Ägyptischer Krieger, aus freigelassenen Sklaven hervorgegangen.
Manifest. Öffentliche Erklärung.
Marstallgebäude. Pferdeställe.
Mautlinien. Zollgrenzen (Maut = Zoll).
Menagerie. Tiersammlung, Tierschau.
Opposition. Gegner der jeweiligen Regierung.
Partisanen. Kämpfer aus der Bevölkerung, in Verbindung mit den regulären Truppen stehend.
Patrioten. Vaterlandsliebende Menschen.
Physiologie. Lehre von den Lebensvorgängen.
Prinzip. Grundsatz.
Propagandist. Werber für Ideen, Parteien usw.
Quadratmeile. Altes Flächenmaß (Meile im Geviert).
Reaktion. Gesamtheit aller nicht fortschrittlichen politischen Kräfte seit 1830.
Römer. Hier das Rathaus in Frankfurt am Main.
„Rote". Übernommen von der „roten Fahne", dem Zeichen des Kampfes gegen rückschrittliche Regierungen.
Rothschild. Bekannte Bankiersfamilie in Frankfurt/Main, Paris und London.
Seren. Mehrzahl von Serum, Impfstoff.
Silbergroschen. Alte Münze, 36 Sgr. = 1 Taler (s. d.).
Solidarität. Verbundenheit, bes. im politischen und wirtschaftlichen Sinne.
Sozialisten. Anhänger der Lehre vom Sozialismus.
Sphäre. (Griech. = Kugel.) Bereich, Umgebung.
Staatsmonopol. Ausschließlich staatliches Verkaufsrecht für bestimmte Waren.
Standrecht. Ausnahmerecht mit scharfen Bestimmungen.
Taler. Alte Münze bis 1871 (1 Thlr. = 30 Silbergroschen, ca. 3 Mark).
Terror (Lat.). Schrecken, Schreckensherrschaft.
Thurn und Taxis. Deutsches Fürstengeschlecht, das im alten Reich die Post betrieb.
Touren. Umdrehungen; Umdrehungsgeschwindigkeiten.
Transkontinentalbahn. Eisenbahnlinie durch einen ganzen Erdteil hindurch.
Tribun. Im alten Rom gewählter Vertreter der unteren Volksschicht.
Trikolore. Französische Fahne seit der Französ. Revolution: blau-weiß-rot in drei (Name!) senkrechten Streifen. Auch für andere Farben gebraucht. Drei senkrechte Streifen zeigen auch Belgien, Italien und Ungarn.
Verleger. Hier Arbeitgeber, der Rohstoffe und Aufträge an Heimarbeiter vergibt und ihnen dann die fertige Ware wieder abkauft.
Vivat (Lat. = er lebe!). Hochruf.
Wohlfahrtsausschuß. In der Französischen Revolutionszeit einer der herrschenden Ausschüsse unter Robespierre.
Zensur. Staatliche Prüfung von Druckerzeugnissen.
Zeughaus. Gebäude zur Aufbewahrung der Waffen.

Personen- und Sachverzeichnis

Adel 3 ff., 10, 14, 21
Ägypten 18, 139
Aktiengesellschaften 112
Alexander I. 25 f., 30, 34
Alexander II. 87, 89, 100
Allgem. deutscher Arbeiterverein 82
Altersversicherung 114
Arbeiterbewegung 81
Arbeitsschutzgesetzgebung 147
Arndt (E.M.) 30, 34, 41, 43, 56
Auswanderung 45, 133

Bagdadbahn 148
Bauern (Leibeigenschaft) 87 ff.
Bebel 82, 113, 154
Belgien 44, 70
Berliner Kongreß 117
Bismarck 98 f., 106, 114 ff., 145
v. Bodelschwingh 81
Bürger 4 f., 21, 29
Bürgerliches Gesetzbuch 110
Buren 140, 149
Burschenschaft 42 f.

Cavour 89
Chemische Industrie 126, 131
China 142, 148, 150 ff.

Danton 11, 15
Demagogenverfolgung 43
Deutscher Bund 40, 47, 101
Deutsches Reich 106 f., 153
Disraeli 139
Dreibund 117
Dreifelderwirtschaft 127
Dreiklassenwahlrecht 100
Dunant 90 ff.

Eisenbahn 48, 70 ff., 109, 119
Eisenindustrie 112
Elektrizität 124, 126
Emser Depesche 104
Engels 63, 78, 82 f.
England 13, 18, 23, 26 ff., 30, 40, 63, 70 f., 117, 149 f., 153 f.
Entdeckungsreisen 136, 145, 152
Erfinder und Konstrukteure 64 ff., 70 ff., 81, 112, 120 ff.

Faschoda 139
Frankreich 3 ff., 29, 35, 40, 44, 51 f., 70, 147, 153
Franz II. bzw. I. 24, 28, 38 f., 46
Friedrich Wilhelm III. 24 f.
Friedrich Wilhelm IV. 52, 54, 57 f.
Fruchtwechselwirtschaft 127

Gagern 56
Generalstände 4, 6
Genfer Konvention 91
Gewerkschaften 116

Gneisenau 30, 43
Göttinger Sieben 44
Gründerjahre 111

Haager Friedenskonferenzen 155
Hambacher Fest 44
Hardenberg 30
Harkort 69, 72, 81
Hecker 56
Heilige Allianz 40 f.
Hofer (Andreas) 28

Imperialismus 138
Indien 140
Industrialisierung 64 f.
Internationale 79
Invalidenversicherung 114
Italien 16 ff., 55, 58, 89 f.

Jahn 30, 42 f.
Jakobiner 10, 13 f.

Karlsbader Beschlüsse 43
v. Ketteler 81
Klassenkampf 83
Kolonien 142, 144 f., 148, 150 ff.
Kolping 81
Kommunistisches Manifest 82 f.
Konsumvereine 115
Kontinentalsperre 26 f.
Kossuth 55
Krankenversicherung 114
Kreditgenossenschaften 115
Krimkrieg 87
Kulturkampf 110 f.

Lafayette 6, 10 f.
Lassalle 82
Liberale 43, 54, 56, 97 f., 103, 115
Liebknecht (Wilhelm) 82
Lincoln 95
List (Friedrich) 47 f., 109
Londoner Protokoll 100
Ludwig XVI. 3 ff., 9 ff.
Ludwig XVIII. 35

Märzforderungen 52 f.
Marie Antoinette 3, 6, 11, 15
Marxismus 82 ff., 113
Maschinen 63, 64, 66, 68, 119
Metternich 35, 38 f., 44, 53
Moltke 101, 105 f.
Monroe-Doktrin 46

Napoleon I. 16 ff., 21 ff., 28, 30 ff.
Napoleon III. 87, 89 f., 101, 103 ff.
Nationalliberale 103, 110, 115
Nationalversammlung 6 f., 10 f., 54, 56 ff.
Nikolaus I. 87, 89
Norddeutscher Bund 102
Nord-Ostsee-Kanal 120

Österreich 13, 17 f., 23 f., 28, 40, 53, 55, 57, 89 f., 100 ff., 117, 153
Owen 80 ff.

Panama-Kanal 120, 144
Paulskirche 56 ff., 60
Persien 141
Polen 40, 100
Prager Friede 102
Preußen 13, 17, 23 ff., 29 f., 34, 40, 43, 48, 59, 64, 97 ff.

Radium 131
Raiffeisengenossenschaften 115
Reichsdeputationshauptschluß 22
Reichsverweser 56 f.
Rheinbund 24
Rhodes 137, 140
Robespierre 11 f., 15, 21
Rotes Kreuz 91 f., 100
Rückversicherungsvertrag 117, 147
Russisch-japanischer Krieg 143
Rußland 23, 30 f., 40, 117, 147, 153

Scharnhorst 30
Schleswig-Holstein 58, 100 f., 105
Sklaverei 93 ff.
Smith (Adam) 74
Sozialdemokratie 82, 113 ff., 146
Soziale Frage 113
Spanien 13, 27 f., 104, 144
v. Stein 28 ff., 32, 34, 39, 41
Suezkanal 120, 139

Talleyrand 24, 39
Textilindustrie 65
Transkontinentalbahnen 119, 142
Türkei 87, 117, 148 f.

Uhland 52, 56 f.
Unfallversicherung 114
Unfehlbarkeitsdogma 110
Ungarn 55, 59

Vereinigte Staaten v. Amerika 92 ff., 95, 144

Wartburgfest 42
Weberaufstand 79 f.
Welthandel 149 f.
Weltpostverein 109
Wichern 81
Wien 53 ff., 58 f.
Wiener Kongreß 35, 38, 41, 87
Wilhelm I. 97, 101 ff., 106, 146
Wilhelm II. 138, 146 ff., 151, 153 f.
Wohlfahrtsausschuß 15
Württemberg 22 f., 42 f., 107

Yorck 34

Zentrumspartei 110
Zollverein 48
Zweibund 117